T0299112

الاغتراب النفسي الاجتماعي

وعلاقته بالتوافق النفسي والاجتماعي

الاغتراب النفسي الاجتماعي

وعلاقته بالتوافق النفسي والاجتماعي

صلاح الدين أحمد الجماعي

الطبعة الأولى
1431هـ-2010م

المملكة الأردنية الهاشمية
رقم الإيداع لدى دائرة المكتبة الوطنية
(2009/12/5295)

158

الجماعي، صلاح الدين أحمد
الإغتراب النفسي الاجتماعي وعلاقته بالتوافق النفسي والاجتماعي /صلاح الدين أحمد الجماعي.- عمان: دار زهران، 2009.
( ) ص.
ر.أ : (2009/12/5295)
الواصفات: / علم النفس الاجتماعي// علم النفس التطبيقي /

❖ أعدت دائرة المكتبة الوطنية بيانات الفهرسة والتصنيف الأولية
❖ يتحمل المؤلف كامل المسؤولية القانونية عن محتوى مصنفه ولا يعد هذا
المصنف رأي دائرة المكتبة الوطنية أو أي جهة حكومية أخرى.

المتخصصون في الكتاب الجامعي الأكاديمي العربي والأجنبي

دار زهران للنشر والتوزيع

تلفاكس : 5331289 – 6 – 962+، ص.ب 1170 عمان 11941 الأردن
E-mail : Zahran.publishers@gmail.com
www.darzahran.net

الشـكر والتـقـدير

أولاً الشكر الذي ما بعده شكر لله سبحانه وتعالى، والحمدلله والصلاة والسلام على سيد الخلق سيدنا محمّد خاتم أنبيائه وصلى الله عليه وسلم ، وعلى آله وصحبه واتباعه ، الذي وفقني وأعانني على سير وإنجاز هذا البحث حتى نهايته .

وأما بعد ...

لا يسعني إلا أن أتقدم بشكري وعميق امتناني أولاً إلى جامعة الجزيرة - كلية التربية حنتوب وإلى كل عضو هيئة تدريس ، الشكر والتقدير إلى المشرف الفاضل الأستاذ الدكتور إبراهيم محمّد نور، ثم الشكر والتقدير إلى المشرف الثاني الأستاذ الدكتور محمّد عبدالله الصوفي بكلية التربية بجامعة صنعاء .

أوجه شكري وامتناني ووفائي وتقديري للأستاذ الدكتور مهيوب أنعم الأخ والصديق الفاضل صاحب القلب الكبير الذي منحني من وقته الكثير ، والذي كان يرد على جميع استفساراتي والذي قدم لي كل العون والمساعدة والتوجيه فيما يتعلق بالجوانب الإحصائية والقياسية لهذا البحث .

الشكر والتقدير إلى الأستاذ الدكتور عبد علي الجسماني العالم والخبير والمرجع في مجال علم النفس ، والذي نعتبره النهر الغزير الذي لا ينضب ولا يبخل عن أبناءه في أبدأ المشورة والنصح .

وكلمة شكر وثناء لجميع الدكاترة الخبراء الذين استعان بهم الباحث الذين قاموا بتحكيم أداة البحث وفي بعض إجراءاته .

وأشكر كل من بذل جهداً صادقاً وتعاوناً مخلصاً وأسهم في تقديم أية مساعدة أو عون لإنجاز هذا البحث . إلى هؤلاء جميعا وافر الشكر والامتنان وأعتذر لمن فاتني أن أذكر أسمه سهواً لا جحوداً .

أصل هذا الكتاب ، كما يتضح من الشكر والتقدير هو رسالة علمية أجيزت للدكتوراه من جمهورية السودان جامعة الجزيرة .

و الـلـه ولي التوفيق ....

الإهـداء

إلى وطني اليمـن الحبيب . . . حبا واعتزازاً

إلـى بنـاتـي أفـنـان و آلاء

وآية ورابعـة وامآني

وأولادي يحيى ومحمد

حباً واعتزازاً وتقـديراً

الباحث :
صلاح الدين أحمد الجماعي

فهرس

الموضوع	الصفحة
الشكر والتقدير	5
الإهــداء	7

الفصـــل الأول

الإطار العام

مشكلة البحث	27
أهميـة البحث	29
أهداف البحث	31
فروض البحث (تساؤلات البحث)	32
أدوات البحث	34
التعريفات الإجرائية لمصطلحات البحث	34
المعالجة الإحصائية	35
حدود البحث ، ومنهج البحث	35

الفصــل الثــاني

الاغتراب

مفهوم الاغتراب	39
أنواع الاغـتراب	46
المنظورات السيكولوجية للاغـتراب	55
أبعاد الاغتراب	63
التغلب على الاغتراب	66

9

الفصـل الثـالث

التوافق النفسي والاجتماعي

الإطار النظري والمفاهيم المتعلقة بالتوافق	75
الشخصية السوية من وجهة نظر بعض المذاهب والنظريات	85
فـرديـة التـوافـق	92
أكتسابية التوافق	93
ديناميكية التوافق	94
معايير التوافق	92
اتجاهات التوافق	95
مراحل التوافق النفسي والاجتماعي في فترة اغتراب الطالب	97
التوافق في نظر بعض الاتجاهات " النظريات " المختلفة	98
نظرية التحليل النفسي	100
المسلمات الرئيسية للمدرسة السلوكية	105
الافتراضات حول اكتساب السلوك التوافقي	106
الاتجـاه الإنسانـي	108
سمات الشخصية غير المتوافقة	112
نظرة الإسلام إلى أسس تفسير سلوك الإنسان	115
السواء النفسي في الآيات القرآنية	115
أسس تفسير السلوك	116
المبادئ الإسلامية في النظريات	118
أبعاد التوافق	119

الفصــل الرابع

الدراسات السابقة والتعليق عليها

الدراسة السابقة 123

1 - دراسة أحمد خيري حافظ (1980م) 125

2 - دراسة إبراهيم فلاح جميعان (1983م) 126

3 - دراسة عادل عز الدين الأشول وأخرون (1985م) 127

4 - دراسـة هاني الاهـواني (1986م) 128

5 - دراسـة أحمد خضـر أبو طواحنه (1987م) 128

6 - دراسة زينـب النـجار (1988م) 129

7 - دراسة آمال محمد بشير (1989م) 129

8 - دراسـة أحمد علي الجرموزي (1990م) 130

9 - دراسة فأيـز محمّد الحديدي (1990م) 131

10 - دراسـة محمّد (1991م) 132

11 - دراسـة جود وين (1972م) Goodwin 133

12 - دراسـة سميت (1975م) Smith 133

13 - دراسـة بيـريز (1975م) Peraz 134

14 - دراسـة يـونج (1979م) Young 143

15 - دراسـة أويـو (1982) Owie 135

16 - دراسة هنري ب. دافيد (1982م) H. B. Daivid 135

17 - دراسة محسن تبريزي (1984م) Mohseni Tabrizi 136

التعليق على الدراسات 137

نتائج البحث ومناقشتها 163

الفصل الخامس

خلاصة البحث (أهم النتائج)

التوصيات 204

المقترحات والملاحق والمراجع 205

ملخص البحث باللغة الإنجليزية 285

فهرس الجداول

الرقم	الجداول	رقم الصفحة
جدول (1)	يوضح الجامعات الحكومية والأهلية ، وعدد الطلاب ، اليمنيين ، والعرب ، والجنس ذكوراً وإناث والتخصص علمي ، وأدبي .	142
جدول (2)	يوضح عينة البحث للطلاب اليمنيين والعرب ، والقسم العلمي والأدبي ، والطلاب الذكور، والإناث .	143
جدول (3)	يوضح محاور مقياس الاغتراب الستة وعدد فقراتها .	145
جدول (4)	يوضح معاملات ارتباط أبعاد مقياس الاغتراب ببعضها البعض .	147
جدول (5)	يوضح معاملات الارتباط بين درجة كل بُعد والمجموع الكلي لدرجات بقية الأبعاد .	148
جدول (6)	يوضح قيم معامل آلفا كرونباخ للمحاور الستة في مقياس الاغتراب .	149
جدول (7)	يوضح محاور مقياس التوافق الستة وعدد فقراتها .	152
جدول (8)	يوضح معاملات ارتباط أبعاد مقياس التوافق ببعضها البعض .	154
جدول (9)	يوضح معاملات الارتباط بين درجة كل بُعد والمجموع الكلي لدرجات بقية الأبعاد .	155
جدول (10)	يوضح قيمة معامل آلفا كرونباخ للمحاور الستة في مقياس التوافق .	156

165	يوضح المتوسطات والانحرافات المعيارية بالنسبة لدرجـات الطلاب اليمنيين والعرب .	جـدول (11)
166	يوضح نتائج معامل اختبار بيرسون للعلاقة الكلية بين مقياس الاغتراب الكلي والتوافق الكلي بالنسبة للطلاب العرب .	جـدول (12)
166	يوضح نتائج معامل اختبار بيرسون للعلاقة الكلية بين مقياس الاغتراب الكلي والتوافق الكلي بالنسبة للطلاب اليمنيين .	جـدول (13)
167	يوضح نتائج معامل اختبار بيرسون للعلاقة الكلية بين مقياس الاغتراب الكلي،والتوافق الكلي ومحاورهما .	جـدول (14)
170	يوضح نتائج اختبار t – test لعينتين مستقلتين والمتعلق بالفروق بين الطلاب اليمنيين والعرب على مقياس التوافق الكلي ومحاوره الستة .	جـدول (15)
172	يوضح نتائج اختبار t – test لعينتين مستقلتين والمتعلق بالفروق بين الطـلاب العرب الأكثر اغترابـاً والأقل اغترابـاً في التوافق النفسي.	جـدول (16)
173	يوضح نتائج اختبار t – test لعينتين مستقلتين والمتعلق بالفروق بين الطـلاب اليمنيين الأكثر اغـتراباً والأقل اغتراباً في التوافق النفسي .	جـدول (17)
175	يوضح نتائج اختبار t-test لعينتين مستقلتين والمتعلق بالفـروق بين متوسـطات درجات الطلاب العرب واليمنيين على مقياس الاغتراب الكلي ومحاوره الستة .	جـدول (18)

جدول (19)	يوضح نتائج اختبار t - test لعينتين مستقلتين والمتعلق بالفروق بين متوسطات درجات الطلاب الذكور والإناث على مقياس الاغتراب الكلي محاوره الستة .	178
جدول (20)	يوضح نتائج اختبار t - test لعينتين مستقلتين والمتعلق بالفروق بين الطلاب اليمنيين والعرب على مقياس التوافق الكلي ومحاوره الستة .	181
جدول (21)	يوضح نتائج اختبار t - test لعينتين مستقلتين والمتعلق بالفروق بين الطلاب العرب في التوافق النفسي تعُزى إلى الجنس (ذكر، أنثى) .	184
جدول (22)	يوضح نتائج اختبار t - test لعينتين مستقلتين والمتعلق بالفروق بين ، الطالبات والطلاب اليمنيين في التوافق النفسي .	185
جدول (23)	يوضح نتائج اختبار t - test لعينتين مستقلتين والمتعلق بالفروق بين التخصص الأدبي والعلمي على مقياس الاغتراب الكلي ومحاوره الستة .	187
جدول (24)	يوضح نتائج اختبار t - test لعينتين مستقلتين والمتعلق بالفروق بين التخصص الأدبي والعلمي على مقياس التوافق الكلي ومحاوره الستة .	190
جدول (25)	يوضح نتائج اختبار t - test لعينتين مستقلتين والمتعلق بالفروق بين الطلاب العرب ذوي التخصص العلمي والأدبي في التوافق النفسي .	193
جدول (26)	يوضح نتائج اختبار t - test لعينتين مستقلتين والمتعلق بالفروق بين الطلاب اليمنيين ذوي التخصصات العلمية ، والأدبية في التوافق النفسي .	194

195	يوضـح أعداد الطـلاب العـرب وفقـاً لكـل متغـير والمتوسـطات الحسابية لدرجات التوافق .	جـدول (27)
195	يوضح نتائج تحليل التباين الثنائي للتفاعل بين مستوي الاغتراب والجنس وأثرهما على التوافق النفسي للطلاب العرب .	جـدول (28)
197	يوضـح أعداد الطلاب العـرب وفقاً لكل متغير والمتوسطات الحسابية لدرجات التوافق .	جـدول (29)
197	يوضح نتائج تحليل التباين الثنائي للتفاعل بين مستوي الاغتراب والتخصص وأثرهما على التوافق النفسي للطلاب العرب .	جـدول (30)

فهرس الملاحق

رقم الصفحة	الـمـوضـــــوع	رقم الملحق
207	يحتوي على أسماء المحكمين لمقياسي الاغتراب النفسي ، والتوافق النفسي والاجتماعي .	ملحق (1)
210	يحتوي على الصورة المبدئية " الأولية " لمقياس الاغتراب النفسي .	ملحق (2)
222	يحتوي على الصورة المبدئية " الأولية " لمقياس التوافق النفسي الاجتماعي .	ملحق (3)
237	يحتوي على الصورة النهائية لمقياسي الاغتراب،والتوافق .	ملحق (4)
265	يوضح نتائج التحليل الإحصائي للثبات الكلي لمقياس الاغتراب النفسي .	ملحق (5)
266	يوضح نتائج التحليل الإحصائي لثبات المحاور الستة لمقياس الاغتراب النفسي .	ملحق (6)
267	يوضح نتائج التحليل الإحصائي للثبات الكلي لمقياس التوافق النفسي الاجتماعي .	ملحق (7)
268	يوضح نتائج التحليل الإحصائي لثبات المحاور الستة لمقياس التوافق النفسي الاجتماعي .	ملحق (8)
268	يحتوي على جميع الرسائل المختلفة التي حصل عليها الباحث لتسهيل مهمة البحث .	ملحق (9)

الفصل الأول

الإطـــار العـــام

مقدمة:

يعّد شباب الجامعة في أي مجتمع هم قادة المجتمع في المستقبل المنظور وعليهم سيقع العبء الكبير في تطوير المجتمع وتقدمه في مختلف المجالات وهم من أهم الفئات الاجتماعية تأثيرا وتأثرا بالتنمية والتحديث والتغيرات الاجتماعية التي تصاحب تلك النشاطات وتشكل قيمهم واتجاهاتهم التي اكتسبوها خلال التنشئة الاجتماعية في مختلف مراحل حياتهم حيث يمر الفرد بمراحل ثمانية هامة ومتتابعة من النمو والتطور ذلك ما ظهر جليا في نظرية أر يكسون عن النمو النفسي- الاجتماعي، مؤكدا أن كل مرحلة نفسية اجتماعية تتصف بأزمة معينة في العلاقات الشخصية الاجتماعية وقد أطلق أر يكسون، (1963م) على مراحل التطور المختلفة تسميات من واقع الأزمة الخاصة بكل مرحلة ونوع الحل الذي ينتهي إليه الصراع حيث تتميز كل مرحلة بإنجازات لابد أن تتخطاه قبل أن ينتقل الفرد إلى المراحل التالية ووجود هذا التحدي للإنجاز لا يعني غياب التحديات التالية والسابقة تماما في ذات الوقت، ولكنه يعني أن هذا الإنجاز يأخذ مكان الصدارة بالنسبة لغيره، وانه كلما كان اكتماله تاماً كلما كان التفرغ للإنجاز التالي اكثر (شعلان، 1985م: ص9).

لذلك فأن (أر يكسون Erikson E) كان على صواب، حين جعل من أزمة الهوية Identity Crisis مفتاحاً لفهم نفسية الشباب المراهق ؛ حيث تعتمد نظريته على فكرة محورية هي تطور هوية الأنا كنقيض لتشتت الأنا، وهو يعني موقف الفرد الواضح تجاه العالم، وفهمه الواضح لدوره. وحدد أريكسون ثمانية مراحل تغطي النمو الاجتماعي، وتنتج الازمات والمشكلات في كل مرحلة عن الضغوط الاجتماعية، ويجب أن تقابل بالحلول حتى ينمو الشخص نفسياً واجتماعياً، (غانم، عزة محمّد، 1998م،ص: 28 - 29).

وهو يرى أن ذلك أمراً في غاية الصعوبة، وفي عالم سريع التغير اجتماعياً ؛ حيث الفجوة بين الأجيال تجعل أدوارهم المتوقعة مختلفة. ويكون الاغتراب تشتت الأنا، الناتج عن عدم القدرة على صياغة وتطوير وجهة نظر متماسكة نحو العالم، وموقف الفرد منه (الأشول، عادل، 1985م: ص 38).

الشباب العربي يعاني من الاغتراب الحاد، لعدم وضوح الرؤية أمامه، والازدواجية في الحياة التي يعيشها ؛ الازدواج في القدوة والتربية، وجميع المجالات التي تسهم في تكوين شخصية الشاب العربي ونسيجه الفكري.

وهناك صيغة أخرى لاغتراب الشباب نجدها لدى الفيلسوف الالماني (شيللر) عن الإنسان الممزق الذي أنفصلت لديه المتعة عن العمل، والوسيلة عن الغاية، والجهد عن العائد، وهذا يحدث حين يشعر الإنسان بعدم الإنتماء للمجتمع الذي يعيش فيه، ومن مظاهرها (تجارة العملات،السمسرة وتجارة العقارات،ويصبح الأثرياء من غيرالمنتجين والذين يتميزون بالاقتراب من السلطة والتحايل على البنوك لعقد صفقات مربحة لهم)، وهذا شكل من الفوضى الأخلاقية الموجود في داخل المجتمع (رمضان بسطاويسي1999م،مجلة سطور:ص 15- 17).

والحل هنا برآي المتواضع يأتي من خلال " ربط الجهد بالعائد - ومحاربة أشكال الاقتصاد غير المنتج - والمصالحة بين الجانب الغريزي والعقلي في الإنسان، حتى يمكن للإنسان أن يحقق حريته وتماسكه، ويصل إلى التغلب على وحدته الممزقة.

في المدرسة، وهي أهم المؤسسات التربوية، يتلقى الشاب أنواعاً من القيم والآراء المتناقضة المتنافرة، ويجد مربين ومعلمين مختلفين في الفكر والمنهج والسلوك، وتغدو عملية التربية والتعليم والتثقيف عبارة عن صراع بين البناء والهدم، وتتجمع حصيلتها في ذهن الشباب، لأنه يسمع أفكاراً متناقضة وسلوكيات مختلفة. فهو يسمع في المؤسسات التعليمية عن الأخلاق والفضيلة وضرورة التقيد بهما، وخطورة الخروج على قانونهما. وفي الجانب الآخر يسمع عن الحرية والحياة العصرية، وضرورة التحلي بهما، وعن خطورة الكبت والقيد والقوقعة والتكلس في حمأة التقاليد.

يسمع الشباب العربي عن الدين وحقائقه وقيمه، وضرورة قيام المجتمع على دعائمه، والاستعانة بمناهجه، وقدرته على حل كل مشاكل الحياة. وفي المقابل يسمع عن العلمانية [Secularism] التي تتحدث عن الرجعية وضررها والنهضة العلمية، وكيف أنها نسخت العقائد، وعن ضرورة تحرير الفكر من أسر الإيمان بالغيبيات،والاستعانة بالفكر المادي لحل كل مشكلة وتحرير كل أرض.

إن الشاب العربي يلمس ويعيش هذا التناقض الخطير أينما يذهب. في الشارع الذي يسير فيه، أو في الكتاب الذي يقرؤه، أو في المجلات التي يطالعها، أو التلفاز الذي يشاهده (البوضي، محمد رمضان، 1986: ص37 – 39، ورد في الجرموزي، 1992م، ص: 6).

يؤكد هذا الرأي (الصالح، الطيب) حيث يقول لننظر إلى طعامنا وشرابنا، إلى مسكننا وملبسنا، إلى شوارعنا ومدننا، وإلى إذاعتنا وتلفزيزناتنا، وصحفنا،سوف نجد أن الرموز التي تعبر عن ذاتها هي خليط من أشياء متنافرة:

البرنامج التلفزيوني يبدأ بالقرآن الكريم، وينتهي بفيلم أمريكي. المجلة العربية تبدأ بالأخبار المحلية، ثم صفحات عن الدين، وصفحات عن أخر صراعات الموضة والأزياء في باريس ولندن. ومن مظاهر التناقض سماع أصوات المؤذنين إلى جانب موسيقى ورقصات الجاز، وفي إعلانات الصحف والجرائد اليومية نجد التهاني والتبريكات وفي نفس الصفحة أو الصفحة المقابلة التعازي والمؤاساة، ومن الاغتراب التي يشير إليها (روسو) حين يقلد الناس المسلسلات التلفزيونية في إنتاج حياتهم، بما يساهم في اغترابهم وانفصالهم عن ذواتهم، فيصبحوا تابعين لمفهوم الحياة وصورتها التي تروج لها أجهزة الإتصال المؤسساتية، والإنسان هنا يغترب حين يتمثل هذه الصورة ويصبح تابعاً لها (رمضان بسطاويسي، 1999م، مجلة سطور:ص 15- 17).

هذه الأجواء تؤدي بالشباب إلى الاغتراب والضياع الذي يقودهم إلى الميوعة، الإدمان، وإلى المغالاة في الدين، وفي كل شيء، لأنه يعاني من الهموم والأحزان والقلق الدائم، واللامبالاة، والعجز عن تحمل المسئولية، إن ما يتعرض له الشباب العربي من صراع حضاري، هو نتيجة ما يجدونه من تعارض بين أساليب الحياة والتفكير والقيم الجديدة السائدة في المجتمعات العربية والإسلامية من جهة، وما يرد إليهم من الغرب من أساليب الحياة والتفكير والقيم التي أفرزتها الحياة الثقافية الحديثة للمجتمعات الصناعية من جهة أخرى (نجاتي، محمد عثمان، 1990 م: ص 24).

قد يصبح كلّ من اللامبالاة والرفض، ناشئ عن مظاهر عديدة، كالإحباط واستمرار الحرمان بحيث يؤدي ذلك إلى ضعف الانتماء، والحياة بفكرة الهجرة كفكرة "

سياسية ". وتعني هذه الفكرة أن يعيش الشباب بعقلية المهاجر داخل حدود الوطن (الليلة، علي، 1990 م،ص:3،ورد في مجلة المستقبل العربي، 1990م، العدد 140، ص: 14).

هناك ثلاث تفسيرات لضياع الشباب العربي واغترابه كما ورد عند (أبوعمود1990م):

1. الفجوة بين الأمل والواقع، بمعنى أن اتساع هذه الفجوة، يؤدي حتماً إلى الإحباط وزيادة الشحنات العدوانية لدى الشباب، خصوصاً إذا ما أحسوا أن هذه الفجوة ترجع إلى النظام الاقتصادي والسياسي والاجتماعي القائم، فيصبحون مهيئين للبحث عن بديل.

2. اختلاف العدالة التوزيعية، وفي هذه الحالة يتحول الإحباط إلى سلوك عدواني، إذا ما تراءى لهم أن الآخرين من أقرانهم، سواء أكانوا من المتساوين معهم، أم ممن هم أقل إنجازاً، يحصلون على نصيب أعلى من الثروة والمكانة الاجتماعية.

3. الحرمان النسبي، بمعنى أن الشباب يتوقعون ألا تسؤ حالتهم بينما تتحسن أحوال الآخرين في المجتمع نفسه، دونما سبب مشروع، فإذا ما حدث العكس، وهو ما حدث بالفعل في المجتمع العربي، فان هذا الاحساس بالحرمان، ومعه الاحساس بالظلم يولدان غضباً وسخطاً، فيرفضون النظام القائم ويتحدونه ويحاولون اقتلاعه ولو بالعنف(ورد في مجلة المستقبل العربي، 1990م، العدد 140، ص: 14).

يتبين مما سبق أن المغترب يتضمن ملامح منها:

- عدم وجود هدف، يرشد مسيرته في الحياة، وينقذه من الضياع.
- ضعف في معاييره الاجتماعية (Collestive Norms)، وتهلهل في قيمه ؛ الأمر الذي يجعله عاجزاً عن أقامة حوار بينه وبين نفسه من جانب، وبينه وبين مجتمعه من جانب آخر،فتكون النتيجة العزلة النفسية والعزلة الاجتماعية.
- النظرة إلى الحياة نظرة عبثية، وعدم وجود معنى لها.
- شعوره بأنه مجرد من إنسانيته ... ويعامل على هذا الأساس، مما يجعله يشعر بعدم الأمان والاطمئنان.
- تمرده ورفضه لأية التزامات يضعها المجتمع، ويعمل على مقاومتها بكل السبل.
- فقدان الأنتماء سواء لعقيدة دينيه، أو للوطن، بسبب اهتزاز القيم، وعدم اكتراثه بها.
- التهافت على المادة، التي أصبحت بالنسبة له غاية وليست وسيلة، ومن اجلها يمكن أن يفعل أي شيء يفسد الحياة.

لعل تحدث موضوع البحث عن الاغتراب والتوافق النفسي- الاجتماعي تعّد من انه اكبر التحديات التي يجابهها الفرد والتي تتسم بأتساع مساحتها السيكولوجية وثقل أعبائها الاجتماعية والنفسية خاصة بالنسبة للشباب الجامعي والذين يخوضون تحديات تفرضها مرحلة طبيعة الدراسة الجامعية وقد يترتب على مواجهة الشباب الجامعي لصراع هذه المرحلة الكثير من المشكلات النفسية والاجتماعية (Learner, 1980:49) لير نر.

يعّد طلاب الجامعة أكثر استعداداً للاغتراب بمقارنتهم بغير الدارسين من نفس العمر وتزداد ثقة الفرد إذا ما واجه تحديات هذه المرحلة بنجاح

(Vredenburg, 1988; 63 - فريدنبرج) وفي ضوء ذلك نجد أنه بدلا من أن يمثل الشباب الجامعي قوة دعم ومساندة لمجتمعهم. وهو يسعى للنهوض متجاوزا سلبيات الماضي - نجد أنهم بحاجة لمن يساندهم حتى لا ينتكسوا إلى الإحساس الكامن باليأس (كمال، مرسي 1997م،ص327، دراسات نفسية).

لذلك يفترض إعدادهم لتحمل مسئوليات بناء الأوطان وحل مشكلات المجتمعات فيها، ولأن - مرحلة الشباب - هي من أخطر المراحل العمرية لما يرافقها من مشكلات النمو أو الرغبة في إثبات الذات أو تحقيق الاستقلالية الشخصية أو الاعتماد على النفس، ومواجهة الحياة بكل ثقة واقتدار- إلا أن الواقع يستدل منه: أن تلك المشكلات النفسية والاجتماعية تعكس نفسها سلبا عليهم، مضافا إليها (أعباء الدراسة، نوعيتها،ومتطلبات ومدى المواءمة بينها وبين الميول والقدرات)،وما يواجهونه في الواقع. فالشباب الذي لا تشبع حاجاته الأساسية المشروعة ولا تعالج مشكلاته، لا يمكن أن يبدع وبالتالي لا يمكن أن تستفيد أمته من طاقاته وبقدر ما يصبح عبئا عليها - إذ تطغي نظرته إلى همومه الذاتية على ما عداها - فينعكس ذلك سلبا على أسلوب تفكيره ومشاعره لنفسه وردود أفعاله تجاه الحياة والناس من حوله وقد تعمم هذه النظرة القاتمة لتشمل ولاءه، لعقيدته وانتمائه لوطنه وأمته والتمرد على كل شيء فيصبح سهل الاختراق - حيث يضمحل المفهوم الإيجابي للذات وتتلاشى مشاعر الاعتزاز والثقة بالنفس - فالعبودية وليدة الحاجة - لذلك كان لابد من إزاحة هذه المعوقات. لاستجلاء أبعاد الحاضر وآفاق المستقبل أمام هذا الجيل لحمايته من مزالق الانحراف وتدعيم شخصيته السوية التي تتفاعل مع قضايا الأمة للانطلاق بها وبثقة ووعي واقتدار نحو غاياتها المنشودة في تشييد كيانها الشامخ بمقوماتها الراسخة الأصيلة من خلال بلورة الرؤى المعيارية والأطر المرجعية التي يحتكم إليها المجتمع على مستوى الفرد والجماعة. (الشرجبي، 1992م: ص6).

أن عدم تأصيل القيم السليمة لدى الأفراد والتناقض بين قيم الفرد وما يجده في المجتمع المحيط به يعتبران عاملين رئيسين في ظهور الشخصية غير السوية التي من أبرز ملامحها عدم التوافق الشخصي وكذلك عدم التوافق مع الآخرين ويظهر هذا الصراع

النفسي جليا في مجتمعات غريبة ذات قيم سائدة مختلف عن تلك التي تأصل بها وبالتالي تظهر الشخصية الانسحابية التي من إحدى سماتها التنحي عن الناس والعزلة والشعور بالوحدة أي الشعور بالاغتراب.

الانعزال أو الانزواء (Introversion) هو تعبير عن المواقف الاجتماعية المثيرة للقلق عند الفرد، وعلى ذلك فقد يلجأ إلى الابتعاد عن المجتمع بقدر الإمكان لكي يخفف من حدة القلق. فالمجتمع بالنسبة للشخص المنزوي أو المنعزل مليء بالعوامل المثيرة للاضطراب والتعاسة، ولذا فأنه يتجنب مصاحبة الناس ويؤثر الوحدة والانفراد في جميع ألوان نشاطه، أي يتجنب كل احتكاك بالآخرين. والشخص الذي يتخذ هذا الأسلوب هو عادة الشخص الذي تكرر فشله في المواقف الاجتماعية، أي أنه وجد في تعامله مع المجتمع صدّاً وإحباطاً مستمرين، كما أنه لم ينجح في الأساليب الإيجابية التي حاول أن يستخدمها ليعيد التوافق بينه وبين المجتمع (مرسي، سيد عبد الحميد، 1987 م: ص43- 44).

أن مفهوم (الاغتراب) والذي يشير إلى كونه ظاهرة اجتماعية ومشكلة إنسانية عامة وأزمة معاناة للإنسان المعاصر وان تعددت مصادره واسبابه وإذا كانت دراسة الاغتراب مهمة بالنسبة لعامة الناس فتزداد أهميتها بالنسبة للشباب. وذلك لان الشباب في جميع دول العالم محور اهتمام كثير من الكتاب المفكرين والمؤسسات نظرا للدور الذي يمكن للشباب القيام به في زيادة الإنتاج والإسهام في إنشاء حضارة الدول أساس للعمل لأنهم الطاقة المادية والمعنوية الحقيقة لأي أمة (الخطيب، ب، ت، ص 74).

مشكلة البحث:

من الطبيعي أن الطالب الذي يدرس في بلد آخر غير بلده مهما كانت طبيعة الحياة في البلد الذي يدرس فيه لا بد أن يواجه بعض الصعوبات والمشكلات النفسية بقدر ما يحتوي الشعور بالغربة إحساسا مؤلما بالعزلة والتشكك في النفس والإحباط (رتشارد،1980:ص178). حتى وإن لم يواجه الإنسان مشكلات اقتصادية بالمعنى الحقيقي، فالاغتراب ذاته مشكلة للفرد الذي يترك بلده وأهله وخاصة في عمر الشباب

الذي يتراوح بين (19-20) سنة، ويكون اغترابه عن الأهل والوطن لأول مرة، كما هو الحال عند الطلاب اليمنيين الذين قد يعانون من الغربة الداخلية والطلاب العرب الدارسين في الجامعات اليمنية.

يواجه الطالب العربي واليمني الدارس خارج منطقته حالة من الضعف في التوافق النفسي-الاجتماعي نتيجة الاغتراب، وصعوبة معرفة الطرق التي يشبع بها حاجاته ويرضى عنها المجتمع الجديد الذي يعيش فيه، وما يلازمهما من ضغوط دراسية أو اقتصادية أو اجتماعية، وكل ذلك قد يؤثر في حدة شعور الطالب الجامعي بالاغتراب وعدم التوافق.

التعرف على الاغتراب والتوافق النفسي للدارس يعطينا فهما أكثر للشخصية ويساعدنا على علاج حالة الاضطراب التي تحصل عادة في مثل هذه الحالة عند الدارسين الذين أخفقوا في تحقيق أهدافهم الدراسية (الأكاديمية) وبعبارة أخرى عند الراضين أو غير الراضين عن تحقيق أهدافهم الأكاديمية. لذلك يجب على الباحثين والدارسين أن يوجهوا اهتماماتهم نحو دراسة هاتين الظاهرتين اللتين يكون لهما الأثر الكبير في شخصية أفراد فئة من المجتمع لها وضعها الخاص. وعليه رأى الباحث القيام بدراسة العلاقة بين الاغتراب والتوافق وبعض المتغيرات لدى طلاب الجامعات اليمنيين والعرب بالجمهورية اليمنية ؛ أملاً في الحصول على نتائج تساعد في وضع بعض الحلول المرتبطة بالظاهرتين.

برزت مشكلة البحث نتيجة للآتي:

1. ممارسة الباحث لظاهرة الاغتراب أثناء دراسته الجامعية، وفوق الجامعية.
2. ندرة الدراسات اليمنية التي تناولت هذه الظاهرة بالجمهورية اليمنية.

بناء على ما سبق تكمن مشكلة البحث في السؤال الرئيسي التالي:

- ما العلاقة بين الاغتراب والتوافق النفسي- وبعض المتغيرات لدى الطلاب اليمنيين، والعرب بجامعات الجمهورية اليمنية ؟
- ويتفرع منه:

- هل توجد فروق بين الطلاب المغتربين العرب، واليمنيين في الاغتراب ؟
- هل توجد فروق بين الطلاب المغتربين العرب، واليمنيين في التوافق ؟

أهمية البحث:

أراد الباحث بموضوعه هذا، البحث بما هية الاغتراب، كمن يلقي بحصاة في ماء ساكن تنعكس عليه صورنا فنجد أنفسنا نعيش في جزر اجتماعية وثقافية متجاورة، يفصلها الإحساس بالاغتراب وبالغربة النفسية والاجتماعية في داخل الوطن.

وأراد الباحث التوجيه إلى الخطر المهدد للإنتماء ؛ فيلح حين يتنامى إحساس الأنا بالغربة عن الأنا الآخر، خصوصاً وشرائح واسعة من الشباب ومن فئات أعمار ومستويات اجتماعية مختلفة أضحت تترجم تأكل حس الإنتماء لديها بنزعات استهلاكية أو هروبية تختفي تحت انماط حياتية وافدة وغريبة عن وجداننا وديننا السمح، ولهذا أراد الباحث الكشف عن هذه الغربة والفوضى في طلاب الجامعة اليمني والعربي.

وإذا كان التقدم التقني المذهل في عصر الصورة وشبكات الإنترنت قد الغى المسافات وجعل العالم كله حاضراً في العالم كله دفعة واحدة، فكان هذا البحث محاولة لاكتساب وفهم ووعي يجاوز الرأي إلى الرؤية التي لا ينطفىء معها نور الإنتماء.

1. من خلال هذه الدراسة البحثية الميدانية سوف تفيد في محاول إيجاد هدف يرشد المجتمع إلى ظاهرة الاغتراب وينذره محاولة لإنقاذه من الضياع.
2. من خلال هذه الدراسة البحثية الميدانية سوف تفيد في محاولة للتعرف على الضعف في المعايير الاجتماعية، وشعور الطالب الجامعي بأنه شيء مجرد من إنسانيته مما يجعله يشعر بعدم الأمان والاطمئنان، وبالتالي سوف نوجه المختصين لأهمية هذه المشكلة لوضع الحلول والتصدي لها.
3. أن ظاهرة الاغتراب وعدم التوافق للطلاب اليمنيين والطلاب العرب داخل حرم الجامعات اليمنية تعُد من الأهمية بمكان، للكشف عن مدى انتشار هذه الظواهر، وعن خلفياتهم وأسبابهم وسبل معالجتهم، قبل أن تنتشر بشكل يهدد المجتمع اليمني بشكلٍ خاص.

إن عدد البحوث التي تناولت هذه الظاهرة بالدراسة تعتبر قليلة إذا قورنت بالبحوث التي تناولت غيرها من الظواهر، وقد يرجع السبب في ذلك أن ظاهرة الشعور بالغربة قد أصبحت ظاهرة معايشة في حياتنا اليومية بحيث لا يمكن الانفصال عنها حتى يمكن إخضاعها للدراسات والبحث، والدليل على ذلك أنه على الرغم من أهمية هذه الدراسة ورغم أن ظاهرة الشعور بالغربة الآن واحدة من أكثر الظواهر تداولا في الكتابات العربية والأجنبية التي تعالج مشكلات المجتمعات الحديثة والمعاصرة ؛ وتأثر الظروف الدراسية والاقتصادية والاجتماعية الضاغطة التي يمرَ بها الطالب على زيادة الشعور بالغربة والانعزال والانفصال عن المجتمع والعجز والعزلة وعدم مشاركة الآخرين وفقدان القدرة على السيطرة وإذا كان الفلاسفة وعلماء النفس ينبهون إلى تزايد الإحساس بالغربة في المجتمعات المعاصرة، فأنه يبدو من استقراء تاريخ الظاهرة أن الشعور بالاغتراب ظهر في كل العصور قديمها وحديثها وفي كل المجتمعات وباختلاف في درجة تقدمها ونظمها السياسية والاقتصادية وذلك لأنها ظاهرة إنسانية عامة مميزة للإنسان.

وتتضح أهمية البحث من طبيعة المشكلة التي يتعرض لها، والتي تتمثل في ظاهرة الاغتراب التي صاحبت الإنسان منذ القدم، وزادت حدتها في هذه الفترة نتيجة للأحداث الضخمة، والمتغيرات الهائلة التي جاءت في غير صالح الإنسان فآثر الانكفاء على ذاته واعتزال مجتمعه، وتخلى عن طموحاته، وتنازل عن أحلامه، كما فقد السلوك الصحيح الذي به يتوافق مع الحياة.

ويحدث الشعور بالغربة نتيجة للظروف والضغوط الاجتماعية والتنشئة الاجتماعية غير الملائمة ويمكن أن ترجع أسباب الشعور بالغربة لدى الطالب الغائب عن أسرته أو مع أسرته في مجتمع آخر إلى بعض الضغوط الداخلية حيث يصبح الطالب المغترب غافلا عما يشعر به وعما يحبه أو يرفضه أو يعتقده ويمكن أن يصبح عاجزا عن اتخاذ قراراته حيث لا يعرف حقيقة ما يريد، كما يعيش في حالة من اللاواقعية واللامبالاة كما أن شعور الطالب بالغربة عن وطنه يؤدي إلى الشعور بالحزن واليأس والألم، ويمكن القول أن

شعور الطالب بالغربة يحدث نتيجة لعدم الانتماء وغياب الأب والأم المستمر نتيجة السفر.

وتبدو أهمية البحث من كون ظاهرة الاغتراب أصبح لها دلالات عميقة قد تؤثر عليهم في كل مجالات حياة الإنسان، وهذا البحث يكشف عن مدى علاقة الاغتراب ببعض متغيرات البحث لدى عينة من الطلاب اليمنيين، والعرب.

إن شخصية الطالب تنطوي على جوانب جسمية ومعرفية وانفعالية ويّعد التوافق النفسي-الاجتماعي من الجوانب المهمة لدراستها للوصول إلى الاستقرار والانتقال إلى مستوى أعلى من الحاجات على طريق الوصول إلى تحقيق الذات.

أهداف البحث:

يجيء هذا البحث لكي يحقق الأهداف الآتية:

1. التعرف على العلاقة بين الاغتراب والتوافق النفسي بحسب متغيرات البحث.
2. التعرف على ظاهرة الاغتراب في المحيط الجامعي في الجمهورية اليمنية ومدى حدتها.
3. التعرف على ظاهرة التوافق في المحيط الجامعي في الجمهورية اليمنية ومدى حدتها.
4. الكشف عن درجة الاغتراب والتوافق بين الطلاب اليمنين والطلاب العرب، وهذا ما سيسهل على المهتمين بالجامعات من وضع الحلول المناسبة لتجاوز مثل هذه الظاهر المؤثرة سلباً على الطلاب.
5. وضع توصيات في ضوء نتائج البحث تساعد في حل بعض مشكلات الطلاب المغتربين العرب، واليمنيين.

فروض البحث (تساؤلات البحث):

الفرضية (1): توجد علاقة ارتباطيه عكسية بين الاغتراب النفسي والتوافق النفسي- الاجتماعي، ومحاورهما لدى الطلاب العرب، واليمنيين.

الفرضية (2): لا توجد فروق ذات دلالة إحصائية بين متوسطات درجات الطلاب اليمنيين ومتوسطات الطلاب العرب على مقياس التوافق الكلي.

الفرضية (3): لا توجد فروق ذات دلالة إحصائية بين متوسطات درجات الطلاب اليمنيين ومتوسطات الطلاب العرب على محاور التوافق الستة (التوافق الأسري، التوافق الدراسي، التوافق مع الآخرين، التوافق الانفعالي، التوافق الصحي والجسمي، التوافق القيمي).

الفرضية (4): لا توجد فروق ذات دلالة إحصائية بين الطلاب العرب الأكثر اغتراباً والأقل اغتراباً في التوافق النفسي.

الفرضية (5): لا توجد فروق ذات دلالة إحصائية بين الطلاب اليمنيين الأكثر اغتراباً والأقل اغتراباً في التوافق النفسي.

الفرضية (6): لا توجد فروق ذات دلالة إحصائية بين متوسطات درجات الطلاب العرب ومتوسطات الطلاب اليمنيين على مقياس الاغتراب الكلي.

الفرضية (7): لا توجد فروق ذات دلالة إحصائية بين متوسطات درجات الطلاب العرب ومتوسطات الطلاب اليمنيين والطلاب العرب على المحاور الستة للاغتراب.

الفرضية (8): توجد فروق ذات دلالة إحصائية بين متوسطات درجات الطلاب الذكور ومتوسطات الطالبات الإناث على مقياس الاغتراب الكلي.

الفرضية (9): توجد فروق ذات دلالة إحصائية بين متوسطات درجات الطلاب الذكور ومتوسطات الطالبات الإناث على محاور الاغتراب الستة (الشعور بالعجز، الشعور باللامعنى، الشعور بالعزلة الاجتماعية، الشعور باللامعيارية، الشعور بالعزلة الفكرية، الشعور بالاغتراب عن الذات).

الفرضية (10): لا توجد فروق ذات دلالة إحصائية بين متوسطات درجات الطلاب الذكور ومتوسطات الطالبات الإناث على مقياس التوافق الكلي.

الفرضية (11): لا توجد فروق ذات دلالة إحصائية بين متوسطات درجات الطلاب الذكور ومتوسطات الطالبات الإناث على المحاور الستة للتوافق (التوافق الأسري، التوافق الدراسي، التوافق مع الآخرين، التوافق الانفعالي، التوافق الصحي والجسمي، التوافق القيمي).

الفرضية (12): لا توجد فروق ذات دلالة إحصائية بين الطلاب العرب في التوافق النفسي تعزى إلى الجنس (ذكر، أنثى).

الفرضية (13): لا توجد فروق ذات دلالة إحصائية بين الطلاب اليمنيين، في التوافق النفسي- تعزى إلى الجنس (ذكر، أنثى).

الفرضية (14): لا توجد فروق ذات دلالة إحصائية بين متوسطات درجات الطلبة ذوي التخصصات العلمية ومتوسطات درجات الطلبة ذوي التخصصات الأدبية على مقياس الاغتراب الكلي.

الفرضية (15): لا توجد فروق ذات دلالة إحصائية بين متوسطات درجات الطلبة ذوي التخصصات العلمية ومتوسطات درجات الطلبة ذوي التخصصات الأدبية على محاور الاغتراب الستة (الشعور بالعجز، الشعور باللامعنى، الشعور بالعزلة الاجتماعية، الشعور باللامعيارية، الشعور بالعزلة الفكرية، الشعور بالاغتراب عن الذات).

الفرضية (16): لا توجد فروق ذات دلالة إحصائية بين متوسطات درجات الطلبة ذوي التخصصات العلمية ومتوسطات درجات الطلبة ذوي التخصصات الأدبية على مقياس التوافق الكلي ومحاوره الستة.

الفرضية (17): لا توجد فروق ذات دلالة إحصائية بين متوسطات درجات الطلبة ذوي التخصصات العلمية ومتوسطات درجات الطلبة ذوي التخصصات الأدبية على محاور التوافق الستة (التوافق الأسري، التوافق الدراسي، التوافق مع الآخرين، التوافق الانفعالي، التوافق الصحي والجسمي، التوافق القيمي).

الفرضية (18): لا توجد فروق ذات دلالة إحصائية بين الطلاب العرب في التوافق النفسي تُعزى إلى التخصص (علمي، أدبي).

الفرضية (19): لا توجد فروق ذات دلالة إحصائية بين الطلاب اليمنيين، في التوافق النفسي- تُعزى إلى التخصص (أدبي، علمي).

الفرضية (20): يوجد تفاعل دال إحصائياً بين الاغتراب والجنس في تأثيرهما على التوافق النفسي لدى الطلاب العرب.

الفرضية (21): يوجد تفاعل دال إحصائياً بين الاغتراب والتخصص في تأثيرهما على التوافق النفسي لدى الطلاب العرب.

أدوات البحث:

1. مقياس الاغتراب النفسي – إعداد الباحث

2. مقياس التوافق النفسي والاجتماعي – إعداد الباحث

يتطلب أهداف البحث أداتين، الأولى تقيس متغير الاغتراب، فيما تقيس الثانية متغير التوافق النفسي والاجتماعي.

التعريفات الإجرائية لمصطلحات البحث:

أولاً: الاغتراب

يرى أحمد خيري حافظ (1981م) أن الاغتراب يعني وعي الفرد بالصراع القائم بين ذاته وبين البيئة المحيطة له بصورة تتجسد في الشعور بعدم الانتماء والسخط والقلق وما يصاحب ذلك من سلوك إيجابي أو الشعور بفقدان المعنى واللامبالاة ومركزية الذات والانعزال الاجتماعي وما يصاحبه من أعراض إكلينيكية. (أحمد، خيري حافظ 1981 م ص31).

ثانياً: التوافق

أما زهران فقد عرّف التوافق النفسي: بأنه عملية دينامية مستمرة تتناول السلوك والبيئة (الطبيعية والاجتماعية) بالتغير والتعديل حتى يحدث توازن بين الفرد وبيئته، وهذا التوازن يتظمن إشباع حاجات الفرد وتحقيق متطلباته البيئة (حامد، زهران، 1997: ص 27).

المعالجة الإحصائية:

في هذه الدراسة قام الباحث باستخدام عدد من الوسائل الإحصائية لمعالجة البيانات وفقاً لأسئلة البحث الموضحة في الفصل الأول وهذه الوسائل تشمل الآتي:

1. **تم استخدام معادلة آلفا كورنباخ لحساب ثبات المقياسين.**
2. **تم حساب المتوسطات وللانحرافات المعيارية المتعلقة بمتغيرات البحث.**
3. **تم استخدام الاختبار التائي (t - test) لعينتين مستقلتين لمعرفة الفروق في الاغتراب النفسي- والتوافق النفسي- الاجتماعي، تبعاً لمتغير التخصص، الجنسية، الجنس، وبالنسبة للمقياسين ككل، ولمحاورهما الستة.**
4. **تم استخدام معادلة بيرسون لحساب معامل الارتباط الكلي بين مقياسي الاغتراب والتوافق وذلك لتحديد طبية العلاقة بين الاغتراب والتوافق.**

حدود البحث:

سيتناول الباحث تأثير الاغتراب النفسي الاجتماعي وعلاقته بالتوافق النفسي- الاجتماعي على الطلاب اليمنيين والطلاب العرب الدارسين في الجامعات اليمنية،حيث سيقتصر في بحثه على اختيار عينة من الذكور والإناث من طلاب الجامعات اليمنية والمتواجدين في أمانة العاصمة صنعاء والمحافظات الكبرى بسبب تواجد الأخوة العرب المدرسين أو الموظفين بمؤسسات الدولة في أمانة العاصمة صنعاء، والمحافظات الكبرى وبسبب تواجد معظم الأقسام العلمية والخدمية وعليه يحدد البحث بالآتي:

1- الجنـس:

من الذكور، والإناث من الطلاب المغتربين والمغتربات من الطلاب العرب ومن الطلاب اليمنيين واليمنيات الدارسين في الجامعات اليمنية.

2 - المستوى التعليمي: المرحلة الجامعية، الدراسات الأولية:

أن اقتصار البحث على الطلبة الذين يدرسون في المرحلة الجامعية الأولية سيساهم في تجانس العينة من حيث المستوى الثقافي وبالتالي في الوعي لمشكلات الحياة نوعا ما، كذلك يعين في الحصول على فئة قادرة على التعامل مع أدوات البحث، وأن الاقتصار على الدارسين في الجامعات اليمنية ينبع أساسا من الالتزام بالمنطلقات النظرية التي تشير إلى ذلك.

3 - المكان:

من حيث المكان كان أفراد مجتمع البحث من الطلبة الدارسين في الجامعات اليمنية (حكومية، وأهلية) بأمانة العاصمة بصنعاء، وبمحافظة الحديدة، وتعز، وذمار، والحكومية متمثلة بجامعة صنعاء، وبجامعة الحديدة، وبجامعة تعز، وبجامعة ذمار، والأهلية متمثلة بجامعة العلوم والتكنولوجيا، وبجامعة العلوم التطبيقية بأمانة العاصمة صنعاء.

4 - الزمان:

من حيث الزمان طبقت أدوات البحث في العام الدراسي 99/ 2000 م.

5 - المتغيرات:

الاغتراب - والتوافق النفسي الاجتماعي وعلاقتهما بالتخصص، والجنس، والجنسية.

6 - منهج البحث:

أستخدم الباحث المنهج الوصفي التحليلي الذي يعتمد على الدراسة الميدانية.

الفصل الثاني

الاغتراب

مفهوم الاغتراب:

يشير مفهوم الاغتراب عند الصوفية: أن رحلة الإنسان هي عبارة عن اغتراب دائم، يبدأ بالاغتراب عن وطن القبضة (قبضة الحق) حين أشهدنا الله على ربوبيته في عالم الذر، " ثم عمرنا بطون الأمهات فكانت الأرحام موطننا، فاغتربنا عنها بالولادة فكانت الدنيا وطننا، واتخذنا فيها أوطاناً، فاغتربنا عنها بحالة تسمى سفراً وسياحة، إلى أن اغتربنا عنها بالكلية إلى موطن يسمى البرزخ، فعمرناه مدة الموت، فكان وطننا، ثم اغتربنا عنه بالبعث إلى أرض الساهرة ... والإنسان في تلك الأرض كالماشي في سفرة بين المنزلتين، ويتخذ بعد ذلك أحد الموطنين ؛ إما الجنة وإما النار، فلا يخرج بعد ذلك ولا يغترب، وهذه هي آخر الأوطان التي ينزلها الإنسان " (الفتوحات: ج 2، ص:528).

تشير الكثير من الكتابات الفلسفية إلى ان مفهوم الاغتراب قد وجد في الفكر اليوناني القديم وبخاصة عند سقراط " 469 - 390 ق. م " الذي كان بظهوره إيذانا بقيام ثورة عارمة على الأوضاع الفكرية السائدة في مجتمعه مما يدلل على الدعوة للتغير الذي جعل بالمقابل أن أصحاب الفكر المحافظ يتهموه بإفساد عقول الناس عامة والشباب بخاصة وانه خارج عن التقاليد التي تناقش المبادئ المألوفة مثل: الحق، والخير، والجمال، والفضيلة.

وهناك من يرد الفكرة " الاغتراب" إلى افلاطون " 427 -347 ق. م " ونظريته عن الفيض والمثل الأفلاطونية والذي يرى بأن النفس اغتربت عن الآلهة حين سقطت في الخطيئة (اسكندر، 1988م: ص 18).

ومن ثم انتقالها من بعده إلى اللاهوت المسيحي ومعالجتها في كتابات العديد من الفلاسفة الاجتماعيين في أوربا وبخاصة في القرنين الثامن عشر والتاسع عشر. ثم جاء أرسطو " 384- 322 ق. م "ليكشف أن الاستغلال للثروات هو جوهر الاغتراب، عندما ينظر الناس إلى النقود على إنها غاية ايضا، ويتحول عن طبيعتها باعتبارها وسيلة لإشباع الحاجات الطبيعية فتضطرب الحياة الاجتماعية، وتصبح من المستحيل وقد تحولت الوسائل إلى غايات، وهنا يشعر الإنسان بالاغتراب (أحمد، متولي عمر، 1989: ص9 - 10).

أما اللاهوتيون: فقد استخدموا مصطلح الاغتراب للدلالة على معان متعددة " كما يوردها الجرموزي " منها:

المعنى الأول: ويمثل مفهوم الاغتراب في اللاهوت اليهودي والمسيحي الذي يعني انفصال الإنسان عن الله، وهناك نصوصا كثيرة في الكتاب المقدس تعبر عن هذا المعنى، نكتفي بذكر مثالين جاءا في العهد القديم من خلال النصين الآتيين:

النص الأول: " جاء في العهد القديم: قال فرعون ليعقوب " كم هي سينين حياتك ؟ فقال يعقوب أيام سني غربتي مائة وثلاثون سنة.

النص الثاني: " جاء في العهد الجديد قول بطرس: أطلب إليكم كغرباء ونزلاء أن تمتنعوا عن الشهوات الجسدية ويقول" فسيروا زمان غربتكم أي حياتكم بخوف أي أن حياة الإنسان على الأرض هي حياة اغتراب عن الله ".

المعنى الثاني: اغتراب الإنسان عن جسده باعتباره عائقا عن الله،لان الروح ضد الجسد ويصرخ بولس "ويحيي أنا الإنسان الشقي من ينقذني من جسد هذا الموت ".

المعنى الثالث: انفصال الإنسان عن الناس الآخرين.

المعنى الرابع: الاغتراب عن التنظيمات والمنظمات الدنيوية الزائلة التي تخرج عن نطاق المؤسسات الروحية على أساس إن الالتصاق بالعالم الزائف هو انفصال عن الله (اسكندر، 1988 م: ص24-35).

تعريفات الاغتراب:

ينظر إلى مفهوم الاغتراب من جهة نظر متعددة فهناك وجهة نظر فلسفية ووجهة نظر نفسية، وأراء المهتمين في هذا المجال وذلك يعني اختلاف وجهات النظر تبعا لذلك وفيما يأتي عرض إلى هذه التعريفات التي تناولت الاغتراب على وفق مفاهيم مختلفة.

الاغتراب بالمعنى و المصطلح عربيًا:

وجاء في مختار الصحاح: الغربة - الاغتراب

تقول (تغرّب) و (الاغتراب) بمعنى (غريب) و (غرب) بضمتين والجمع (الغرباء). والغرباء أيضاً الأباعد.

و (أغترب) فلان إذا تزوج إلى غير أقاربه. وفي الحديث الشريف " اغتربوا لا تضووا " و (التغريب) النفي عن البلد. و (أغرب) جاء بشيء غريب. وأغرب أيضاً صارغريباً. و (غرب) بعُد. يقال (أغرب) عنّي أي تباعد. و(غرب) كل شيء أيضاً حده. والغارب ما بين السّنام إلى العنق ومنه قولهم: حبلك على غاربك: أي اذهبي حيث شئت. (عبد القادر، الرازي، مختار الصحاح، 1997 م: ص 470 - 471).

وجاء في المعجم الوسيط: (غروب) عن وطنه أي أبتعد عنه، ويقال: أتى الغرب وصار غريباً. وارتحل. وجاء بالشيء الغريب. فسافر بعيداً. ويقال رمى فأغرب: أبعد المرمى (المعجم الوسيط، 1989 م: ص 647).

عربياً: لا يختلف المعنى اللغوي عن المعنى الاصطلاحي لكلتا المفردتين.

وجاء في اللسان: " الغرب ": الذهاب والتنحي عن الناس. الغربة - والغرب: النوى والبعد، وقد تغرب، التغرب: البعد الغربة والغرب: النزوح عن الوطن والاغتراب.

الاغتراب: افتعال من الغربة. وجاء في الحديث الشريف: " اغتربوا ولا تضووا " أي لا تتزوجوا القرابة القريبة. (العلامة أبن منظور، 1993م).

يتضح مما تقدم أن كلا من الغربة والاغتراب يعني التنحي والنوى والنزوح " ولا يتصور الباحث أن صيغة " افتعال" تمنح مصطلح "الاغتراب " سعة وشمولية لا تتوافر عليها " الغربة " فربما كان وراء هذا الاعتقاد هو اقتصار" الغربة " على البعد عن الأوطان والمدن في الكلام المتداول من جهة، وتداول " الاغتراب" تداولاً واسعًا في الفلسفة والعلوم الاجتماعية.

و ها هو باحث معاصر يذكر ما نصه:

" المعنى اللغوي والمعنى الاصطلاحي للاغتراب واحد: الغرب والغربة والاغتراب كلها في اللغـة بمعنى واحد هو الذهاب والتنحي عن الناس، وكذلك في المعنى الاصطلاحي".

أي أننا نستطيع أن نحل مصطلح" الاغتراب المكاني" بدل مصطلح الغربة المكانية" و " الاغتراب الروحي " محل الغربة الروحية "وهكذا (فتح اللـه، خليف، 1979م: ص 14).

ونرى أن الغربة لدى المتصوفة تفترض شيئين: المفارقة، والرغبة في تحقيق غاية. والغزالي، وابـن العربي يقسموا الغربة إلى أربعة أقسام هي:

1. غربة عن الأوطان من حقيقة القصد: يصدر عن حقيقة أن قبلّة الصـوفي هـي الحـق، لذا فأنه يبحث عن الموضع الـذي يتيسر فيه لقاؤه بربه حتى يجده. فمطلوبهم بالغربة عن الأوطان وجود القلب مع اللـه، فحيثما وجدوه قاموا في ذلك الموضع (الفتوحات: ج 2، ص: 527 – 529).

2. وغربة العارفين عـن أوطـانهم تتمثـل فـي: " مفارقتهم لإمكانهم فإن الممكـن وطنه الامكان فيكشف له أنه الحق، والحـق لـيس وطنـه الامكان " (زكي مبارك 1، 1997 م؛:ص 63).

3. وغربة الحال من حقيقة التفرد بالاحوال: حيث أن الصوفي صاحب أحوال تسمح لـه بخرق العوائد المشهورة، لكن طموحه لا يقف به عند حال بعينه، فتكون غربته عـن ذلك الحال غاية السعادة، ويكون موضع المكر والاستدراج: " العاقـل لا يقـف في مواطن إمكان المكر فيها، بل ينبغي له ألا يقف في موضع يكون على بصيرة فيه، كـما فعل موسى في غربة الوطن [ففررتُ منكم لما خفتكم فوهب لي ربي حكـماً وجعلنـي من المرسلين] فاغترب بجسمه عن وطنه خوفاً منهم ".

4. وغربة عـن الحـق مـن حقيقـة الـدهش عـن المعرفـة: أن المـوطن الحقيـق للإنسـان (الممكن) هو العدم، " فإذا أتصف بالجود فقد اغترب عن وطنه بلا شك " وقد كان في حال عدمه مشاهداً للحق " ولما حصـل لـه الوجـود الحـادث وقعت المشـاركة في الوجـود بينه وبين الحق، دهش، فإنه رأى مـا لا يعرفـه، أدركـه الـدهش عن المعرفة (الفتوحات: ج 2، ص: 527 – 529).

الانصاري الهروي، 396 - 418 هـ المعري، 1984م) يعرف:

الاغتراب بأنه: " أمر يشار به إلى الانفراد عن الأكفاء " ويعني أن كل من انفرد بوصف شريف دون أبناء جنسه فانه غريب بينهم لعدم مشاركة أو لقلته ". وقد وصف الأنصاري – الانفراد هذا على ثلاث درجات هي:

الدرجة الأولى: " فثمة الغربة عن الأوطان ": وهذا هو الانفراد بالجسـم، وهـو انفراد يشـترك فيه الناس جميعا لأن الحياة الدنيا دار فانية يلتقي فيها الغرباء وسـيلة للانتقـال إلى الآخـرة، وهـي دار الإقامة الأبدية.

الدرجة الثانية: " وثمة الانفراد بالحال ": غربة الحال، والحال هو الفعل وتقسم هذه الدرجـة إلى ثلاثة أنواع هم:

أ - رجل صالح في زمان فاسد، بـين قوم فاسدين.

ب - أو عـالم بين قوم جاهلين.

ج - أو صديق بين قوم منافـقين.

الدرجة الثالثة: من الانفـراد فهي " غربة الهمة ": وهي غربة طلب الحق وهي غربة العـارف فغربة العارف غربة الغربة، لأنه غريب الدنيا والآخرة وعدّت كـذلك لأنه غادر الصفات البشـرية وتلبس الصفات الإلهية.

وما ينال الغريب أو ما قد يشعر بـه:

الغريب من إذا ذكر الحـق هُجر، وإذا دعـا إلى الحـق زُجر..

الغريب من إذا قال لم يسمعـوا له، وان رأوه لم يدوروا حـوله..

الغريب من إذا اقبل لم يوسع له، وإذا اعرض لم يسـأل عـنه،

الغريب في الجملة كل حـرقة، وبعضه فرقة، وليلـه آسف،

ونهاره لهف، وغذاؤه حزن، وعشاؤه شـجن وخوفـه وطـن.

أما الشاعر الخالد (الانصاري الهروي، أبو العلاء المعري، 1984 م)

فقد عاش اغتراب النفس، واغتراب المكان واغتراب الجسد، فقد ولد عريقًـا، ولكنـه نشـأ زاهـدًا متقشفا عازفًا عن لذائد الدنيا، مؤثرًا الفقر، وقـد حـبس نفسـه ولـزم بيتـه بـالمعرة، احتجاجًـا عـلى المجتمع، بعد أن فقد إيمانه بالإنسان (زيـدان، عبـد القـادر" التشـاؤم في رؤيـة أبي العـلاء المعـري"، 1984 م: ص15).

وعليه فإن المجتمع العربي لم يكن بمنـأى مـن هـذه الظـاهرة شـأنه في ذلـك شـأن المجتمعـات الأخرى، فقد ورد " الإغتراب " و" الغربة " مصطلحين، حيناً، وفكرة حينًا آخر في العديد مـن أشـعار العرب وكتاباتهم ومؤلفاتهم.

ففي عصر ما قبل الإسلام عرف الشعراء العرب الإغتراب والغربة لفظاً وفكرة، وإحساسا.

وربما العرب القدماء شعروا بـأن الإنسـان - سـوى اغـتراب أزلي اسـتوطن روحـه، وأشـعره أن الموت قاب قوسين أو أدنى منه.

وورد عن النبي الكريم سيدنا محمد (صلى الـلـه عليه وسلم) انه قال:

" بـدأ الإسلام غريباً، وسيعود غريباً كما بدأ، فطوبى للغرباء " (الأجري -تحقيق أيوب رمضـان، ص27: 1992م). ويتضح من الحديث الشريف أن الذين استجابوا للدعوة الإسلامية في فجرها كانوا قلة مؤمنة وصفت بأنها غريبة في الوسط المشرك، وقد

زالت غربتها بعد أن انتصر الإسلام وهزم الكفر. ولكن الإسلام لا يلبث أن يعود غريباً مرة أخرى عندما يجد المؤمنون أنفسهم قلة وسط المسلمين بسبب تفشي الفتن والشبهات.(الأجري، أبي بكر، 1992 م ص: 27).

وورد عن النبي الكريم سيدنا محمد (صلى الله عليه وسلم) انه قال:

حدثنا محمد بن أحمد بن مدوية حدثنا القاسم بن الحكم العرني حدثنا عبيد الله بن الوليد الوصافي عن عطية عن ابي سعيد قال دخل رسول الله سيدنا محمد (صلى الله عليه وسلم) مصلاة فرأى ناساً كأنهم يكتشرون قال أما إنكم لو أكثرتم ذكر هادم اللذات لشغلكم عما أرى فأكثروا من ذكر هاذم اللذات الموت فإنه لم يأت على القبر يوم إلاّ تكلم فيه فيقول أنا بيت الغربة وأنا بيت الوحدة وأنا بيت التراب وأنا بيت الدود... إلى آخر الحديث الشريف.(سنن الترمذي، حديث رقم " 2384 " مأخوذ من قرص ليزري من الكمبيوتر).

وعن عكرمة، عن أبن عبّاسٍ، قال: قال رسولُ الله سيدنا محمد (صلى الله عليه وسلم) انه قال: " مْوت الغريب شهادة ". (اخرجه البخاري في " التاريخ الصغير" 140/2 بلفظ - موت الغربة شهادة -، وأبن ماجة رقم (1613) = (515/1).

وعن عبدالله بن عْمروٍ قال:

وقف رسول الله سيدنا محمد (صلى الله عليه وسلم) على قبر رجلٍ بالمدينة، فقال:

" يالُه (ولعله ياليته) لو مات غريباً " قيل: وما للغريب منّا يموتُ بغير أرضه ؟ فقال: " ما من غريبٍ يمُوت بغير أرضه إلاّ قيس له من تُرْبته إلى موْلده في الجنّة ".(رواه أحمد في المسند 177/2، والنسائي 7/4 في الموت بغير مولد رقم (1614) = (15/1).

الاغتراب المعنى والمصطلح أجنبيًا:

Alienation as forign meaning and Expression:

مــاذا يعنــي الاغــتراب - فالكلمــة الإنجليزيــة Alienation مشـتقة مـن الكلمـة اللاتينيـة (Alienation Menits) التي تعني الشرود الذهني أو التوهان العقلي وهذه مشتقة بـدورها مـن الكلمة اليونانية اكستاس Exstas التي تعني الجدب أو الـخروج من هـذا ويطـلق لـفظ اكسـتاس على الطبيب المعالـج الذي يعمل بالتحليل (محمود رجب، 1965).

وقد وردت الكلمة اللاتينية وفّسر الاغتراب عن الذات على انه انعدام الهوية والشعور بانعدام الذات ومرد هذا الشعور إلى بعض الضغوط البيئية مثل الإفراط في متطلبات المجتمع أو الإفراط في مستوى الأداء Encyclopaedia Britanica (1972) وقد تنوعت تعريفات مصطلح الاغتراب وذلك نظرا لتعدد أنواعه وانتشار استخدامه فقد استخدم في المجالات الدينية والفلسفية والسياسية وفي مجال علم الاجتماع وعلم النفس والصحة النفسية والتربية وفيما يلي: بعض التعريفات علـى سـبيل المثال وليس الحصر.

أنواع الاغتراب:

وقد وردت ضمن السياقات: القانوني، والنفسي الاجتماعي، والديني، والروحي.

1. ويشير السياق النفسي الاجتماعي: على شعور المرء بالانفصـال عـن الكـل الاجتماعـي الذي ينتمي إليه، وهو انعكـاس لوضـع الفـرد في المجتمـع نتيجـة مـا يوقعـه الأخـير بالإنسـان مـن عقوبـات العـزل أو النبـذ بسبب الخـروج عـن المعتقـدات والتقاليـد السائدة، فالمغترب هو من خرج عن المألوف الاجتماعي أو الديني.

2. ويشير السياق النفسي القانوني: على الشخص الذي يفقد الوعي ويعجز عن استخدام قدراته العقلية والحسية في التواصل مع الآخرين والتعبير عن نفسه، وإلى الشرود الذهني وغياب الوعي وتركيز اهتمام الفرد في شيء معين بذاته يشغله حتىعن نفسه، وهذا المعنى يُستخدم عادة في الطب النفسي لوصف الحالات التي تتجاوز الاضطرابات النفسية إلى المرض العقلي.

3. أما السياق الديني: فقد ارتبط بفكرة خروج الإنسان على نعمة الله تعالى أي انفصاله على الذات الإلهية وسقوطه في الخطيئة فهو إذن مغترب عن الله. (راضي، محمد جعفر،1997، ص: 64 - 69).

4. أم السياق الروحي: بمعنى اغتراب الإنسان عن الزمن الحالي الذي يعيشه والالتجاء إلى تمجيد الماضي الذي يكون له موضوعاً جمالياً فقط، والاشادة به فينفصل عن تاريخه الحالي ليعيش بوجدانه وعقله في الزمن القديم.(رمضان، بسطاويسي، 1999م، مجلة سطور:ص 15).

5. وقد عرفها كلاً من:

- كينستون keniston (1968) أن الطلبة المغتربين يشعرون بعدم الثقة بأنفسهم فحسب بل بالطبيعة الإنسانية وأن رفضهم يتسم بالعنف والمرارة بأنفسهم وأنهم يصفون أنفسهم بأنهم غير مقبولين اجتماعيا ويشعرون بالاضطراب والاكتئاب والعنف والعصابية والعدوانية تجاه أنفسهم وتجاه الآخرين.

- كما يرجع فروم Fromm (1972) الاغتراب إلى التفاعل بين العوامل النفسية والعوامل الاجتماعية حيث يصف الإنسان الحديث بأنه هرب من روابط العصور الوسطى غير أنه لم يكن حرا في إقامة حياة ذات معنى كامل تقوم على العقل والحب بل خضع الإنسان للدولة مما أدى إلى افتقاره أو انفصاله عن حريته.

- ويكمن الاغتراب عند عبد السلام عبد الغفار (1973) في فقدان الإنسان القدرة على القيام بأدواره الاجتماعية بسهولة.

ويذهب سارتر Sarter (1976م) إلى أن الاغتراب ظاهرة اجتماعية ذات جذور تاريخية وواقعية حيث تدخل القوى المنتجة في صراع مع علاقات الإنتاج وأصبح العمل الأخلاق مغترباً ولم يعد الإنسان يتعرف على نفسه في إنتاجه وبدأ له عمله كقوة معادية له ولما كان الاغتراب يأتي نتيجة هذا الصراع فإن الاغتراب هو حقيقة تاريخية لا يمكن رده إلى أية فكرة.

- وفي نفس المعنى يذهب ماركس Marx (1977م) إلى أن الإنسان المغترب في العمل لا يفقد نفسه فحسب بل يفقد نفسه بوصفه موجودا نوعيا له خصائص النوع الإنساني وهو إذ يغترب عن وجوده النوعي فإنما يغترب عن إخوانه في الإنسانية ومن ثم يفقد تلقائيته ومعها مرح الحياة أي يفقد وجوده الحيوي ولا يشعر بهويته بل باستئصالها وبتشيؤه وبأنه يمضي- في الحياة على نحو لا أنساني.

- وقد عرف يحيى الرخاوي (1979م) الاغتراب بأنه ظاهرة عصرية تهاجم في عنف لأنها تنقص الإنسان مقومات تكامله ولكنها مرحلة تصف نقص تواجد الإنسان الداخلي المرحلي.

- وقد عرف روجيه جارودي (1999م) الاغتراب هو ازدواج الإنسان الذي خلق رموزاً ومؤسسات ولم يعّد يتعرف عليها كنتاج لبشاطه، فأصبح يعتبرها مستقلة عن إنسانيته وصعبة المنال.

- ويصف عبد الرحمن الحلاق (2000م) الغربة والاغتراب أنه كالطاعون الذي تفشى في مفاصل البلاد، وأنه عبارة عن قهر ويأس وآلم للآنسان، وأن المصل المضاد يبرز دائماً في القدرة على الخلق والإبداع (عبد الرحمن، الحلاق 2000م، مجلة الكويت، عدد 196، ص: 60 - 61)

أما معنى الاغتراب في الطب النفسي فهو يعني الاغتراب العقلي المرادف للجنون ذاته Alienation Mental إذ ينفصل جزء من الذات انفصالاً تفكيكيًا من الجزء الآخر بشكل ينتهي إلى تناثر الشخصية وتباعد مكوناتها وأجزائها.

وقد عرف سيد المغربي (1976م) أن قمة الاغتراب نجدها عند المريض عقلياً والذي يعيش في عالمه الخاص ناقدا لذاته تماماً كمحور لخبراته ونشاطه أنه الاغتراب الذي يفقد فيه الفرد الإحساس بذاته.

ويرى أحمد خيري حافظ (1981م) أن الاغتراب يعني وعي الفرد بالصراع القائم بين ذاته وبين البيئة المحيطة له بصورة تتجسد في الشعور بعدم الانتماء والسخط والقلق وما يصاحب ذلك من سلوك إيجابي أو الشعور بفقدان المعنى واللامبالاه ومركزية الذات والانعزال الاجتماعي وما يصاحبه من أعراض إكلينيكية.

- ويرى سيمان Seeman (1983م) أن من أسباب الشعور بالاغتراب عن الذات هو الشعور باحتقار الذات بمعنى انخفاض تقدير الذات أي شعور الفرد بتقدير سالب نتيجة الوعي بالتباعد بين الذات المثالية المفضلة والذات الواقعية.

ويقول إبراهيم محمود (1984م) أن عمر الاغتراب هو عمر الإنسان فلا يمكن أن نتناوله من كل جوانبه وفي كافة مجالات المعرفة في الفلسفة والفن

والأدب والثقافات المختلفة فالاغتراب من طبيعة الإنسان هو دافع أساسي من دوافعه وهو يختلف من إنسان لآخر ومن عصر لآخر.

ويذهب السيد شتا (1984م) في تعريفه للاغتراب باعتباره عرض عام مركب من عدد من المواقف الموضوعية والذاتية التي تظهر في أوضاع اجتماعية وفنية يصاحبها سلب معرفة الجماعة وهويتها بالقدر الذي تفقد معه القدرة على إنجاز الأهداف والتنبؤ في صنع القرارات ويجعل تكيف الشخصية والجماعية مغتربًا.

- وكما يقول محمود رجب (1986م) أن لمصطلح الاغتراب استخدامات نفسية تتفاوت قوة وضعفاً، فقد يعني مجرد السرحان أو

الشرود الذهني الذي ينشأ نتيجة اهتمام الإنسان بأمور معينة اهتمامًا يبعده عن ذاته وقد يعني الحس أو غياب الوعي.

- يرى عبد المنعم الحفني (1987م) أن الاغتراب عن النفس أو الذات الحقيقية يحدد قدرة الفرد على الانتماء للآخرين وهذا الاغتراب عن الآخرين يحدد قدرة الفرد على اكتشاف نفسه أي أن الاثنين متداخلان يعتمد كل منهما على الآخر.

المعنى الفلسفي للاغتراب:

الاغتراب: ظاهرة، قديمة قدم الإنسان في هذا الوجود، فمنذ أن تكونت المجتمعات الأولى نشأت معها وفي ظل سننها وتقاليدها المشاكل والأزمات التي كانت تتمخض بشكل أو بأخر عن أنواع من الاغتراب عانى منها الفرد، وكانت تقوده حينا إلى التمرد والعصيان ومواجهة المجتمع، وحيناً إلى الاستسلام والانعزال والانكفاء عن الذات.

والإنسان هو المخلوق الوحيد الذي يستطيع أن ينفصل عن نفسه أو عن مجتمعه وقد يعيش الاغتراب ويكابده بصفته جزء من حياته ومكوناً من مكوناته النفسية والاجتماعية والوجودية دون أن يعي انه مغترب، أي أن الإنسان هو الكائن الوحيد الذي يحس ويستشعر ظاهرة الاغتراب.

ويمكن اعتبار الاغتراب " ظاهرة " إنسانية توجد في مختلف أنماط الحياة الاجتماعية وفي كل الثقافات وان كانت قد زادت على حده أو على الأقل ازداد الانتباه إليها في المجتمع الصناعي الحديث نتيجة الظروف الاجتماعية والاقتصادية والسياسية (عيد، 1987م: ص 110).

والصورة التي ينبغي التركيز عليها، هي صورة الاغتراب الذي ورد في الهعد القديم، وفي القرآن الكريم عن الاغتراب كما يتحدد في (الصنمية) بمعنى اغتراب الإنسان عن نفسه بوعي أو بدون وعي، وذلك حين يلجأ إلى عبادة الأشياء، أو تكون هناك أهداف خاصة لدى الإنسان تستولي على كيانه كله، وتجعله في حالة " عمى " عن رؤية البشر والعالم من حوله (رمضان، بسطاويسي، 1999م، مجلة سطور:ص 15).

وفي ضوء ما حفل به تاريخ البشرية من الاغتراب نستطيع القول أن تاريخ البشرية هو تاريخ اغتراب ... تاريخ تشيؤ [(1)] * تاريخ قهر لهذا التشيؤ، فهو والحالة هذه داء عام يصيب مجتمع الوفرة، كما يصيب مجتمع الحاجة ... بمعنى انه لا يختص بعصر دون آخر ولا يقتصر على قوم دون آخرين.

والواقع أن مصطلح " الاغتراب " يعتبر الآن من اكثر المصطلحات تداولا في الكتابات التي تعالج مشكلات المجتمع الحديث، وهو - أي المصطلح - يعتبر في نظر الكثير من المفكرين والكتاب من أهم السمات المميزة لهذا العصر- الذي يتميز بالتطورات والإنجازات الضخمة والتغيرات السريعة والمتلاحقة على كل الأصعدة سواء أكانت الاجتماعية أم الثقافية، أم التكنولوجية أو ما يسمى بالثورة المعلوماتية أو بثورة الاتصال، وعلى الرغم من كثرة ما كتب حول الاغتراب أو بسبب تضارب الآراء والاتجاهات، فأن مفهوم الاغتراب لا يزال يعاني من كثير من الغموض وربما كان كذلك أمرا طبيعيًا إذ من الصعب تعريف المفهومات الأساسية تعريفاً دقيقاً.. ومن هنا تضاربت الأقوال والآراء، وكان على الباحث أن يورد أكبر عدد من التعاريف والارآء حول موضوع الاغتراب. وعليه يمكن القول أن تجربة الاغتراب - في جذورها الأولى - مرتبطة بخلق آدم عليه السلام، وانفصال حواء من أحد ضلوعه، والهبوط من حالة التوحد والجنة إلى الأرض، كما جاء في الإصحاح الثاني من سفر التكوين في العهد القديم، وكما جاء في رسالة " بولس إلى أهل أفسس " في الإصحاح الرابع لتوضيح هذا المعنى، حيث نجد أن الاغتراب هو حالة من حالات الموت الروحي الذي يعني الاغتراب عن الله، من خلال المعصية، والذنوب والخطايا، ولذلك يدعو الله الإنسان أن يخرج من حالة الموت والعمى إلى روح الوجود " أنقذني ونجني من أيدي الغرباء الذين تكلمت أفواههم بالباطل "، والغرباء في الكتاب المقدس هم الذين أبتعدوا عن الله، وسلكوا طريق الباطل، والمعنى في النهاية يفيد الانفصال عن الله (الوكيل، سعيد 1999م، مجلة سطور:ص 29).

(1) * التشيؤ [Reification]: وتعني إحساس الإنسان بفقدانه لهويته وشعوره بأنه يعامل كما لو كان شيئاً مادياً يباع ويشترى (كنظام القن - أي العبودية في المجتمع الرأسمالي) .

فقد أورد شاخت عددًا من المعاني للاغتراب وهي كالآتي:-

1- الاغـتراب بمعنى الانفصال: ويصف هذا الاستعمال و المعنى تلك الحالات الناتجة عن الانفصال الحتمي المعرفي لكيانات أو عناصر معينة في واقع الحيـاة. يضـاف إلى ذلـك انه مع هذا الانفصال كثيراً ما تنشأ حالة من الاحتكاك والتوتر بين الأجـزاء المنفصـلة. وقد برز هذا المعنـى في كتابـات هيجـل، باعتبـار الكـون في نظـره مكونـاً مـن أجـزاء منفصلة ومتناثرة ومتفاعلة ولكنها متكاملة.

2- الاغتراب بمعنى الانتقال: عندما يربط الاغـتراب بعمليـة الـتخلي enunciation عـن حق من الحقوق القاعدية Rights contractual فإنه سيكتسب معنى مختلفـا عـن معناه السابق.

فالاغتراب في هذا المعنى قد وصفت البحوث التاريخية، الإنجليزية، حيث كان يقصد به نبذ أو مصادرة حق الملكية المتعلقة بأحد الأفراد، أو نقل هذه الحقـوق مـن ذلـك الفرد إلى شـخص آخـر. ومع أن مثل هذا النقل قد يولد تؤثرا في العلاقات فأن الباحثين أكدوا الشعور بالغضـب أو التسـليم من جانب الأفراد الذين يواجهون مثل هذا العقاب.

3- الاغتراب بمعنى الموضوعية: ويثير هذا المعنى جانبًا في الاغتراب يتجسد نتيجـة لـوعي الفرد بوجود الآخرين. فنظرت الفرد للآخرين كشيء مستقل عن نفسه، بصرف النظـر عن طبيعة العلاقات التي تربطه بهم قد اعتبرت من قبـل بعـض البـاحثين مـن أهـم مؤشرات الاغتراب وتشير البحوث الجارية على هذا المنوال إلى أن هذه الوضعية غالبا تكون مصحوبة بالشعور بالوحدة والعزلة بدلا من التوتر والإحباط.

4- انعدام القدرة والسلطة: وفي مقدمة ما يدخل في نطاق هذا المعنـى الشـعور بـالعجز وانعدام القدرة. وقد برز هذا المعنى في نظرة ماركس في هـذا المفهـوم، والملاحـظ إلى معنى العجز Power lessness وعدم القدرة أو الاستطاعة هو اكثر المعـاني تكـراراً في البحوث المعنية بموضوع

الاغتراب ويبدو أن استعمال الاغتراب بهذا المعنى هو حصيلة تأثير بحوث ماركس في هذا المجال. وهذا النمط من التعبير عن حقيقة الاغتراب يمكن تصوره من خلال توقع الاحتمالات الخارجية في أذهان الأفراد فيما يتصل بالحصول على نتائج محدودة يسعون إليها، أو تقرير بعض المواقف Attituds التي يتخذونها. ويستدعي هذا المنظور تأكيد الظروف الموضوعية للأفراد باعتبارها مسئولة عن تحديد درجة ما يكمن من واقعية في استجابتهم إلى تلك الظروف وهذا بالطبع يستدعي الاستعانة بأدوات قياس ميداني في Feld Measurement لتحديد جوانب تلك الظروف كما يفعل الباحثون الحقليون عندما يجرون دراسات تحليلية كمية لجوانب السلوك المتعدد. وقد يستعان بالبحوث التجريبية Experemental Studies عندما تتطلب الحاجة إلى ذلك.

5- انعدام المغزى: ويناقش موضوع الاغتراب أيضاً من زاوية ضياع المغزى بالنسبة للفرد كما يتضح في بعض بحوث العالم الألماني ادورنو (1950م) Adorno عن موضوع التحيز والحقد العرفي Racial Prejudice حيث تناول في دراسة له مشكلة تطلع الأفراد إلى تحقيق مغزى وغاية في حياتهم ويرى بعض الباحثين أن ظروف الصناعة والتخصص المهني تدفع الناس إلى ابتغاء الغايات والمعاني الحياتية البسيطة نتيجة لصعوبة الاختيار بين الإمكانيات الاجتماعية المعقدة. فالمفكر ما نهاي Mannheiu مثلا، يعتقد أن الفرد لا يستطيع الانتقاء بين التفسيرات الصعبة بسبب زيادة العقلانية التي تشدد على التخصص والإنتاجية للذين يجعلان هذا الاختيار أمراً عسيراً. وبعبارة أخرى فأنه مع زيادة التأكيد المجتمع لمستويات الإنتاج والأداء المهني Professional er for Mance تتناقص القدرات الفكرية لدى الناس ويصعب عليهم اختيار الحلول العقلية المجردة. وبالنظرة إلى أن المجالات الأخلاقية والعقيد يه Dogmatic هي مجالات ليس لها حدود موضوعية واضحة كما أن

النتائج التي تتمخض عنها تفتقر إلى حدود الصدق في التنبؤ فإنه من غير الممكن بحث هذا الجانب وربطه بتجربة الاغتراب بصورة يمكن أن تؤدي إلى مردودات.

6- تلاشى المعايير: أن هذا المعنى المرافق لاستعمال مصطلح يستند إلى بحوث العالم الفرنسي دوركايم Durkheim عن موضوع " الانوميا Anomia " ويشير هذا الموضوع "بناء على طرح هذا العالم" إلى الوضعية التي تتقدم فيها المعايير Norms. إذ أن دوركايم أوضح في دراسته للانوميا أو اللامعيارية Normlessness أن المجتمع الذي وصل إلى تلك المرحلة يصبح مفتقرًا إلى المعايير المطلوبة لضبط سلوك الأفراد، أو أن معاييره التي كانت تتمتع بإعفائه لم تعد تستأثر بذلك الاحترام، الأمر الذي يفقدها سيطرتها على السلوك.

وعلى الرغم من هذا التباين والاختلاف في الرأي وأسلوب المعالجة فان كل المحاولات التي بذلت حتى الآن تدور حول أمور معينة بالذات تشير كلها إلى دخول عناصر معينة في مفهوم الاغتراب، مثل: الانسلاخ عن المجتمع، والعزلة أو الانعزال، والعجز عن التلائم، والاخفاق في التكيف مع الأوضاع السائدة في المجتمع، واللامبالاة وعدم الشعور بالانتماء، بل وأيضًا انعدام الشعور بمغزى الانتماء (عالم الفكر، 1979 م: ص 4) بينما، حددت دائرة المعارف البريطانية مفهوم الاغتراب عام 1974م بالآتي:

1 - انه يتضمن الشعور بالعجز (Power lessness):

وهو إحساس الفرد بأن مصيره متروك لغيره، وتحدده مصادر خارجية.

2 - انه يتضمن الشعور باللامعنى (Meaning lessness):

ويقصد به عدم الفهم الكامل، أو عدم وجود معنى الذات في أي مجال من مجالات العمل، وان الحياة ليس لها معنى أو هدف.

3 - وانه الشعور باللامعيارية (Normlessness):

ويقصد بها عدم الالتزام الكامل بالتقاليد والضوابط الاجتماعية.

4 - وانه العـزلة الاجتمـاعي (Social isolation):

ويقصد بها الإحساس بالعزلة والوحدة في العلاقات الاجتماعية.

5 - وانه العزلة الثقافية (Culture strangement):

ويعني شعور الفرد بأن القيم الموجودة في المجتمع غريبة عليه مثلما يحدث في تمـرد الطـلاب أو التمرد الفكري ضد المؤسسات التقليدية.

6 - وانه الاغتراب عن الذات (Self - strangement):

وهو إحساس الفرد بأنه غريب عن نفسه، وليس متوافق معها.

(تحيه، عبد العال، 1989م، ورد في المؤتمر الدولي الثالث، 1996م).

المنظورات السيكولوجية للاغتراب:

لم يكن مجال الاغتراب الوحيد الذي يحاول فيه علماء النفس الاستفادة من العلوم الأخرى،ولم يكـن علـم الـنفس أيضـا، الأول بـين العلـوم التـي حاولـت الاطـلاع عـلى مـا توصـل إليـه الآخرون،والاستفادة منه. بل أضحت هذه سمة مشتركة لكل العلوم والتخصصات في العصر الحالي' فقد استعار واطسون من العلوم الطبيعية منهجا وسعى لتطوير التجريب في مدرسته السلوكية.

وكذلك تأثر علماء النفس بمفهوم الفيزياء عن الذرة في أواخر القرن التاسع عشر، فعـدوا الفـرد من وجهة نظرهم حاصل جمع ملكات (الذاكرة، والذكاء، والخيال.. الخ) وكانت الملكة حاصل جمـع المدركات، وكان الإدراك حاصل جمع الاحساسـات (مخيمـر، ب، ت: ص38). واسـتمر ذلـك منهجيـا للجميع في مناهج البحث العلمي كافة.

وتجدر الإشارة هنا إلى أن علـماء الـنفس قـد اسـتفادوا مـما توصـل إليـه الأدبـاء والفنـانين في كتاباتهم ورواياتهم حول الاغتراب، فقـد ظهـرت كموضـوع أسـاسي في كثـير مـن الكتابـات الأدبيـة والأعمال الفنية والبحوث الاجتماعيـة والانثربولوجيـة والدراسـات الفلسـفية،وأصـبح المنطـوي عـلى نفسه يظهر في هذه الأعمال مغتربا عن الناس- بل ومن نفسه ومشـاعره وعواطفـه - يعـاني عـذاب الوحدة والعجز عن الاتصال بالآخرين -

وعدم القدرة على التعامل مع غيره، ولعل من أشهر هذه الروايات رواية الأديب الفرنسي البيركامو Albert camus " الغريب L'etranger " التي يعالج فيها الشاب الفرنسي- الجزائري ميرسو Meursaull الذي يعمل في إحدى الوظائف الكتابية ويعيش كغيره من أبناء طبقته، والذي يجد صعوبة في فهم للمجتمع الذي يعيش فيه حيث كانت تنقصه القدرة على مسايرة الآخرين أي على " النفاق الاجتماعي" وعلى التنازل عن مشاعره وآرائه الصادقة الأمينة وبذلك كان يعاني من الاغتراب من الجميع الذي يعيش فيه، وهذه الحالة ذاتها ترددت بصور مختلفة في أعماق الكثيرين من مشاهير الكتاب من أمثال بيكيت Beckett و أنسكو Ioncsco وجينيه Genet بطريقة اصبح الاغتراب يبدو معها كما لو كان نوعا من الوباء الاجتماعي الذي يهدد المجتمع الحديث،وهذا الوضع نفسه نجد له مثلا في كثير من كتابات السوسيولوجيين والانثر بولوجيين الذين يركزون بحوثهم ودراساتهم على ما يطلق عليه ريسمان Ricsman اسم The loncly Crowd أي على تلك المجتمعات أو الحشود الصغيرة " الذرية " من سكان المدن الذين ينطوون على أنفسهم، ويعانون من الشعور بالضألة تحت وطأة النظم الاجتماعية السائدة في المجتمع الحديث، والتي لا يملكون حيالها إلا الخضوع رغم انهم لم يشتركوا في صياغتها ورغم انهم لا يكادون يفهمون معناها أو فائدتها على ما يقول جورج نوفاك Gorge Novack " (أبو زيد، أحمد، عالم الفكر، 1979 م: ص4) [مصدر سابق].

يشير فرويد إلى الاغتراب ضمنا في فرضيته التركيبية التي طرح فيها نموذجا قسم العقل بموجبه إلى ثلاث قوى أساسية هي: الهوId، الأنا Ego، الأنا الأعلى Super ego. ولأن هذه القوى تتفاعل باستمرار فيما بينها، ولأن لكل واحد منها أهدافا مختلفة، فإن التفاعل بينها لا بد أن يأخذ شكل صراع. (صالح، والطارق، 1998م:ص122)، وأكد فرويد بأن الشخصية تنظيم ديناميكي نفسي كالبناء تعتمد طبقاته العليا على السفلى، وأن السلوك نتيجة للقوى الديناميكية والتفاعل المستمر بين أنظمة الشخصية الثلاثة الهو، والأنا، والأنا العليا، (غانم، عزة محمّد، 1998م،ص:27).

ويركز فرويد على القلق باعتباره حالة من الألم النفسي تعمل كإشارة إلى (الأنا) من أن هناك خطرا على وشك الوقوع، وانه عندما يرفض الأنا الاعتراف بواقع (سواء كان خارجيا أم داخليا) يثير قلقا لا يطاق، فإن الاستجابة الغالبة إلى التغطية على أسبابه من خلال استعمال ما اسماها فرويد بالحيل الدفاعية (صالح، والطارق، 1998م، ص:122-123).

وهذا يعني ان الشعور بالقلق والاغتراب يكون نتيجة الانفصال عن الأنا عندما يتوحد المرء مع أحد الجانبين على حساب الجانب الأخر (الأهواني، 1989م:ص22).

ويرى فرويد أن الإنسان عدو الحضارة لأنها تقوم على كبت الغرائز (احمد، أبو زيد، 1979م:ص7). وأن الإنسان يمارس الكبت للتخلص من شعور القلق والضيق الذي يعانيه بسبب ورود عوامل متضاربة القيم والأهداف، فيبعد عن شعوره تلك الرغبات والدوافع والحاجات التي لا يتفق تحقيقها مع القيود التي بنيت في نفسه على شكل مثل وقيم وتقاليد (صالح، الطارق، 1998م:ص127).

ويمكننا الاستنتاج بأن التسامي، الذي اعتبر فرويد بأنه العملية المؤدية مباشرة إلى الإبداع، وعزا المنجزات الحضارية لها، له علاقة بالاغتراب، لأنه اعتبر " أن الصراع هو منشأ عملية الإبداع وأن الوظيفة النفسية للسلوك الإبداعي ونتيجته هو تفريغ الانفعال المحبوس الناتج عن ضغوط الحضارة " (صالح، 1988م: ص 16).

ويرى فرويد أن الشخصية السليمة تكون فيها القوى النفسية الثلاث (الأنا، الهو، الأنا الأعلى) متوازنة وعندما يضطرب هذا التوازن بين هذه المكونات النفسية الثلاث، يظهر على الفرد عدد من الأعراض (بينها الاغتراب) ويضطرب تكيفه النفسي والوظيفي (صالح، الطارق، 1998م: ص138).

وتتحدث هورني باسهاب عن العصاب وتقول في الاغتراب " إننا لا نستطيع أن نقهر أجزاء أساسية في أنفسنا دون أن نصبح غرباء عن أنفسنا. إذ أن الفرد يصبح ببساطة غافلا عن حقيقة ما يشعر به ويحبه ويرفضه ويعتقده.

باختصار يصبح غافلا عن فهم ماذا يكون؟ ونتيجة لافتقاره إلى فهم هويته فإنه يحيا حياته من نسيج تصوره ويفقد الاهتمام بالحياة لأنها ليست ما يرغب فيه حقيقة. فليس في وسعه أن يتخذ قراراته، لأنه لا يعرف حقيقة ما يريد، ويعيش في حالة من اللاواقعية وبالتالي فهو في حالة من الوجود الزائف مع نفسه (عيد، 1987م: ص46).

وتشير هورني في كتابها الشخصية العصابية في العصر الراهن، 1937م (The reurotic Persorality of our time) إلى أن المجتمعات الصناعية، مثل الولايات المتحدة الأمريكية، خلفت بتوكيدها على التنافس، الأمور المادية، أنماطا عصابية شائعة ومتزايدة أخذت تبرز في أنواع من العدوان المحدود والشامل (الحروب) عن أن في هذه المجتمعات قد (دفن) في أعماقه خاصية التعاطف الوجداني مع الآخرين (صالح، والطارق، 1998م:ص45).واضح أن هذه من أعراض الاغتراب.

الاغتراب عند هورني يعني أساسا الاغتراب عن الذات، حيث يبدأ أولا بانفصال الشخص عن مشاعره الخاصة به وقيمه ومعتقداته، ومن ثم يفقد الإحساس بذاته باعتباره كلا عضويا (Horney , 1975).

وتطرح هورني نوعين من الذات: الذات الفعلية - والذات الحقيقية حيث تمثل الأولى الوضع الفعلي للإنسان في زمان معين، فيما تمثل الذات الحقيقية ما ينبغي أن يكون عليه وأنه ذا اغترب المرء عن ذاته الفعلية لحساب ذاته الحقيقة،فإنه ينفصل أو يحرم من مركز القوى الأصيلة والطاقة الدافعة الكامنة في داخله (الجرموزي، 1992م:ص44).

وحددت هورني عددا من الأعراض النفسية المصاحبة للاغتراب من بينها الشعور بالخزي وكراهية الذات واحتقارها. ووجدت في النرجسية تعبيرا عن اغتراب الذات. وهي ترى أن النرجسية لا تعني عشق الذات، بل تعني الاغتراب عنها، وأن النرجسي يحيا ملتصقا بأوهامه عن نفسه (Horney , 1975) فتأسيسا على ما حددته "هورني من فقدان المغترب لكينونته وانفصال أرادته عنه، أجرى كل من ويز (Weiss)1961، وشاخت1961، وكينستون 1964، دراسات، أشارفيها (ويز) إلى أن المغترب عن ذاته يرى نفسه كما لو كانت آخر سواه، غير واع بما يدور حوله، تنفصل خبراته عن مشاعره، وتنفصل مشاعره عن خبراته. وضرب على ذلك مثال اغتراب ميرسو (بطل

قصة الغريب لكاموم) الذي لا يرى لشيء، أي شيء أهمية لا موت الأم، أو حب الفتاة، أو القتل بدون سبب، فكل شيء في نظره سواء، فيما بلور شاخت هذا المعنى بقوله (ان المغترب عن ذاته لا يعرف من يكون، ولا ماذا يريد، ولا ماذا يريد منه الآخرون). (عيد،1987، ص46-47).

يعّد ما كتبه أيرك فروم (Erick fromm) من اكثر البحوث دقة وعمقاً في موضوع الاغتراب، فضلا عن أنه تناوله من زاوية جديدة،حيث تحدث عنه ضمن نمو وتطور الشخصية (Personality Development). وهو ينظر إلى الاغتراب على انه نمط من التجربة يرى الفرد نفسه فيها كما لو كانت غريبة عنه، أو منفصلا عنها. (Fromm. 1955) ولهذا استخدم مصطلح " الاغتراب الذاتي أو اغتراب النفس "Self - estrangment، الذي يعني ضعف الصلة أو انعدامها بين الفرد وذاته. ويعزو فروم أسباب الاغتراب إلى طبيعة المجتمعات الصناعية وهيمنة التكنولوجيا والقيم والاتجاهات والأيدلوجيات التسلطية. ويذهب إلى أن الاغتراب في المجتمعات الحديثة يكاد يكون شاملا. فالإنسان المعاصر يشعر بأنه منفصل عن ما حوله من الناس والعمل - والنظام الاجتماعي عموما، ولهذا فهو يبدو متشائما من المستقبل، فإذا سارت الأمور على ما هو عليه فانه يتوقع أن ينتمي الإنسان حتما إلى مجتمع مختل في توازنه (Fromm, 1955).

ومن أسباب الإغتراب النفسي كما هو مذكور في كتاب الزعبي (1995م)، أن الإغتراب يرجع في أساسه إلى العديد من العوامل منها:

1. غياب القيم الدينية والإنسانية في حياة الطلاب الشباب.
2. الفجوة بين ثقافة الطلاب الشباب، وثقافة الراشدين من حولهم.
3. عدم وجود معنى وأهداف للحياة، وعدم تحقيق ذواتهم وبالتالي عدم قدرتهم على تقبل ذواتهم.
4. التناقضات الموجودة داخل مجتمع الراشدين من حولهم مما يجعل الطلاب الشباب يفتقدون المُثل العليا الذي يمكنهم أن يحتذوا به.

5. أفتقاد الطلاب الشباب معنى وجودهم، لافتقارهم أهداف الحياة التي يحيوها.

(الزعبي، 1996م، ص: 138- 139).

ويعتقد فروم إن مشكلة الإنسان الأخلاقية تصور عن عدم تواصله مع نفسه ومن ثم فقدانه الإحساس بأهميته – لأن المجتمع الحديث حول الإنسان إلى أداة لخدمة أغراض خارج نفسه (أغراض المؤسسات الاجتماعية).وانه اصبح يتعامل مع نفسه كما لو كانت سلعة (,Fromm 1961). و" أن إنسان العصر الحاضر لا يستطيع تحقيق ذاته الواقعية لأن ذلك يعني الحرية التي أصبحت حالة مخيفة يهرب منها الإنسان، وبالتالي اصبح الإنسان يعيش منفصلا عن ذاته الواقعية.. ذاته الأصلية (صالح، 1990م، ص: 29).

ويطرح فروم وصفًا لشخصية المغترب وسلوكه فهو كما يراه. لا يحيا حياته باعتباره الخالق لأفعاله، بل يحياها باعتباره شيئا ينقصه شيء جوهري.ويكون معتمدا على قوى خارج نفسه، يعاني من العزلة والوحدة والعجز، ويحيا في وهم أن في مقدوره أن يفعل ما يريد لأنه تعوزه الدراية بنفسه.ولهذا تصبح أعماله وما يترتب عليها منفصلة عنه، فتحكمه فيه بنوع من الاستبداد، وان عليه ان يطيعها لأن الاغتراب يفضي بالضرورة إلى نوع أخر من الاغتراب يتمثل بالخضوع، سواء لفرد أو قائد أو دولة مما يترتب عليه فقدان الإنسان للسيطرة على الأمور التي تخصه وتتعلق بحريته ومصيره(Fromm, 1955).

ولقد وجد اريكسون Erikson أن المعضلة الأساسية في نمو الفرد وتطوره تتعلق بتكوين (هوية الأنا egoidenfity) الذي ينظر إليه على انه تتابع للتطور النفسي- وانه إحساس الذات بالاستقلال والتفرد والتكامل (صالح، والطارق، 1998م، ص: 147).

ويرى أن تحقيق الإحساس بالهوية يبدأ لدى الفرد في فترة المراهقة، وان هذا يتوقف على معرفته لقدراته وإمكاناته وواجباته، ومحاولة التوفيق بينهما والأدوار الاجتماعية المختلفة وتوقعات كل دور ومدى فهمه لطبيعة دوره (الجرموزي، 1992 م، ص: 44).

وتمثل قدرة الفرد على إدراك الفرد للعلاقات بين إمكاناته والأدوار الاجتماعية، تماسك الهوية وتوكيدها كنقيض لتشتت الأنا أو تمييع الهوية. ويرى اريكسون ان ذلك يشكل صعوبة أمام الشباب خاصة لما يتصف به عالم اليوم من سرعة التغيير ووجود الفجوة بين الأجيال، مما يجعل أدوارهم المتوقعة متباينة. (ألاهواني، 1989م ص: 26).

وبتأكيد اريكسون على الحضارة والمجتمع والتاريخ في تشكيل الشخصية (صالح، والطارق، 1998 ص 147). وتطور " هوية الانا " التي تعني الصورة التي يحملها الفرد عن نفسه ككائن متفرد وكفء، فان الاغتراب يعني لديه فشل الانا في حل الصراع والسيطرة على الأزمات، الذي سيكون السبب في إحداث الاضطرابات النفسية، ومنها الاغتراب.

ولقد وضع كينستون Keniston تصورا نظريا للاغتراب من خلال دراسته التي أجراها على طلبة جامعة هارفارد، توصل فيها إلى أن الأصل في الاغتراب هو اغتراب الذات الناتج عن فقدان الثقة والنظرة التشاؤمية للمستقبل، وعدم وجود أهداف بعيدة المدى يسعى الفرد إلى تحقيقها، وعدم رضى الفرد نحو معظم أفراد المجتمع (الاهواني، 1989 م، ص:25).

ويرى كينستون ان الذين يعانون من الاغتراب لديهم شعور بفقدان الثقة بأنفسهم وبالطبيعة الإنسانية، وانهم يعانون من اكتئاب واضطراب نفسي وعدوانية تجاه أنفسهم (Keniston , 1964 , P. 54). وبتأكيد كينستون على " فقدان الثقة " فانه يتفق مع اريكسون في قوله عن " عدم تعين الهوية "كأساس للإحساس بالاغتراب ينتج عنه الشعور بالعزلة والخزي وعدم التواصل والشعور بالذنب واليأس وكراهية الذات الذي يؤدي إلى عدم قدرة الفرد على التخطيط لحياته، وبالتالي الإحساس بعدم الثقة والدونية، (عيد،1987، ص: 47-48).

ولعل اكثر نظريات الاغتراب شيوعا في العصر الحديث هي نظرية سارتر الذي يرى أن الاغتراب النفسي حالة طبيعية لوجودنا في عالم خال من الغرض (صالح، 1990 م، ص: 29)، فالمنظور الوجودي - يرى الإنسان انه يعيش في حالة من الاغتراب بسبب ضغوط المجتمع المعاصر ومطالبه. وينظر إلى الاغتراب على انه حالة من الانعزال عن

الشكل الطبيعي، فأي شيء يتعارض مع مدركاتنا الجارية وتعبيراتنا عنها، يقال عنه اغتراب. وهكذا فأن الكثير من مؤسساتنا الاجتماعية قد تفرض علينا مطالب تتعارض مع حاجتنا المفروضة قد تقمع حرية التعبير الشخصي لديه. وانه بدون الإحساس بالهوية الشخصية وبالقيمة الجوهرية للذات، فان الإنسان قد يكون " لا شيء "سوى " كائن " يحس بالأسى والعزلة (صالح، والطارق، 1998م، ص: 478).

ويربط مادي Maddi اغتراب الذات بما يسميه العصاب الوجودي، ويرى ان العصابي شخص ملتصق بنفسه، ومن ثم منفصل عن التفاعل مع الآخرين.ولهذا السبب فأن العصابي الوجودي شخص مغتربعن نفسه وعن المجتمع الذي يعيش فيه (عيد،1987م ص: 49).

لقد حاول الباحثون النفسانيون تحديد مظاهر أو أعراض الاغتراب وتحديد أبعاده، ففي نظريته التي اسماها " نظرية المنظومة العامة "حدد فيليكس جيير Felex Geyer (1981م).

— المعنى السيكولوجي:

هناك استخدام تقليدي أخر للاغتراب، حيث يمكن أن يلاُحظ أن كلمة (Alienatio) في اللاتينية تدل على " حالة فقدان الوعي، وعجز أو فقدان القوى العقلية أو الحواس.. " (Ibid. 2) [مصدر سابق]. كما يلاُحظ فروم في كتابه "

المجتمع السوي " فإن المعنى القديم للاغتراب قد استخدم للدلالة على الشخص " المجنون " والذي تدل عليه الكلمة الفرنسية Aliene، والكلمة الأسبانيةAlienado، ويذكر فروم أن هذين هما المصطلحان القديمان اللذان يدلان على الشخص " السيكوباتي " أي الشخص المغترب تماماً عن عقله. ولا تزال الكلمة الإنجليزية (Alienist) تستخدم إلى الآن للدلالة على الطبيب الذي يعالج الذهانيين (Fromm: The sane society,p. 121 , 1972).

— المعنى الديني:

ويتعلق بإنفصال الإنسان عن الله سبحانه وتعالى، أي يتعلق بالخطيئة وارتكاب المعصية. وقد وردت كلمة الاغتراب في الترجمان والشروح اللاتينية للكتاب المقدس، وخاصة في العهد الجديد، وفي النصوص التي تتحدث عن فكرة الخطيئة بصفة خاصة (محمود، رجب، ص، 1978م: 34-37).

أما المصطلح الألماني فقد استخدم منذ العصور الوسطى ليدل على معاني السطو، والسلب، واللفظ الألماني (Fremd) يستخدم بشكل عام للإشارة إلى كل ما هو أجنبي وغريب (:Schacht Alienation , p. 5, 1972). كما استخدم المصطلح الألماني فيما يتعلق بعملية تغريب الملكية، والمقصود بالتغريب هنا تلك المعاني التي أشار إليها " جريم "، أعني السطو، والأخذ، والسلب، وكلها دلالات سلبية تبين أن النقل لا يتم طواعية بإرادة الإنسان، وانما بطريقة قهرية لا إرادة فيها للإنسان. لذلك لا يستخدم ذلك المصطلح في العصر ـ الحديث. وهذا ما دعا هيجل إلى استخدام اصطلاحات أخرى بجانب هذا المصطلح مثل (التخاريجEntausserung)، (Verausserung) . وقد استخدم هيجل المصطلح الأخير في كتابه " فلسفة الحق " ليشير به إلى هذا المعنى القانوني للملكية (bid.: pp. 5-6).

ويشير شاخت إلى أن اصطلاح (الغربة) الألماني قد استخدم في ألمانية العصر ـ الوسيط بمعنى يتعلق ببعض حالات " فقدان الوعي والشلل المؤقت للحواس ". وفي ألمانية القرن السادس عشر تم إستخدم أخر لهذا المصطلح يدل على معنى الغربة والانفصال بين الأشخاص. ولهذا المعنى الأخير حظ أوفر في الاستمرار في اللغة الألمانية الحديثة.

أبعاد الاغتراب:

- العجز، واللا معنى، واللا معيارية، واغتراب الذات، والعزلة. وواضح بأن الاغتراب يأتي نتيجة للفجوة العميقة بين المثل والواقع وثنائية الذات والموضوع، والتناقض الجدلي بين الواقع والصياغات الاداتية للعقل، والفشل في تحقيق توافق بين

المواقف الواقعية والمواقف الممكنة، والفجوة القائمة بين حاجات الإنسان الأساسية، والتجاوب المحدود من طرف المجتمع (فيليكس جيير Felex،Geyer 1981، ص: 78-79).

وتوصل الجرموزي إلى تحديد عدد من ملامح أو سمات الاغتراب من بينها: انسلاخ الإنسان وانفصاله عن نفسه ومجتمعه، وفقدان الهوية، واختلال الشخصية، ورفض القيم والمعايير الاجتماعية. وعدم القدرة على التأثير في مجريات الحياة، والاستسلام الكامل للضياع، والشعور بالقلق (الجرموزي، 1992م، ص:47).

ويلخص صالح إلى القول بأن علماء النفس والاجتماع يميلون إلى الإقرار بوجود حالات متنوعة من الاغتراب، وانه مع تنوع حالاته، فانه يتضمن الآتي:

● العجز: ويتمثل بإحساس الفرد بأنه لا يستطيع السيطرة على مصيره، لأنه يتقرر بواسطة عوامل خارجية أهمها أنظمة المؤسسات الاجتماعية.

● فقدان الهدفية، أو فقدان المعنى: الذي يتمثل بالإحساس العام بفقدان الهدف في الحياة، والشعور بعدم وجود معنى للحياة.

● فقدان المعايير: الذي يعني نقص الإسهام في العوامل الاجتماعية المحددة للسلوك المشترك.

● التنافر الحضاري: الذي يعني الإحساس بالانسلاخ عند القيم الأساسية للمجتمع.

● العزلة الاجتماعية: التي تعني الإحساس بالوحدة والانسحاب من العلاقات الاجتماعية أو الشعور بالنبذ.

● الاغتراب النفسي: ويعد اصعب حالات الاغتراب تعريفا، ويمكن القول بأنه إدراك الفرد بأنه اصبح بعيدا عن الاتصال بذاته (صالح، 1990م، ص:29-30).

في ضوء هذه النظريات والتوجيهات النفسية نخلص إلى أن الاغتراب كموضوع بدأ في الأصل فلسفياً. وكانت الكتابة عنه تأملية بحثه.

ثم تناوله علماء النفس وعلماء الاجتماع. وان علماء النفس انفردوا بإخضاعه للقياس النفسي،وانهم استطاعوا تحديد أهم أبعاده وابرز مظاهره من خلال دراسات ميدانية، وتجريبية أيضا.

ويتفق علماء النفس على أن الاغتراب ظاهرة إنسانية، بمعنى انه حالة نفسية وسلوكية يعيشها من يقع فيها. وان هذه الحالة متعددة الأبعاد يمكن إجمالها بالآتي:

(العزلة الاجتماعية – التشيؤ- اللامعيارية – العجز - اللامعنى – التمرد – اللا هدف - اغترا ب الذات - فقدان الثقة - أزمة الهوية).

وهناك من يختزل هذه الأبعاد أو العوامل إلى ثلاثة فقط (سيمان 1959م)، ومنهم من يوسعها إلى (13) عاملا (كينستون، 1964م). وهذا يعني أن الاغتراب ليس ظاهرة أحادية البعد، بل متعددة كتعدد أبعاد الإنسان النفسي والاجتماعي.

ويتفق علماء النفس على أن الفرد حين يلوذ بذاته ويتمركز عليها، على حساب تفاعله مع الواقع واستجابته الفعالة لحركة الحياة، وانتمائه الإيجابي للحياة، فأن حياته النفسية تختل وتظهر عليه الأعراض المصاحبة للاغتراب من عزلة موحشة واكتئاب وقلق وتسلط وتشيؤ وعدوان (عيد 1987 ص:211 - 212) وهذا يعني أن للاغتراب أضرارا تشمل كل من الفرد والمجتمع. فالفرد قد يعاني من الإحساس بالعجز وفقدان القدرة على توجيه ما يقوم به من نشاط على وفق تخطيطه، فيصاب نتيجة لذلك بالإحباط وبفقدان الاهتمام بالأمور الحياتية وفقدان الهدف أو المعنى من سلوكه، فضلا عن إحساسه بعدم جدوى الأخلاق، فيضطر إلى أن يسلك سلوكا يخرج عن المبادئ الخلقية. الأكثر من ذلك أن الفرد الذي يحس بأن ذاته أصبحت غريبة عليه قد يحقد عليها، وقد يرتكب بعض السلوكيات التي تتنافى مع ما يؤمن به من قيم وأفكار (صالح، 1990 م ص: 30).

التغلب على الاغتراب:

إن الإنسان السوي في نظر فروم هو الذي يستطيع أن يكون ذاتاً أصيلة. والشخص المغترب في نظره هو شخص مريض من الناحية الإنسانية، لأنه يعامل ذاته كشيء أوكسـلعة، ويفقد الشـعور الأصيل بذاته (Ibid, p. 204). ويمكن القول مع جون شار بان موقف الإنسان المغترب عند فروم يتلخص في هذه المعادلة الآتية: " إلى الحد الذي يكون فيه المرء إنساناً فإنه يعاني مـن العصـاب الحادة والى الدرجة التي يكون فيها الإنسان مغترباً، فإنه يستمتع بسعادة مخدر الامتثال (Schaar: (Escape from Authority, p.198, 1961.

والنظر إلى الاغتراب كظاهر سلبية، يفترض ضرورة قهر هذا الاغتراب، لذلك نستخلص مـن آراء وأفكار فروم المتناثرة أهم الأسس والمبادئ التي يمكن من خلالها قهر وتحديدها فيما يلي:-

- الوعي بالاغتراب والقدرة على تحمل العزلة.

- بزوغ الأمل.

- بعث الإيمان ومناهضة الصنمية.

- الارتباط التلقائي بالعالم.

- تشييد المجتمع السوي.

1- الوعي بالاغتراب، والقدرة على تحمل العزلة:-

يتناول فروم جزءاً كبيراً من قضية الاغتراب من خلال مفهومة عن اللآ شـعور، وبصـفة خاصـة اغتراب الإنسان عن ذاته الذي يتضح من خلال فكرة الامتثال، ولاشك " فأنه يقصد انه يقـول بـان الوعي بالاغتراب يـؤدى الى التغلـب علية. (Schaar: Escape from Authority, p.204, 1961) والوعي الذي يقصده " لا يعني شيئاً غير عملية الإيقاظ، من اجل فتح العينين ورؤية ما يكون أمام الإنسان،

فالوعي يعني طرح الأوهام لذلك فإلى الدرجة التي يكتمل فيها هذا الوعي تكون عملية التحرر"
(Fromm: The Revolution of Hope, p. 64, 1970).

إن تاريخ الإنسان بالنسبة لفروم هو تاريخ الوعي ونموه الذي موضوعة حقائق الطبيعة خارج الإنسان والإنسان ذاته، وكي ينمو الوعي بطريق طبيعية فلابد أن " تختفي التناقضات الاجتماعية، وكل النزاعات ألا عاقلة التي فرضت على الإنسان عبر تاريخه الطويل وعياً خاطئاً كي تحقق على التوالي السيطرة والخضوع ... أن الوعي بالواقع الموجود، وباستمرارية تقدمه يساعد على تغيير الواقع. (Ibid. pp.64-65).

والإنسان لا يمكن أن يعي اغترابه إلا إذا انفصل عن الحشد، وتخلص من كل الروابط التي من شأنها أن تفقده الوعي بذاته. والحق أن مفهوم العزلة من المفاهيم الغامضة لدى فروم إذ انه يُقر بان الإحساس بالعزلة هو شئ لا يطاق

(فروم، ايريك، ترجمة: مجاهد، فن الحب، 1972م: ص 30). ويقصد العزلة السلبية، أي التي تفصل الإنسان عن جذوره، دون أن تصله بأي شئ.

أما العزلة الإيجابية فهي العزلة التي تساعد على تقوية النفس، وتؤكد على فرادتها، واستقلالها. وفروم يرفض بشدة أية صورة من صور التكيف السلبي مع المجتمع، لذلك يمكن القول أن قدراً من العزلة قد يسمح للإنسان بان يتحرر من الروابط التي تحد من حريته ويساعده على أن يحقق تفرده واستقلاله.

وهي ليست عزلة مطلقة، بل هي نسبية إذ أن العزلة التامة أو المطلقة تبدو شبه مستحيلة، فالفرد قد يكون معزولا عن القيم السائدة في مجتمعه، لكنه قد يرتبط بأفكار وقيم أخرى تعطيه شعوراً بالتواصل وبأنه ينتمي إلى شئ ما،إن العزلة التامة كما يقول فروم " قد تفضي ـ إلى الموت " لذلك فالإنسان سواء أكان سجيناً، أو متمردا أو متصوفاً، أو منبوذاً لابد أن يجد له رفيقاً لقدره على حد تعبير (بلزاك) في روايته معاناة الجوع.(فروم، ايريك، ترجمة: مجاهد، الخوف من الحرية،: 1972م، ص: 24).

2 - بزوغ الأمل:

أن الأمل كما يقول فروم " يعني أن تكون مستعداً في كل لحظة لذلك، الذي لم يولد بعد، ولا يوجد أي معنى في أن تأمل فيما هو موجود من ذي قبل أو فيما لا يمكن أن يوجد.

إن هؤلاء من ضعاف الأمل أما أن يستقرون في الراحة، أو في العنف أما هؤلاء الذين يكون أملهم قوياً، فإنهم يرون ويهتمون بكل دلائل الحياة الجديدة، ويساهمون في كل لحظة في ميلاد ذلك الذي يكون مهيأ للميلاد.(Fromm: The Revolution of Hope , p. 9, 1970) بعبارة أخرى أن الأمل كما يريده فروم هو الميلاد المستمر للحياة وللفرد، وهو التعبير عن الإمكانيات الحقيقية للإنسان وللواقع، أن الحياة قد تنتهي عندما يغيب الأمل فالأمل هو عنصر جوهري في بناء الحياة وفي رقي الروح الإنساني وليس الفرد وحده يحيى بالأمل، بل والمجتمعات والأمم والشعوب تعيش عليه.(Ibid. pp.13-22) فهو عنصر حاسم في أية محاولة تسعى للتغيير الاجتماعي نحو أكبر قدر من الفاعلية والوعي والفكر.

ويرفض فروم الاعتقاد الخاطئ بأن الأمل هو امتلاك الرغبات والأمنيات إذ أن الرغبات قد تتضمن الرغبة في الأشياء الا مادية، ولهذا يصبح الإنسان مستهلكاً سلبياً وليس. أملاً (Ibid. p.6) كما يرى أن الأمل هو ليس هو الانتظار السلبي أو الرجاء الزمني، فهنا يكون الزمن والمستقبل هما الدعاة الأساسية لهذا النوع من الأمل الزائف وهنا نجد نوعاً اخرمن الصنمية، صنمية المستقبل، والتاريخ، والأجيال. إننا بحاجة إلى الأمل إلى ذلك الذي يكون مهيأ للميلاد، من أجل أن نخرج من حالة النشيوء، ومن أجل أن تقهر اغترابنا، ونعثر على هويتنا الضائعة بين الأشياء.

3 - بعث الإيمان ومناهضة الضحية:

يبين فروم أن النظام الإنساني الحديث حتى يومنا لم يشبع سوى حاجات الإنسان المادية، أي تلك التي تضمن له بقاءه الجسدي، أما تلك الملكات والحاجات الإنسانية كالحب، والود، والعقل، والسعادة، والإيمان، ... الخ فإنها لم تشبع بدرجة

كافية.(Ibid. pp.13-22). ومع النمو المتزايد للعلوم الحديثة، أخذ تأثير الـدين بشكله التقليـدي يقل، وليحل محله العلم الجديد، ولذلك يمكن أن يعـود جـزء كبيـر مـن الاغتراب كإحـدى المشاكل الإنسانية التي تواجه الإنسان في المجتمع الحديث إلى نقص الجانب الروحي الـذي يتحدث عنـه فروم، لأن الإنسان الحديث الذي توهم أنه قد تحرر مـن القيـود الدينيـة، قـد سـقط في العبـادة الصنمية بصورها الحديثة ولذلك فهو بحاجة إلى بعث الإيمان، مثلما هو بحاجة إلى بزوغ الأمل.

ويفرق فروم بين نوعين من الإيمان: إيمان عقلي ؛ يقـول عنـه فـروم: أن هـذا الإيمان تتأصـل جذوره في تجربة الإنسان، وفي ثقته بقدرته على التفكير، وفي الملاحظة، والقدرة على إصدار الحكم، أنه الإيمان الذي يتأصل في العقدية المستقلة التي تقوم على الملاحظة وعلى التفكير المنتج للإنسان (Fromm: Man for Himself, p.205, 1967) " ويقوم أيضاً على التحـرر الكامـل مـن الخضـوع لأية معبودات صنمية، أنه يقوم على الثقة بأنفسنا، وعلى القدرة على الإحساس بالهوية، وعلى قـول " أنا " بطريقة شرعية.(Ibid. p.206) والإيمان الآخر هو الإيمان اللا عقلي وهو لا يستند إلى العقل في قبول أمر من الأمور، وإنما هو يُسلم به لأي سـلطة تقول بـه، أو أي أكثرية تـؤمن بـه. (Ibid. p.205) أنه كما يقوم فروم: "هو خضوع لشيء ما يقبل كما هو وكأنه حقيقي بصرف النظر عـما إذا كان ذلك أم لا، والعنصر الجوهري لكل إيمان لا عقلي هو طابعه السلبي، وقد يكون موضوعه صنماً أو زعيماً، أو أيدلوجية. (Fromm: The Revolution of Hope, p. 14, 1970)، ولذلك غالباً مـا يرتبط هذا الشكل من الإيمان بالعبادة الصنمية. من هنا يرى فـروم أن الخطـر الـذي يهـدد القيم الروحية للإنسان اليوم ليس هو عبادة الأصنام التقليدية، إنمـا هـو عبـادة الدولة، والقوة في البـلاد التسلطية، وعبادة الإله والنجاح في حضارتنا (Fromm: Psychoanalysis and Religion, pp 123- 124, 1951) أننا بحاجة إلى بعث الإيمان العقلي، الـذي يقـوم على حرية الإنسان ويؤكد كرامته ويساعده على مناهضة الصنمية في كافة صورها. وإذا كـان الإنسان المغتـرب هـو بالضـرورة متعبد صنمي، لذا فإن قهر الاغتراب لن يتم إلا بالقضاء على الصنمية.... بل أن النوع البشري يمكن أن يتحرر روحياً عن طريق نفي الصنمية، وكذلك عن طريق الإيمان الشامل غير

المغترب (Fromm (Erich): You shall be as Good, P.41, 1969.).

4 - الارتباط التلقائي بالعالم والآخرين:

أن قهر الاغتراب لن يتم إلا بتحقيق الحرية الإيجابية التي تفترض مسبقاً النشاط التلقائي، أو كما يقول فروم: أن " الحرية الإيجابية تقوم في النشاط التلقائي للشخصية المتكاملة ".

ويرى فروم أن النشاط التلقائي يتميز بأنه نشاط ليس اضطرارياً، او يقوم به شخص هروباً من عزلته وعجزه، وليس هو نشاط الإنسان الآلي الذي يمارس عمله بلا وعي أو تفكير، أن " النشاط التلقائي هو نشاط حُر للنفس ويتضمن - من الناحية السيكولوجية - ما يعنيه الجذر اللاتيني للكلمة Sponte حرفياً عن الإرادة الحرة للإنسان " (فروم، ايريك، ترجمة: مجاهد، الخوف من الحرية: ص 206، 1972م).

ويشير فروم إلى أن ما يميز التفكير التلقائي هو الاهتمام بالحب كقوة فعالة في الإنسان، قوة تقتحم الجدران التي تفصل الانسان عن رفاقه والتي توحد مع الاخرين، ان الحب يجعله يتغلب على الشعور بالعزلة والانفصال، ويرى أن الحب الحقيقي لا يجب ان يكون متعلقاً بشخص واحد، اذ ان الحب الذي يعزله عن الآخرين ويجعل بينه وبينهم غربة هو حب مزيف.

ويبين فروم انه على الرغم من ان التلقائية ظاهرة نادرة نسبياً في حضارتنا إلا أننا لسنا خلواً منها تماماً، أن التلقائية حتى وان كانت تحدث عرضاً وفي ظروف نادرة، إلا انها الشرط الأساسي لقهر الاغتراب عند فروم، وهي أيضاً الجواب الوحيد على مشكلة الحرية، إذ أن الإنسان إذا حقق الارتباط التلقائي بالعالم وبالآخرين يستطيع أن يحقق ذاته على نحو أصيل ويستطيع أن يحرز الحرية الإيجابية. (فروم، أيريك، ترجمة: مجاهد، الخوف من الحرية: ص 207، 1972م)، أن " النشاط التلقائي هو النشاط الذي يستطيع به الإنسان أن يقهر الاغتراب أو رعب الوحدة دون التضحية بتكامل نفسه، ففي التحقق التلقائي للنفس يتحد الإنسان من جديد بالعالم وبالإنسان وبنفسه ". (المرجع السابق: ص ص 207-208)

5 - تحقيق المجتمع السوي:

يرى فروم أن القضايا الإنسانية المختلفة كالحب والحرية والقلق والاغتراب... الخ لا يمكن أن تنفصل عن البناء الاقتصادي والسياسي والثقافي للمجتمع، لذلك فإن تحقيق الوحدة الإيجابية وقهر الاغتراب مرهون لدية بتحقيق التغيرات الاجتماعية والاقتصادية المناسبة التي تسمح للإنسان أن يعبر عن نفسه بشكل تلقائي حُر. ويحدد " جون شار" في كتابه " الهروب من السلطة ".

* أهم المبادئ التي يقوم عليها مجتمع فروم المثالي أو يوتوبيا فروم فيما يلي:

المبدأ الأول: يتمثل في اعتقاد فروم أن النزعـة إلى التـدمير والشــر، ليست كامنـة في طبيعة الإنسان، ولكنها نتيجة الظروف الاجتماعية السيئة، وعوامل العجز الاقتصادي، ويترتب على ذلك انه لا يوجد شيء طبيعة الإنسان يعوقه من بلوغ المجتمع السـليم الكامل (Schaar: Escape from Authority, pp. 244 – 245. 1961).

المبدأ الثاني: اقتناع فروم بأنه من الممكن بالنسبة للإنسان أن يحصل عـلى المعرفة الضرورية اللازمة لتشييد المجتمع الانساني الكامل يقول فروم   "..ان مشكلات التغيير الاجتماعي لا تستعصي- على الحل نظرياً وعملياً مثلها مثل المشكلات العلمية التي استطاع علماء الكيمياء والطبيعـة حلها ... فحتى لو طبقنا جانباً صغيراً من العقل، ومن الإدراك العلمي الذي نسـتخدمه في حل مشكلات العلوم الطبيعية على المشكلات الإنسانية، فلسوف يسمح لنا ذلك بمتابعة المهمة التي كـان يفخر بها أسلافنا في القرن الثامن عشر.

(Fromm: The sane society,pp. 282- 283, 1972).

المبدأ الثالث: اتجه فروم اتجاهاً راديكالياً فيما يتصل بمشكلات الاصلاح الاجتماعي ويوضح هذا الاتجاه من خلال جانبين:

• الأول: يتمثل فيما اسماه فروم بـ " قانون التقدم المتزامن " ويعني أن الإصلاح يجب أن يتم بشكل متزامن في كل الجهات، أي أن التغيير يجب ان

يمتد الى جميع الجوانب. (Schaar: Escape from Authority, p. 246. 1961)

- والثاني: هو أسلوب التغيير، حيث يرفض التفرقة بين بناء المجتمع الإنساني عن طريق الإصلاح وعن طريق الثورة، ويرى ان الاختلاف بين الاسلوبين هو اختلاف ظاهري "..فالإصلاح يكون ثورياً اذا وصل الى الجذور، ويكون سطحياً اذا حاول علاج الاعراض دون مساس الأسباب " (Fromm: The sane society ,p. 273 , 1972). تلك أهم المبادئ لمجتمع فروم المثالي، اما معالمه فهي اقرب الى السمات المعيارية.

فالمجتمع السوي كما يريده فروم هو:

أولاً: وقبل كل شئ المجتمع الذي لا يكون فيه إنسان وسيلة لغايات أخرى، ولكنه دائماً وبلا استثناء غاية في ذاته... من ثم فهو مجتمع لا يستخدم فيه إنسان، ولا يستخدم احد نفسه لاغراض غير تلك التي تكشف عن القوى البشرية للإنسان حيث يكون الإنسان هو المركز، وحيث تخضع كل اوجه النشاط الاقتصادي والسياسي لهدف واحد هو نمو الانسان، وفي مجتمع فروم لا نجد صفات كالجشع والاستغلال وحب التملك والنرجسية، وتنتفي الفوارق الطبقية الشاسعة فلا نجد أي فرصة لزيادة الكسب المادي على حساب الآخرين (Ibid:p 267) اما عن الإنسان الذي سيعيش في هذا المجتمع، فهو الإنسان الذي يحب الحياة وينجذب لكل ما هو حي ويؤمن بالجديد وليس بتقديس القديم، انه الانسان الذي لديه القدرة على تغيير العالم بالحب، والعقل والمثل الاعلى لا بالقوة وتحطيم الاشياء، واتباع الأساليب البيروقراطية في التسلط على البشر ومعاملتهم كاشياء (Fromm:The Heart of Man,p 47,1968). أما عن النظام الاجتماعي الملائم لوجود هذا المجتمع فيرى فروم (.. أن الحل الوحيد هو إعادة تنظيم النظام الاقتصادي والاجتماعي في اتجاه تحرير الانسان من استخدامه كوسيلة لأغراض خارج نفسه والى خلق نظام اجتماعي فيه يقوي التضامن البشري ويبلغ العقل والنشاط الإنتاجي أقصى مداه) (Fromm:The sane society,p.277, 1972) .

الفصل الثالث

التوافق النفسي الاجتماعي

وفيما يتعلق بالتوافق النفسي والاجتماعي :

غرضنا الأساسي من هذا الجزء هو تناول ما كتب عن التوافق بإبعاده المختلفة من حيث تعريف التوافق بمعناه العام والتوافق والتطرق إلى مفهوم التوافق من خلال اتجاهاته وكيفية اكتسابه التوافق وفرديته وديناميكيته،والتوافق في بعض الاتجاهات المختلفة وسمات الشخصية غير المتوافقة، ونظرة الإسلام إلى أسس تفسير سلوك الإنسان وأخيراً عرض التوافق كمثال معيار هيوم. م ل.

الإطار النظري والمفاهيم المتعلقة بالتوافق :

مفهوم التوافق من المفاهيم التي تجد اهتماماً من علماء النفس والاجتماع وكثيراً ما يطلق عليه العديد من مفهوم الكلمات مثل التكيف Adaptation التوازن Balance التماسك Integration وذلك للدلالة على مفهوم التوافق، إلا أن كلمة تكيف أكثر التصاقاً بالتوافق حيث نجد أن تعريف للتوافق ينطوي على كلمة تكيف والتي تشمل السلوك الحسي والحركي وتشير للجانب العضوي في الإنسان وجميع الأنشطة التي يقوم بها الكائن الحي المتوافق الذي ينصب على الناحية النفسية وفي دائرة معارف علم النفس تعني كلمة تكيف العمل على التوافق سواءً في المجال البيولوجي مثل تعديل شكل الكائن ووظائفه وسلوكه أو في المجال النفسي من هذا المفهوم نلاحظ أن كلمة تكيف تشير للخطوات التي تؤدى إلى حالة التوافق ونجد (كمال دسوقي) يوضح الفرق بين التكيف والتوافق، إذا يرى أن التكيف يقوم به الكائن لملائمة نفسه بالمواقف وهي عبارة أشمل تضم السلوك الحسي والحركي والعضوي في الكائن، غير أن التوافق ليس تكيف فقط بمتغيرات البيئة بل قد يغير الكائن البيئة ليتم توافقه (كمال دسوقي، 1979م:ص 15 – 24).

ومن هنا نلاحظ أن الكائن بجانب ما لديه من قدرة على التلاؤم مع البيئة الطبيعية أيضاً لده قدرة التلاؤم مع الظروف النفسية والاجتماعية التي تمر به.

ويرى كاتلCattel (1950م)،أن مصطلح التكيف يستخدم عادة بمعنىاجتماعي بينما التوافق يعنى العمليات النفسية البنائية (كاتل- Cattel،1950م: ص10).

أي أن الأصل في مفهوم التوافق هو تعديل في الكائن بحيث يتلاءم مع الظروف وأطلق عليه يونج Young معاير، أو أحداث تعديل في البيئة نفسها وهو ما سماه مماثلة Assimilation أو تعديل الكائن بعضاً منه، وبعضاً من البيئة لإعادة حالة التوافق.

أما (مصطفى فهمي) فيرى أن مصطلح تكيف وتوافق ما هما إلا ترجمة Adjustment ويستخدم أحمد عزت راجح عدة مصطلحات على أنها مترادفات

لمفهوم واحد وهي الصحة النفسية والتوافق، النضج الانفعالي وقوة الأنا (مصطفى فهمي،1978م: ص23).

وينحو نفس المنحى (صلاح مخيمر) أن الصحة النفسية تدرس توافق الفرد مع البيئة من الوجهة الباثولوجية ومنهجية الإكلينيكي، فهي تدرس العملية التوافقية ما يعنيها وما يعوقها والأشكال المختلفة للاضطرابات، وهي سيكولوجية التوافق التي تظهر في إشباع الحاجات فتكون سوية في نجاحها أو تفشل فتظهر الأمراض النفسية والعصبية (صلاح مخيمر، 1974م).

التوافق كمصطلح ظهر أساسا من ضمن مصطلحات علم البيولوجيا واحتل ركناً بارزًا في نظرية التطور التي جاء بها تشارلز دارون 1859م أكدت على التنازع على البقاء وبقاء الأصلح وتم استخدامه بعد ذلك كمصطلح في مجال علم النفس وبمعنى سلوك الفرد للتوفيق بين حاجاته ومتطلباته من ناحية وبين البيئة ومتطلباتها من ناحية أخرى (مصطفى، فهمي،1979 م : ص 55). ويعُبر عن الإمكانيات الشخصية والاجتماعية والثقافية التي تهيئ الفرد ليصبح قادراً على مواجهة متطلبات الموقف الجديد (القرشي، عبد الفتاح، 1993م). أصبح التوافق معيارًا للصحة النفسية إذ أنها تعني مدى أو درجة نجاح الفرد في التوافق الداخلي ودوافعه ونزعاته المختلفة، والتوافق الخارجي في علاقاته بيئته المحيطة بما فيها من موضوعات وأشخاص ويذكر مفاريوس " Malfarios " أن التوافق أمر نسبي يختلف باختلاف الزمان والمكان وعليه لا بد للمختص النفسي من الدراسة العميقة للبيئة الاجتماعية وان يتعرف على معطياتها الأساسية من عادات

وتقاليد وقيم وقواعد السلوك. أي أن الصحة النفسية رهينة بالشروط الثقافية للبيئة خاصة فيما يتصل بالتوافق الاجتماعي (عوده، كمال، محمد، مرسي،1984م).

والتوافق النفسي في علم النفس هو الجانب الموجود في الواقع فالكمال المطلق في الصحة النفسية لا يمكن تحقيقه. لأن قدرات الفرد واستعداداته العقلية

والنفسية ليست مطلقة الحدود، فقد تعقدت الحياة المادية والاجتماعية في البيئة لدرجة يعجز الفرد عن تغييرها والتغير بمقتضاه أو عندئذ يفقد توافقه معها ويظهر على سلوكه إشارات المرض ومظاهره (الألوسي، جمال حسين، 1990م). أي أن الفرد إذا فشل في تحقيق التوافق فأنه يبتعد عن الحالة السوية " Normality " ويقترب من حالة المرض وكلما كان الإنسان أقدر على حل مشاكله حلاً منطقيا كان أميل إلى اكتساب الصحة النفسية (العيسوي، عبد الرحمن، 1984م).

أجمع علماء النفس ومنهم القوصى (1969م) في كتاب محمد الأبحر " التوافق المهني 1984م " أن التوافق النفسي اصبح من المفاهيم التي تجد اهتماما كبيرا من علماء النفس والاجتماع، وهو جوهر الصحة النفسية.

وعرفها دافيدوف : عملية محاولة للتوفيق بين مطالب وذاته (دافيدوف، 1988 : ص 652).

أما كوهين : عرّف التوافق عملية تغير أو تكيف يقوم به الفرد للاستجابة للمواقف الجديدة أو أن يدرك المواقف إدراكاً جديداً (كوهين، 1994 : ص35).

وقد عرّف المنصور التوافق النفسي : بأنه ما يشعر به الفرد نحو ذاته وما يدركه عن ميوله التي تحدد طبيعة استجابته للآخرين، وما يملك من كفاءة في مواجهة المواقف المتأزمة انفعالياً (المنصور، يوسف، 1972: ص 66).

أما زهران فقد عرّف التوافق النفسي : بأنه عملية دينامية مستمرة تتناول السلوك والبيئة (الطبيعية والاجتماعية) بالتغير والتعديل حتى يحدث توازن بين الفرد وبيئته، وهذا التوازن يتظمن إشباع حاجات الفرد وتحقيق متطلباته البيئة (زهران، 1997م : ص27).

التوافق الاجتماعي :

يعرّف (English & English)، 1958 م التوافق الاجتماعي أنه انسجام الفرد في علاقتـه مـع محيطه الاجتماعي وتكوين العلاقات الاجتماعية. (English And English, 1958 , p.4).

ويعرّفه (جولـد، وكولـب Gould & Coib , 1964) أنـه العلاقـة المنسـجمة بـين الفـرد وبـين الظروف والمواقف والأفراد الذين يكونون بيئته الطبيعية والاجتماعية (جولـد، وكولـب Gould & Coib , 1964 , p.9).

ويعرّفه (الزيادي، 1969م) التوافق الاجتماعي أنه " قدرة الفرد على أقامة علاقـات اجتماعيـة مع الآخرين، مثمرة، وممتعة، وتتسم بقدرة الفرد على الحب والعطاء، هذا من ناحيـة ومـن ناحيـة أخرى القدرة على العمل الفعال، الذي يجعل الفرد شخصاً نافعاً في محيطه الاجتماعي" (الزيادي، 1969 م: ص203).

ويعرّفه (بدوي، 1977 م) التوافق الاجتماعي بأنه محاولة الفرد عندما يواجه مشكلة خلقية أو يعاني صراعاً نفسياً وتغير عاداته واتجاهاته ليوائم الجماعة التي يعيش في كنفها (بـدوي، 1977 م : ص 380).

أما (الهابط،1985) فيعرّفه أنه توافق الفرد مع بيئته الخارجية المادية والاجتماعيـة، والمقصـود بالبيئـة الماديـة هـي مـا يحيـط بـالفرد مـن عوامـل ماديـة كـالطقس والبحـار ووسـائل المواصـلات والأجهزة...الخ. أما البيئة الاجتماعية فيقصد بها كل ما يسود المجتمع مـن قيم وعـادات وتقاليـد، ودين، وعلاقات اجتماعية ونظم اقتصادية وسياسية وتعليمية (الهابط، 1985 م : ص 32).

أمـا (سـالم، 1989م) فتـذهب إلى المقصـود بـالتوافق الاجتماعـي هـو شـعور الفـرد بـالأمن الاجتماعي، والتي تعبر عـن علاقـات الفـرد الاجتماعيـة، وتتضمن السـعادة مـع الآخـرين، والاتـزان الاجتماعي، والالتزام بالأخلاق، ومسايرة المعايير الاجتماعية، وقواعد الضبط الاجتماعـي، والأسـاليب الثقافية، والتفاعل الاجتماعي السليم، والعلاقات الناجحة مع

الآخرين، وتقبل نقدهم وسهولة الاختلاط لهم، والمشاركة في النشاط الاجتماعي، مما قد يؤدي تحقيق التوافق الاجتماعي (سالم،1989 ص: 30).

والتوافق الاجتماعي: حالة تبدو في قدرة الفرد على عقد صلات راضية مرضية مع من يعاملهم من الناس، وقدرته على مجاراة قوانين الجماعة ومعاييرها.. فأن عجز عن ذلك كان " سيء التوافق " ولسوء التوافق الاجتماعي مظاهر عدة منها الأمراض النفسية والأمراض العقلية والإجرام وغير تلك من ضروب الزيغ الاجتماعي والخلقي (راجح، 1980 م : ص 430).

التوافق بمعناه العام :

المعنى العام للتوافق يختص بالقدرة على التكيف ويبدو ذلك فيما ذهب إليه بعض المختصين والعلماء، يعرف (كمال دسوقي) التوافق بأنه تكيف الفرد ببيئته الاجتماعية في مجال مشكلات حياته مع الآخرين التي ترجع لعلاقاته ومجتمعة ومعايير البيئة الاقتصادية والسياسية الخلقية ويرى كلمة توافق اكبر إشارة للتكيف الذي يستهدف تحقيق الغرض وإشباع الحاجات أما بالتغير (إعادة تنظيم الخبرة الشخصية) أو بالتغيير " إعادة تنظيم عناصر البيئة " كما يرى أن السلوك التوافقي في الإنسان هو سلوك موجه للتغلب على عقبات البيئة وخصوصيات موقفها واليات توافقه التي يتعلمها ما هي إلا استجابات يسير عليها لإشباع حاجاته وارضاء دوافعه وتخفيف توتره (كمال دسوقي، 1979: ص32). والإنسان يتكيف من اجل التوافق وليس العكس. بينما يعُرف (الزعبي، أحمد) في كتابه " علم النفس الاجتماعي " بأن هناك فرق بين عملية التكيف Adjustment والتي تختص بالنواحي الفسيولوجية. فتغير حدقة العين باتساعها وضيقها في الظلام والنور عملية تكيف.

أما التوافق Adaptation " بحسب رأيه " فهو أعم من التكيف ويختص بالنواحي النفسية والاجتماعية. فعملية التوافق تمتد لتشمل كل ما يحدث لأي فرد عندما يتوافق بسلوكه مع معايير الجماعة، وهذا ما يحدث للمدني عندما يجنّد (الزعبي، أحمد، 1994م : ص 99).

وقد يصعب أحياناً الفصل الواضح بين التوافق والتكيف. فعلينا أن نفرق بين المصطلحين، والتوافق كما تعرفه المعاجم النفسية الإنجليزية.

ويتفق مع (هاملوس Hamlous)، (الأبحر، محمد، 1984م: ص64) في أن التوافق هو الحل المتمثل في التكيف.

ويرى تارد Tard المراجع السابق أن التوافق يلجا إليه الفرد عند وجود صراع بين اختيارات متعارضة ينشأ عنهما نمط جديد في السلوك. وذكر (محمد الأبحر) أن الكائن وبيئته في علاقة لابد أن تبقى على درجة كافية من الاستقرار ولكن الكائن والبيئة يتغيران مما يتطلب كل تغير تغييراً مناسبًا للبقاء على استقرار العلاقة بينهما وهذا التغيير المناسب هو التوفيق أو التهيئة والموائمة أما العلاقة المستقرة بينهما هي التوافق. فإذا عجز الكائن عن التوافق مع البيئة تماما ينتج عن ذلك سوء توافق. ولكن غالبا ما يحقق الفرد توافقاً ناجحًا أو على الأقل شيئًا من التوافق وان كان فاشلاً غير سوى وهو ما يسمى بسؤ التوافق (الأبحر، محمد، 1984م: ص 64) [مصدر سابق] وهذا يؤكد ما ذهب إليه (مصطفى، فهمي، 1978م) من أن التوافق عملية ديناميكية مستمرة يهدف بها الفرد إلى تغيير سلوكه ليحدث علاقة اكثر توافقاً بينه وبين البيئة المحيطة به والتي تؤثر فيها ويتأثر بها كما أوضح أن للبيئة ثلاثة اوجه هي :

أ.‏   البيئة الطبيعية التي تحيط بالفرد .

ب.‏   والبيئة الاجتماعية التي يعيش فيها.

ج.‏   وأخيرا النفس التي تتمثل في الرغبات والحاجات [مصدر سابق].

أما التوافق عند علماء النفس من أصحاب المدرسة الوظيفية فيقصد به توفيق السلوك أو تكيفه مع البيئة وتكوين السلوك التوافقي أو التكيفي فالتوافق والتكيف عندهم وظيفة الإجراء الذي يتخذه الفرد ليبلغ التوافق ؛ هو أما شعوري كزيادة الجهد للتغلب على العائق أو تغيير الهدف وإعادة تقدير الموقف الصراعي وأما لا شعوري وهو ما يعرف بالحيل الدفاعية، وهي محاولات لا شعورية يحمي بها الفرد نفسه مما يهدد كيانه وتكامل الذات لخفض التوتر (الأبحر، محمد، 1984م : ص 64) [مصدر سابق].

ويتفق الباحث مع الرأي القائل بأن التوافق يشمل التكيف والتكيف يؤدى إلى التوافق وذلك لاتفاقها في المعنى عند الرجوع إلى القواميس إلا أن بقية المترادفات التي ذكرت سابقاً يرى الباحث أنها لا تحمل نفس المعنى بل تسهم في عملية التوافق.

ويؤكد (وليم Willam 1962م، ومحمد عاطف الأبحر) أن توافق الفرد أو عدم توافقه يعتمد على درجة إشباعه للحاجات الأساسية والتي أرجعها إلى الحاجة إلى الأمن سواءً أمن نفسيـ أو عضوي، أو الحاجة إلى إكتساب خبرات معرفية الحاجة إلى المشاركة وتكوين علاقات (وليم Willam -1962م، ومحمد عاطف الأبحر،1984م: ص 117).

ومن هنا نلاحظ أن للموقف التوافقي ثلاثة عناصر هي :

أ. الفرد وحاجاته في البيئة.

ب. وإمكانيات الظروف الميسرة له.

ج. ثم الآخرون الذين يشاركونه الموقف أي نفسيـ اجتماعي ومادي، وضرورة التوافق يفرضها.

أن الإنسان في مواجهة بيئة ويعيش داخل مجتمع. كما نلاحظ أنه ولكي يتحقق التوافق ليس على الفرد أن يتغلب على العقبات والعوائق التي ترجع إلى قدرته فقط بل عليه أيضاً أن يواجه عوائق قد ترجع أساساً إلى تغيرات ظروف الحياة ومواقف الفرد يعصب عليه تخطيها.

ولقد ذكر (كمال دسوقي) أمثلة لهذه العوائق منها :-

- قد تكون قدرة الفرد غير كافية ليؤدى بطريقة مرضية الفاعليات التي ينظر الآخرون من الفرد القيام بها، أو التي يتوقع هو من تلقاء نفسه أن يؤدها. قد ترجع عدم الكفاية هذه لنقص عضو في الجسم أو ضعف الصحة أو لسبب اجتماعي يرجع لعدم القدرة على تكوين علاقات أو عدم القدرة على صيانة الأنا في مواجهة السخرية والتهكم. أيضاً يكون عدم الكفاية لأسباب عقلية مثل انخفاض الذكاء أو تفشي الأمية أو الجهل في المجتمع الذي يعيش فيه الفرد أقل بكثير ممـا هـو عليه في الحقيقة سواءً كان هذا التنظيم

من قبل أحد الوالدين أو المعلم أو المجتمع الذي يعيش فيه أو غيره ومنه أيضاً ارتباط الفرد المستمر الأقل منه تعليماً أو صحياً أو اجتماعياً. كذلك قد يكون الوسط غير حافز والبيئة التي يعيش فيها غير دافعة إلى أخر ما تعرف من الظروف الحالية والمعنوية المتعلقة بالعلاقات الإنسانية في الجماعة (كمال دسوقي، 1979م : ص 33).

- وثمة عوائق تنشأ ليس من نقص قدرات الفرد عن التوافق أو زيادتها بل من النظر إلى التغير في الفاعليات والأنشطة نتيجة للظروف الطارئة فالعوائق التي تنشأ عن كون الفرد مجبراً على تغيير نشاطه فجأة بسبب انتقاله إلى بيئة جديدة مختلفة أو لموت أحد أفراد الأسرة من الذين يعتمد إليهم أو خيبة أمل فيما كان يتوقع.

- عوائق تنشأ عن حاجة الفرد للتدريب أو الاستعداد لمواجهة مشاكله مثل قهر الاستمرار في الدراسة عموماً أو دراسة مواد غير محببة للنفس قهر الاشتغال بعمل غير مرغوب فيه، الارتباط بأفراد يشعرون للشخص بالدونية نتيجة لفروق اجتماعية أو اقتصادية أو عرقية بينهم، التمسك بمعتقدات دينية يبدو أنها لا تتلاءم مع التجارب الحديثة.

- أخيراً العوائق الناشئة عن توقف فاعليات جارية منها كثرة وتغير المدرسة، وكثرة تغيير المسكن وكثرة التنقلات في المدن، كثرة التبديلات في المهام، معاكسات الزملاء والأقران، العمل بمهن لا يستحسنها المجتمع.

أما (كمال دسوقي) فيرى أن التوافق الشخصي يقوم على أسس ثلاثة هي – الدوافع – الانفعالات – الشخصية.

الدوافع : هي الحاجات كما ذكرها (Hilgard,1979p.126 هلجارد، 1979: ص126) وتشمل:-

— حاجات مرتبطة بأشياء غير حية وهي اكتساب، محافظة، ترتيب، صون وإنشاء.

— حاجات تعبر عن الطموح وإرادة القوة والرغبة في الإنجاز والمكانة وهي التفوق، التقدير، حسن السير، تجنب الدونية والدفاعية.

– حاجات تتعلق بغرض النفوذ وهي التسلط، التنازل، الذاتية والمخالفة.

– حاجات تتعلق بإيذاء الغير أو النفس وهي العنوان، تجنب اللوم والتدني.

– حاجات تتعلق بالمحبة بين الناس وهي الانتساب، الرفض، المؤازرة الالتجاء والحماية.

– هذه هي الحاجات. وما ينشأ عنها من شعور سواءًا ألم أو توتر وهو حالة الاحتياج النفسية Need state والتي تعمل على تنبيه الدافع القوى للنشاط المستمر والمتزايد بقصد تجنب الألم وتخفيف التوتر المنبعث من التنبيه (كمال دسوقي، 1979م: ص 87).

وأوضح ماسلو أن الدوافع تقوم على أساس تدرج هرمي حسب الأهمية وتحددها في مستويات هي :-

أولاً : الحاجات الفيزيولوجية : الجوع، العطش، الجنس ...الخ.

ثانياً :- حاجات الأمن وسلامة الشعور بالأمن والبعد عن الخطر.

ثالثاً : حاجات الحب والانتماء : تبادل الحب، والانتماء مع الآخرين.

رابعاً : حاجات التقدير : الإنجاز، الاستحسان، التمييز.

خامساً :- الحاجات المعرفية : الفهم والاستكشاف.

سادساً : الحاجات الجمالية والفنية.

سابعاً : الحاجات لتحقيق الذات.

وهذا ما ورد في كتاب المدخل إلى علم النفس (عبدالرحمن عدس، ومحي الدين توق، 1997م ص:275).

ويؤكد هذا ما ذهب إليه (كمال دسوقي) من أن الشعور بالحاجة هو الذي ينبه الباعث المحرك للنشاط في سبيل تحقيق الهدف المشبع للدوافع والمحقق لتحقيق التوتر الناشئ عن هذه الحالة.

فالتنبيه يجعل الكائن ينفعل بالمواقف ويخلق فيه حالة من الأثاره واختلال التوازن أما رد الفعل لهذا التنبيه فيظهر في شكل تغير ملحوظ في السلوك (كمال دسوقي، 1979م: ص 207).

هذا التنبيه يعرف بالشدة، وهي أي تغير في البيئة الداخلية أو الخارجية يهدد باستقرار العيش أو اضطراب السلوك المؤدي إلى عدم التوافق والتكيف من هنا نلاحظ أن الشدة تشأ نتيجة لوجود عقبة أو عائق في طريق تحقيق الهدف، فأي موقف يذكر بحدوث اضطراب سواء كان هذا الاضطراب مادياً أو نفسيا، أو سلوكياً يعتبر موقف شده. وقابلية التكيف مع متطلبات هذا الموقف ومقاومتها هما أهم ما يلزم للحياة على أساس متوافق.

وهناك ثمة ثلاثة أجهزة تشترك في استجابات الكائن العضوي للتغيرات الانفعالية التي تنطوي عليها حالة الشدة وهي، الجهاز العصبي المستقل، جهاز الفرد الذي يختص بالإبقاء على الثبات النسبي للبيئة الداخلية للجسم وهي، أي حالة التعايش Homeostosis، وكما يعبر عنها كلودبرنار بالبيئة الداخلية، أما الجهاز الثالث هو العصبي الذي يختص بالاستجابات السلوكية للتنبيهات الخارجية والتنسيق بين هذه الأجهزة في مواجهة موقف الشدة.

من هنا نصل إلى أن التغيرات الانفعالية عملية مقصودة لاتخاذ الجسم والنفس سيكوسوماتيا للاستجابة الحيوية هدف هذا الاتحاد المتمثل في التوافق والتكيف.

الشخصية :- الشخصية في نظر علم النفس هي مجموعة خصائص الفرد النفسية والجسمية التي تجعل منه هذا الشخص بالذات دون غيره وتشمل إلى جانب التكوين الخلقي عادات الفرد السلوكية التي تعلمها ومستواه العقلي ونسبة ذكائه واستعداده المزاجي **Temperment** المؤثرة في انفعاله وطبعه الخلقي **Character** وظروف بيئته التي عاش فيها.

أي أن الشخصية الإنسانية حصيلة تفاعل عوامل تكوينية باطنه وعوامل بيئة خارجة. يهمنا هنا العوامل الخارجية في هذه الدراسة والتي ذكرها كمال دسوقي (1979م) ص 29 والمتمثلة في :-

- **تأثير الأسرة خصوصا العلاقات بالوالدين.**
- **تأثيرات المدرسة والجماعة المحلية والعوامل الثقافية.**
- **القوى والنظم الاجتماعية المغرضة الأمثال لمعاييرها والتوافق بمتطلباتها.**
- **الخبرات الشخصية.**
- **الأمراض التي أصيب بها الفرد والحوادث التي تعرض لها والصدمات التي تلقاها من خلال تلك العوامل نستطيع القول أن لا أحد يشبه الآخر فيها حتى التوأمين، وبالتالي لا يكون هناك تشابه في نوع التوافق النفسي في موفق من مواقف الحياة.**

الشخصية السوية من وجهة نظر بعض المذاهب والنظريات :

أولاً - الشخصية السوية من وجهة نظر المذهب الإنساني :

يعتبر أصحاب " التوجه الإنساني في علم النفس " أن الشخصية السوية أو الصحية هي الشخصية المحققة لذاتها، ومن أبرزهم ماسلو، فالحاجة إلى تحقيق الذات هي " رغبة الإنسان في مطابقة الذات ؛ أي ميله إلى أن يصبح ما لديه من إمكانات محققاً وبالتالي صيرورة طاقاته الداخلية الكامنة حقيقة واقعة.

لذلك فإن الشخص المحقق لذاته هو الذي يتصف بـ " الشخصية كاملة التوظيف".

وبذلك يقل الفاقد في فاعليته في الوجود لأنه يشغل إمكاناته وينميها، ويعمل بأقصى ما تؤهله له طاقاته.

يذهب ماسلو إلى أن صاحب الشخصية السوية يتميز بخصائص هي :

1. إدراك أكثر فاعلية للواقع، وعلاقة مريحة معه.

2. تقبل للذات وللآخرين وللطبيعة.

3. تلقائية في الحياة الداخلية والأفكار والدوافع.

4. تركيز على المشكلة، واهتمام بالمشكلات خارج نفسه والشعور برسالته في الحياة.

5. القدرة على الانسلاخ عما حوله من مثيرات، الحاجة إلى العزلة ولخلوة الذاتية.

6. استقلال الذاتية، استقلال عن الثقافة وعن البيئة.

7. الشعور القوي بالإنتماء مع بني الإنسان وشعور عميق بالمشاركة الوجدانية والمحبة لبني الإنسان ككل.

8. علاقات شخصية متبادلة عميقة.

9. تكوين خلق ديمقراطي.

10. التمييز بين الوسائل والغايات

11. الخلق والإبداع.   (Maslow, 1971)

إن شخصية الطالب تنطوي على جوانب جسمية ومعرفية وانفعالية ويّعد التوافق النفسي ـ الاجتماعي من الجوانب المهمة لدراستها للوصول إلى الاستقرار والانتقال إلى مستوى أعلى من الحاجات على طريق الوصول إلى تحقيق الذات، كما تؤكد على ذلك المدرسة الإنسانية المتمثلة بهرمية أبراهام ماسلو، أو التنظيم الهرمي لحاجيات :

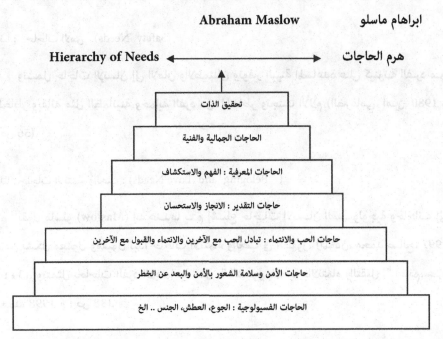

ابراهام ماسلو   Abraham Maslow

هرم الحاجات   Hierarchy of Needs

تحقيق الذات

الحاجات الجمالية والفنية

الحاجات المعرفية : الفهم والاستكشاف

حاجات التقدير : الانجاز والاستحسان

حاجات الحب والانتماء : تبادل الحب مع الآخرين والانتماء والقبول مع الآخرين

حاجات الأمن وسلامة الشعور بالأمن والبعد عن الخطر

الحاجات الفسيولوجية : الجوع، العطش، الجنس .. الخ

تصنيف هرم ماسلو للحاجات بحسب ما ورد في (عدس، وتوق، 1997م : ص275).

أولاً : الحاجات الفسيولوجية : (Physiologocal Needs)

وهـي حاجـات الإنسـان الأساسـية التـي تمكنـه مـن الحيـاة والبقـاء وتحفـظ للجسـم توازنـه واستقراره، ومن أمثلتها حاجات الإنسان إلى الأكل والشرب والجنس والمأوى.

ومما تتصف به هذه الحاجات أنها أكثر الحاجـات أهميـة وضرورة للإنسان وذلك لارتباطها الشديد والمباشر ببقائه على قيد الحياة، لذا فلا عجب أن كانت هذه الحاجات مـن أولى الحاجات التي تطالب بالإشباع وتلح عليه، طالمـا أن الحياة لا تستقيم بـدون ذلك الإشباع حتى لـو كان بمستوياته وحدوده الدنيا (العديلي، ناصر محمد، 1995 م : ص 154).

ثانياً : حاجات الأمن (Safety Needs)

وتشمل حاجات الإنسان إلى الأمان والاطمئنان وتوفير البيئة المساعدة على كينونة الفرد من المخاطر وبقائه مثل الطمأنينة وحماية الفرد من المخاطر وتجنب الألأم (الضرغامي، أمين، 1980 م : ص 56).

ثالثاً : حاجات الانتماء والحب : (Beloging and Love Needs)

يقول ماسلو (Maslow) أنه عندما يتم إشباع حاجات الإنسان الفسيولوجية وحاجاته إلى الأمن بشكل معقول ومقبول تبدأ حاجات الانتماء والحب في الظهور، (المؤذن، محمد صالح، 1997 م : 34)، وتتمثل بحاجات الفرد الاجتماعية مثل " الشعور بالمحبة بالانتماء والتقبل " (غانم، عزة محمد، 1998 م : ص 38).

رابعاً : حاجات التقدير والاحترام (Sewlf - Esteem Needs)

وهي حاجة الإنسان ورغبته في تكوين صورة إيجابية عن نفسه وإعتراف الآخرين به وبأهميته. فهي بكلمات أخرى تشمل الحاجة إلى إحترام النفس والقوة والكفاءة والسمعة والتقدير من الآخرين (المؤذن، محمد صالح، 1997 م : 35) مصدر سابق.

خامساً : حاجات تقدير الذات (Sewlf - Actualization Needs)

وهي الحاجات التي تتمثل في رغبة الفرد في تحقيق ما يتلاءم مع قدراته أو رغباته في يكوين ما يود أن يكونه وما يمكنه أن يكون.

فالحاجات أذن هي أسس مشاكل التوافق التي تواجهنا، بمعنى أن الشخصية لا تتحقق لها الصحة النفسية السليمة التي تهدف إلى توافق الإنسان مع البيئة الخارجية إلا إذا أشبعت هذه الحاجات وشعر الإنسان بأن حاجاته قد أشبعت فعلاً.

ويمكن أن نميز بين نوعين رئيسين : الحاجات الفسيولوجية والحاجات النفسية وهذه تشمل الحاجات الاجتماعية وحاجات الذات والحاجات التي تساعد على تكامل الذات.

ومن أجل تكيف الإنسان مع بيئة تكيفا سليما لا بد أن يعدل دوافعه الفطرية الأولية،إذ لا يوجد مجتمع من المجتمعات يرتضي أن يعبر الإنسان عن دوافعه بطريقة بدائية، فلكل مجتمع من المجتمعات تقاليده وقوانينه وتنظيماته التي تميزه عن المجتمعات الأخرى.

والتوافق الذي يحدث بين الإنسان ومجاله الحيوي والسلوك الذي يصدر منه نتيجة لهذا التفاعل في هذا المجال الحيوي لا يمكن أن يحدث إلا إذا وجد عنصرين أو اكثر يسببان هذا التفاعل وهما التكوين الطبيعي للكائن الحي البشري وما يولد به من دوافع تدفعه إلى أنماط مختلفة من السلوك ليلائم بين نفسه وبين البيئة من حوله، والعنصر الثاني هو البيئة الطبيعية والاجتماعية من حوله ويمكن أن نرى نتيجة هذا التفاعل واضحة فيما يصدر عن الإنسان من سلوك سواء أكان عملا أو قولا أو فعلا أو رأيا أو تعديلاً أو تغيرًا في مظاهر البيئة نفسها وكذلك يحث تعديل أو تغير في سلوك المرء في الموقف الواحد وهذا التغير أو التعديل هو نتيجة طبيعة لتفاعل دوافع الفرد مع عناصر الطبيعة المختلفة والمجتمع الواسع الذي يعيش فيه (يوسف، 1958 م : ص 26-30).

ويختلف توافق الشخص من موقف إلى آخر بحسب خبراته السابقة بالمواقف والهدف المطلوب تحقيقه، ففي المواقف البسيطة يتوافق معها بسهولة،ويصل إلى أهدافه بجهد قليل، وباستجابات تعود عليها، وألف أداءها أما المواقف التي فيها عوائق فإن الشخص يتوافق معها بصعوبة لأنه يحتاج إلى زيادة جهوده (نجاتي، 1983م:ص121)

لذلك فالتوافق يعتبر معيارا أساسيا لتحقيق السواء النفسي والاجتماعي للفرد في إطار علاقته بالمجتمع،حيث يتضمن التوافق خفض التوتر الذي تستثيره الحاجات، أما سوء التوافق فإنه ينشأ عندما تكون الأهداف ليست سهلة أو عندما تتحقق بطريقة لا يوافق عليها المجتمع (عبد الغفار، ب، ت، ص 227).

ثانياً - الشخصية السوية من وجهة نظر مدرسة الجشطلت :

والسوية تعني التوازن، وبالتالي فاللاسوية تعني اختلال هذا التوازن واضطرابه. ويستعين الإنسان - في سعيه إلى تحقيق هذا التوازن - بقواه الحيوية (الهي)، والعاقلة (الأنا) مما يتيح له إشباع حاجاته بالإتصال بالبيئة حتى يحافظ على توازنه الحيوي ويحقق ذاته ويطورها، ومن هذا كان السلوك السوي هو الذي يصدر عن الشخصية السوية.

- ويحدد " نبيل حافظ " أربع سمات للسلوك السوي والشخصية السوية من وجهة النظر الجشتطالتية ولكن نكتفي باثنتين وهما على النحو الأتي :

التكامل : ويقصد به تكامل أسلوبي عمل ال (هي) وال (الأنا) وتناسقهما وتكامل الفرد مع البيئة بالاتصال بها، مع الوعي بخبرة الاتصال والوعي بالذات متميزة عن البيئة، وبالبيئة متميزة عن الذات وهو وعي يشمل الذات برمتها لا تكون هناك أجزاء مغتربة عنها أو عنه.

الأصالة : ويقصد بها أن ينصت الفرد إلى ذاته ويعي حاجاته جيداً، وأن يعيش خبرة الاتصال بذاته، وبالبيئة حية مباشرة، مبرأة من قيود التجريد والتعميم، صافية من حدود اللغة وقصور التعبير، وكأنه يقول للذات والبيئة في آن : ها آنذا (نبيل عبد الفتاح، حافظ، 1981م : ص ص 80-85).

ثالثاً - الشخصية السوية من وجهة نظر أصحاب الاتجاه العقلاني الانفعالي:

يرى " اليس : أن الإنسان متفرد في نوعه، وسويته تبدو حين يفكر ويسلك، وهو حين يفكر ويسلك بطريقة عقلانية يصبح ذا فاعلية ويشعر بالسعادة والكفاءة. أما اللا سوية - أي الاضطراب الانفعالي والسلوك العصابي فيعتبران نتيجة للتفكير غير المنطقي.

وفيما يختص بسوية الشخص ولا سويته، يحدد " اليس " أحدى عشر- فكرة غير عقلانية أو خرافية وغير ذات معنى - ولكنها رغم ذلك شائعة - وهي تؤدي من وجهة نظره إلى العصاب، فالشخص المضطرب غير السوي غير سعيد لأنه غير قادر على

التخلص من آفكار مثل " يجب وينبغي ويتحتم ونحو ذلك " من المعتقدات الخرافية، والتي يؤدي الاعتقاد بها أحياناً إلى أن يصبح الفرد مقهوراً وعدوانياً ودفاعياً وشاعراً بالذنب وبعدم الكفاءة وبالقصور الذاتي وعدم الضبط وعدم السعادة (س.هـ باترسون (ترجمة) حامد عبد العزيز الفقي (1981).

رابعاً - أمثلة لوجهات نظر باحثين ينتمون إلى مدارس نفسية مختلفة :

السواء من وجهة نظر " سوين " :

يرى " ريتشارد. سوين " أن السواء لا يقتصر على مجرد الخلو من سمات الشذوذ وأنما السواء يتضمن عدة مكونات لخصها " سوين " في (7) سبعة عناصر يمكن عرضها على النحو الأتي :

الفاعلية : فالشخص السوي يصدر عنه سلوك أداتي فعال، سلوك موجه نحو حل المشكلات والضغوط عن طريق المواجهة المباشرة لمصدر هذه المشكلات أو الضغوط فهو يحاول الاقلال من الضغوط، وهو يتخذ أساليب ايجابية ليقوي بها من وسائل التغلب على التوترات والمخاوف ليحقق للأهداف قيمتها وأهميتها.

الكفاءة : فالشخص السوي يستخدم طاقاته من غير تبديد لجهوده. وهو من الواقعية بدرجة تمكنه من أن يتبين المحاولات غير الفعالة، والعقبات التي لا يمكن تخطيها، والأهداف التي لا يمكن بلوغها، وبذلك يحتفظ بموارد الطاقة ولا يبددها في مسارب القلق، والهم، والانفعالات، ولا يستخدم أنواع السلوك الدفاعية، وبالتالي درجة إنجازه وتوافقه أكبر.

الملاءمة : فالشخص السوي نجد لديه الأفكار والمشاعر والتصرفات ملاءمة، فادركاته تعكس الواقع، وأحكامه هي استنتاجات مستخلصة من معلومات مناسبة، ويتميز السوي بالتلقائية.

المرونة : فالشخص السوي قادر على التكيف والتعديل، وهو حين يواجه الصراع والإحباط يلتمس الوسائل لحل المشكلات، والفرد السوي يحاول دائماً أن يجد بدائل للسلوك الذي يفشل فيه.

القدرة على الإفادة من الخبرة : يعّدل الفرد السوي من سلوكه دائماً بناءً على الخبرات التي تمر به، وحسب ما تعلمه من المواقف السابقة.

أما الشخص غير السوي فلا يبدو أن سلوكه يتعّدل بناءً على ما يقابل من مواقف، لأنه لا ينتبه إلى جوانب هامة في المواقف، كما أنه لا يدرك العلاقة بين ما سبق أن مّر به وتعلمه وبين الموقف الراهن الذي يمّر به.

الفاعلية الاجتماعية : فإن أكثر حياة الإنسان تقوم على التفاعل الاجتماعي بينه وبين الآخرين. والشخص المتوافق يشارك في ذلك إلى أكبر حد، وهو يتصل بالآخرين في غير اتكالية مفروطة أو نفور أو انسحاب. وهو من التحرر بدرجة كافية بحيث لا يكون عبداً لما يقوله الآخرون أو يفعلونه.

الاطمئنان إلى الذات : فالشخص المتوافق يتصف بتقديره لذاته وإدراكه لقيمتها، ويكون واقعي لنواحي ضعفه وقوته، وعلى المنزلة التي يستطيع بلوغها، وعلى ما هو متوقع منه، مثل هذا الشخص يعلم حقيقة نفسه ويتقبلها (عبد اللطيف، يوسف عمارة، 1985).

فردية التوافق :

فيما ذهب إليه العلماء والباحثون عن فردية التوافق فقد أوضح (كمال دسوقى)، أن كل ما يذكر عن التوافق النفسي خاص بما هو مشتك بين الناس عموما، فمثلا عندما نقول أن الناس يتعلمون بالمحاولة والخطأ أو التدعيم الشرطي أو عن الاستبصار يدفعهم إلى ذلك الثواب أو العقاب الثناء أو اللوم، التنافس الجماعي أو الفردي، ومعرفة نتائج التقدم تلك هي عموميات نظرية التعلم والمبادئ العامة والقوانين التي يشترك فيها جميع الأفراد والتي لا يخرج عنها تعلمهم التي أكتشفها علم النفس بدراساته إلا إن هناك فروق فردية **Individual differenet** تبرز بين الناس في توافقهم بكل

حركة أو سكنه في نواحي نشاطهم أثر مما تبرز العموميات والقواعد المشتركة. ونلاحظ فردية توافق الأفراد بمجتمعهم من الانطواء والانبساط والسيطرة والخضوع والثقة بالنفس والاكتفاء الذاتي، الموضوعية والتعاون أو اللامبالاة ومشاعر الدونية، حتى الاجتماع أو الخوف من السلطة وهذا مؤداه أن الناس بأجهزتهم العصبية وأعضاء الحس يتحركون ويحسون أي يستقبلون التنبيهات ويستجيبون لها، يدركون ويفكرون ويتعلمون ويتذكرون بدافع فهذا التوافق يثير استجاباتهم وانفعالاتهم التي تلازم إشباعهم للحاجات هذا كله لتسيطر وتوجه (كمال دسوقى، 1979م: ص 251).

أكتسابية التوافق :

فيما يختص باكتسابية التوافق نجد أيضاً (كمال دسوقي) يقول إذا تسألنا عما يجعل الناس متفاوتين في استعدادات توافقهم إلى الحد الذي يجعل أحدهم لا يشبه أقرب الناس إليه، برزت لنا حقيقة الوراثة والبيئة، ومع تأكدنا أن التوافق هدف الإنسان وتعريفه بأنه تكييف الفرد في بيئته عن طريق التغيير والتغير أي الانفعال والفعل. بهذا يكون الفرد دائماً في حالة مواجهة مع بيئته فالبيئة فوق أنها مستودع إشباع حاجاتنا وتحقيق توترات دوافعنا التي يثيرها اللاحاح في طلب هذا الإشباع. فهي أيضا مجال تعلم كيفية التوافق والتدرب على النحو السوي والشخصية السليمة وقدرات العمل والحياة بما فيها من قوى اجتماعية ومؤثرات تربوية تحدها منظمات تنشئة وضبط هي المدرسة والأسرة والملعب أو النادي الثقافي، والمعبد والنقابة والحزب السياسي والحي السكني وما يتصل بكل هذا من عوامل تاريخية ثقافية وطبيعية وجغرافية ومناخية وسكانية بشرية وموارد والقوى في البيئة ويجد في تملكها أو صيانتها أو استخدامها من أجل الإشباع والتوافق وفوق هذا الجانب الوراثي الفطري من هنا نلاحظ أن البيئة لها أبعد مدى في تشكيل قدرات الفرد وتنمية استعداداته الموروثة وفي إبراز الفروق بين الأفراد في توافقهم النفسي والاجتماعي. (كمال دسوقى، 1979م: ص 271)

ديناميكية التوافق :

عن ديناميكية التوافق أو كيفته والمراحل التي يمر بها الفرد حتى يحقق توافقه يرى (محمد عاطف الأبحر) أن توافق الفرد أو سؤ توافقه يعتمد على ضرورة إشباع حاجاته الشخصية والاجتماعية ولا بد من توفر مهارة جيدة لإشباعها والتي تأتى من محصلة ما مر به الفرد من خبرات وتجارب. وكما يوضح أن التوافق يمكن أن يمر بعدة مراحل تبدأ بوجود دافع معين وفي نفس الوقت يوجد عائق يمنع الوصول للهدف، يترتب على هذا القيام بمحاولات للتغلب على العائق وإشباع الدافع. وفي الحالة عدم القدرة على التغلب فأن الفرد يبتعد عن هدفه أو يتخذ هدفاً آخر اكثر سهولة يتبع الفرد لتحقيق هدفه عدة أساليب من السلوك للوصول إلى التوافق فقد يسلك أسلوب الهجوم الذي قد يعبر عنه مباشرة بطريقة مادية أو شعورية، وقد تزيد حدة الانفعالات داخل الفرد فتعمل ضده كعقاب النفس بتقليل قيمتها واحتقارها، الأمر الذي قد يؤدي إلى الانتحار وقد يسلك الفرد سلوكا أخرا مثل الانسحاب واهم أشكاله الخوف،وكما يمكن أن يكون الانسحاب بدنيان كخوف من شخص قوى، أو سيكولوجيا مثل أن يكف الفرد رغباته ويتجه نحو السلبية وهناك أسلوب التوفيق الذي يتمثل في عدم القدرة على اتخاذ أسلوب الهجوم والانسحاب وهو الأسلوب الشائع لدى الناس عند مواجهة أي صراع، حيث الفرد يتبين أهداف أخرى غير ما كان يقصد أو يقلل من طموحه أو يتنازل عن مبادئه ومستويات خلقة أو يستسلم لأحلام اليقظة. (محمد عاطف الأبحر، 1984م : ص70).

معايير التوافق :

ليس هناك أسلوب واحد في الحياة يصلح للجميع وبالتالي لا يوجد معيار واحد للتوافق يتفق علية العلماء وذلك لان التوافق عملية فردية اجتماعية تتأثر بالزمان والمكان والثقافة التي نشأ فيها الفرد بجانب سمات واستعدادت الإفراد وظروف الموقف. ألا أن هناك أساليب مختلفة ومعايير متعددة للتوافق تعبر عن وجهة نظر صاحبها. من هذه المعايير التي اتفق حولها مجموعة من الباحثين معايير تندال (TendeI) (1956م) معايير لازراس Lazerus (1961م) معايير لويس Louise (1965م) معايير

شافروشويت Shaffar & Shoben (1906) معايير مصطفى فهمي (1971م) معايير هيوم. م بل (Huwm.Beii) (1960م).

وسنعرض المعيار الذي يعتبر أهم بدرجة أعلى من غيره في التوافق :

معايير هيوم. بل : أوضح (محمد عثمان نجاتي) أن هيوم. بل. استخدم أربع مجالات للتوافق هي كالآتي:

1- التوافق الانفعالي : وهو أن يكون للفرد متزناً انفعالياً وان يتخذ موقفاً انفعالياً مناسبًا لما يمر به من مواقف.

2- التوافق الاجتماعي : وهو أن يكون للفرد قدرة على اكتساب الأصدقاء وتكوين علاقات اجتماعية مع المحيطين به وان يشعر بالسعادة لوجوده مع الناس اكثر عما إذا كان بمفرده وان يجد سهولة في أن يطلب مساعدة إذ دعت الحاجة وان يقدم للآخرين العون والمساعدة.

3- التوافق المنزلي : أن يعيش الفرد في جو عائلي يسوده الاستقرار والطمأنينة والمحبة.

4- التوافق الصحي : أن يكون الفرد على درجة عالية من الصحة وذلك لان الصحة الجسمية لها تأثير كبير على سلوك الفرد وكلما قلت المشكلات الصحية لدى الفرد زادت درجة توافقه (محمد عثمان نجاتي، 1960م).

اتجاهات التوافق :

للتوافق عدة اتجاهات ذكر (محمد عاطف الأبحر) الاتجاه النفسي ويتناول النواحي الذاتية مثل الشخصية ومفهوم الذات ورضا الفرد عن نفسه والحالة النفسية (محمد عاطف الأبحر،1984م: ص 67). ومن العلماء الذين يسيرون في هذا الاتجاه شمبات (Schamedt)، وسترايب Strib وكاتنر kutner وبولاك Bollack بيكمان Becman وتومبسون Thompeson أما شافر shaffer والمرجع السابق أعلاه،

أن محاولة الفرد للتوافق لإشباع دوافعه وحاجاته تنحصر في ثلاثة مفاهيم هي الدافع، الإحباط الاستجابات المنوعة والحل كما يرى أن كثير من العمليات التوافقية تتم لا شعورياً وما معنى اللاشعوري أنه وظيفي وطريقة من السلوك، فعدم التفكير في موضع مؤلم مثلاً يعتبر أحد وسائل التوافق، الاتجاه الاجتماعي يرى أن البحث في عدم التوافق الفردي يجب أن يتجه نحو التركيبات الاجتماعية التي لم يستطيع الفرد التوافق معها أو فشل في مسايرة الآخرين فيها. ويرى هالفكس (Halfwacks) المرجع السابق أن المشكلة الرئيسية التي تواجه مجتمعاً معقداً هي التوصل إلى الوسائل التي تضمن بقاء التكامل الاجتماعي. كما يلاحظ أن التوافق الإجتماعي يبدو متغيراً خلال الحياة فقد يتوافق الفرد في مجتمع معين ولا يتوافق في مجتمع أخر وهذا يعني عدم وجود حد فاصل بين الفرد المتوافق وغير المتوافق على وجه العموم وأنما هناك مستويات متعددة ولهذا التوافق أي أن هذا الاتجاه يدور حول حياة الفرد وعلاقاته الأسرية والاجتماعية ومن العلماء الذين يؤيدون هذا الاتجاه روث البرست.R. Albrecgt. بيرجس Burgess وهافيجرست المختلفة وإمكانياته السيكولوجية. ويمكن أن تحل المتغيرات السلوكية محل المتغيرات الاجتماعية عند عدم وجود أدوار اجتماعية مخصصة وهذا بالنسبة للمسنين وأن كان هناك على وجه العموم متغيرات اجتماعية ونفسية، وهناك اتجاه آخر يتناول العلاقة بين الفرد وعمله وهو التوافق المهني أيضاً نجد كثير من الباحثين والعلماء مثل (كمال دسوقي)، (مصطفى فهمي)،(هيوم بل)، وتتدل أنهم اتفقوا على أن للتوافق بعدين أساسيين هما البعد الشخصي والبعد الاجتماعي ولكن بتعدد مجالات التوافق تعددت أوجه الحياة التي تحتاج إلى التوافق معها مثل الدارسي، المهني، الاجتماعي،الانفعالي، التوافق الترويحي... الخ (محمد عاطف الأبحر،1984م: ص67) [مصدر سابق]. وسوف يتناول الباحث اتجاهين في هذا البحث هما النفسي والاجتماعي حيث يرتكز عليهما موضوع الدراسة. ويشمل هذان الاتجاهين مجالات متعددة للتوافق منها الشخصي الأسري، الانفعالي، الصحي.

مراحل التوافق النفسي والاجتماعي في فترة اغتراب الطالب :

لتوضيح مفهوم التوافق النفسي والاجتماعي علينا دراسة وتحليل ما يعُرف بظاهرة التثاقف Acculturation أو (التبادل الثقافي)، وتعُرف هذه العملية على أنها : التبادل المشترك الذي يحدث عندما يتصل أفراد من ثقافتين، أو ثقافات متعددة ببعضهم البعض،كما تعرف على أنها : النتائج التي تحصل عندما تتوفر الفرصة للاتصال المباشر والمستمر بين مجموعات من الأشخاص ذوي ثقافات متعددة، وما يتبع ذلك من تغير ثقافي في إحدى هذه المجموعات الثقافية أو فيها جميعاً. ودراسة التثاقف بوصفها ظاهرة علمية بالرغم من نشوئها في مجال علم الأجناس، والتعامل معها كظاهرة تتعلق بمجموعة ثقافية، إلا أنها في الدراسات الحديثة تشما أيضاً دراسة الأشخاص، ومدى ما يتعرضون له من تأثيرات ثقافية عند احتكاكهم بثقافة أو ثقافات مغايرة.

وقد أجريت دراسات كثيرة حول موضوع التثاقف وأثاره على الطلبة المغتربين الدارسين خارج وطنهم. ويدل العديد من هذا الدراسات التي اجريت في غضون العقود الأربعة الأخيرة بوضوح على صدق فرضية ما يعُرف بشكل الانحناء الجرسي فيما يتعلق بالتوافق الذي يمر به الطالب المغترب، تشير هذه الفرضية إلى أن توافق الطالب المغترب في الثقافة التي جاء للدراسة يتبع ثلاث مراحل، لكل مرحلة مظاهرها الخاصة، في المرحلة الأولى تتسم مشاعر الطالب بالإعجاب والتفاؤل مشوبة بالتقييم الايجابي لثقافة وعادات المجتمع المنتقل إليه، وفي المرحلة الثانية تبدأ مشاعر الإحباط وخيبة الأمل من جراء عدم التمكن من تحقيق الأهداف والتوقعات مما يؤدي إلى تطوير مشاعر وتوجهات سالبية ضد مجتمع وثقافة المجتمع المنتقل إليه، وفي المرحلة الثالثة : يصل الطالب إلى نوع من التوافق والتكيف يسمح له بالاحتكاك والتعامل الفعال مع مجتمع وثقافة المجتمع المنتقل إليه (سكوت Scott 1956، موريس Morris 1960، سويل وديفدسن Swell and Davidsen 1961، ديموز 1976، فاهرلاندر Fahrlander 1980، شانديز Shandes 1981) (ورد في دراسات تربوية - المجلد الثامن -الجزء 51، 1993م)

وبالرغم من تشابه هذه المراحل إلا أن الزمن الذي يكفي للمرور بها يختلف من طالب إلى أخر،حسب نوع شخصيته والظروف التي يعيشها فيها، ونوع الدراسة، وعمر الطالب، والجنس، والجنسية ... الخ.

ويمكننا القول أن الطلاب المغتربين يمرون بثلاث مراحل من التوافق والتكيف، كما يتضح من التفصيل الآتي :

1 - تأثر الطلبة كثيراً في الأسابيع الأولى من قدومهم

التوافق في نظر بعض الاتجاهات " النظريات " المختلفة :

الاتجاه السلبي : هذا الاتجاه يلتفت إلى الآثار السلبية لسوء التوافق عند الفرد بحيث إذا وجدنا منها شي عند الفرد حكمنا عليه بسوء التوافق وهذه الآثار السلبية هي " الشقاء النفسي- " للأمراض الجسمية الناشئة عن أسباب نفسية - التصرفات التي تنحرف عن المعايير الاجتماعية المتعارف عليها. العجز عن القيام بالأعمال الأساسية اللأزمة للحياة.

أما التوافق الحسن " السوي " بالنسبة لهذا الاتجاه وفق هذا المعيار هذا المعيار فيعرف بأنه الخلو من هذا الآثار السلبية.

الاتجاه الإيجابي : أنتقد أصحاب هذا الاتجاه أصحاب الاتجاه السلبي بأنهم لم يشرحوا الدلائل على حسن التوافق ويكتفون بالقول بأنه " انتقاء العلاقات الدالة على سوء التوافق " ويؤكد أصحاب هذا الاتجاه على السعي والكفاءة والفعلية على الرغم من أعراض التوتر والضغوط التي تحدث عند الفرد وما التوتر والضغوط العصبية إلا جزء صحي سليم من الحياة ينشأ عنها الكفاءة - الإبداع - تعمق الخبرات.

الاتجاه الإحصائي : يعتمد هذا الاتجاه في تحديد التوافق على مدى الانحراف عن المتوسط الحسابي أو المنوال الإحصائي وهذا الاتجاه يرى أن المتوسط يكون سوياً "Normal" وان أي انحراف عنه يكون شاذا " Abnormal " وفي هذا الاتجاه يتحتم علينا معرفة الخط الفاصل الذي يفرق بين ما هو متوسط وبين ما هو منحرف عن

المتوسط وخاصة في الحالات الطفيفة أي انه اختلاف الفرد عن الغالبية العظمى من الناس فهو بسلوكه هذا يقع ضمن الندرة الإحصائية.

الاتجاه الاجتماعي : في هذى الاتجاه يؤخذ المعايير الاجتماعية كمحددات للسلوك العادي ويصبح السلوك العادي هو ما يتفق والمعايير الاجتماعية في مجتمع معين.

ويعتبر (اولمان وكريسند 1969م، ورد في الأبحر، 1984) من المنادين باستخدام هذا المحك ولعل النقد الموجه لهذه الاتجاه في تحديد العادي من السلوك ما يراه البعض من أن المجتمع قد يكون مريض وعلى الرغم من ذلك فقد ظهرت بعض الآراء التي تنادي بان مفهوم المجتمع المريض غير مقبول علميا وعلى أساس هذا المحك فأصحاب الدعوات الإصلاحية كانوا مغايرين لما هو سائد في مجتمعاتهم فقد كان ينظر إلى دعواتهم قبل أن تشيع وتنتشر على أنها أراء غير مقبولة من قبل غالبية أفراد المجتمع أي حسب هذا المحك فان سلوكهم غير عادي و بالتالي غير سوي وهو تبني الفرد سلوكاً يختلف مع المعايير الاجتماعية. النقد الأخر يذهب إلى اعتبار الموافقة الاجتماعية المكون الأساسي للصحة النفسية في هذا المعيار والرد على ذلك بأنه لا بد من درجه من الموافقة الاجتماعية لازمه وضرورية لاستقرار واستمرار المجتمع ويصبح ذو الصحة النفسية السليمة في هذا المعيار هو ن أن يلتزم بما التزم به الآخرون أو هو من يقوم بالدور الاجتماعي المحدد له بدقة وإتقان (عبد الغفار، عبد السلام، 1979م). والاتجاه الاجتماعي أيضا محك نسبي كغيره من المحكات الأخرى وهكذا يبد أن كل محك من المحكات السابقة يمثل وجهة نظر جزئيه ويتكامل مع بقية المحكات للتميز بين السوية وغير المسوية وان من الخطاء الاكتفاء بمحك واحد وبهذا نستطيع أن نقول أن السلوك غير السوي هو توافق ينتج عن صراع بين حاجات الفرد وحاجات البيئة مما يعتبره البعض نتاجا لعملية تعلم فاشلة، فالذي يفهم التحليل النفسي ـ من الناحية الديناميه والوظيفية ؛ تفهمه السلوكية من زاوية التشريط والعادات فجميع الاضطرابات ترجع إلى إتلاف الأسباب النفسية والفسيولوجية (مخيمر، صلاح، 1979م).

وفي هذا الجزء سنحاول قدر الإمكان استعراض هذا النظريات التي تحدثت عن التوافق من منظور الصحة النفسية وهي كالآتي :

نظرية التحليل النفسي :

قدرة " الأنا " على التوفيق بين غرائز الـ " هي" و " الأنا الأعلى " إذ يعتبر سلوك الإنسان – من وجهة نظر مدرسة التحليل النفسي – نتيجة للتفاعل الحادث بين ثلاثة أجهزة في الشخصية هي على التوالي :

جهاز : " الهي " ID

ويتكون هذا الجهاز من الدوافع البيولوجية التي تنقسم إلى نوعين، دوافع الحياة وهي الدوافع الجنسية أساساً، وهذه تكون بدورها الطاقة الأساسية للحياة ويطلق عليها مفهوم " الليبدو ". أما النوع الثاني من الدوافع فهي دوافع الموت والتحطيم مثل الدوافع العدوانية. ويعمل جهاز " الهي " على أساس تحقيق اللذة وأبعاد الألم فهو يطالب بالإشباع الفوري لما يحتويه من دوافع بيولوجية، ويتصف بالأنانية وعدم قدرته على أخذ الاعتبارات الاجتماعية في الحسبان ولا يرتبط بالواقع.

فالـ " هي " تحوي مجموعة من القوى أو النزاعات بصورة خُلقية، وغير منطقية، وغير منتظمة، وغير شعورية، وهي تندفع بقوة لتحقيق أول المبادئ التي يسير عليها سلوك الفرد حيث تسيطر الـ "هي" على الشخصية فقبل أن تنشأ الأنا أو الأنا الأعلى نجد الطفل يسعى إلى إشباع ما يشعر به من حاجات ورغبات. وهذا المبدأ لا يستمر طويلاً في توجيه سلوك الفرد، بل سرعان ما تظهر مبادئ أخرى، ويظهر هذا المبدأ في حياة الراشدين حين تضعف الرقابة كما في أحلام النوم، وفي الخيالات وفي أحلام اليقظة، أو في حالات المرض النفسي أو المرض العقلي مثلاً، حيث ينهار الأنا أو يضعف، فتعود للـ " هي" سيطرتها على السلوك.

الهو " Id " اعتبر فرويد الهي أو الهو الجانب الأساسي للشخصية وفي رأيه أن المولود الجديد مكون كليةً من الهي، والهي هي جملة للطفل وان كل ما يحمله معه إلى الدنيا حين نزوله وهي خزن الطاقة الجنسية المحدودة المتاحة للفرد والتي أطلق عليها فرويد اسم " الليبدو " ولقد دخل فرويد الغرائز الإنسانية ضمن مفهوم الهي واهم غريزتين عنده هما : - الجنس، والعدوان ووظيفة الهي الرئيسة هي الحفاظ على الكائن في حالة

مريحة أو في حمالة أدنى من حالات التوتر وهكذا تسعى الهي إلى الإشباع السريع للجوع حتى تعود بالكائن إلى حالة الارتياح. فهي تعمل بمدى اللذة وهو المبدأ الذي يحكم نشاط الهي حتى مرحلة البلوغ أو الرشد. وتتم غالبية الهو في المستوى اللاشعوري وتؤثر على السلوك الواضح دون أن يعي الإنسان بها.

" الأنا " Ego " جهاز ينشأ نتيجة التفاعل بين الكائن وبيئته، أي بين الرغبات التي تتطلب الإشباع وبين الموانع التي تضعها البيئة. ونشاط " الأنا " شعوري ووظيفته حفظ توازن الشخصية والدفاع عنها. وقد نشأ " الأنا " أصلاً لينظم إشباع غرائز " الـ " هي "، وحتى لا تصطدم مع الواقع الخارجي، أو مع الأنا الأعلى.

وتعمل " الأنا " على أساس مبدأ الواقع، وهي تستخدم ما لديها من إمكانات عقلية على نحو يؤدي إلى تحقيق أهداف الـ " هي " وقد تضطر " الأنا " إلى كبح جماح الـ " الهي " وارجاء إشباع الدوافع الفطرية حتى يحين الوقت المناسب. (سليمان، عبد الرحمن سيد، 1996م : ص ص 19 - 21).

الأنا " Ego " فلا تكون موجودة عند الميلاد وإنما تنمو مع تفاعل الفرد مع البيئة ووظيفتها هي تنمية السيطرة العضلية الحسية على الجسم وتضيف فهم العالم الخارجي للفرد. والحقيقة انه بجب أن يتعلم أن يجد في العالم الخارجي ما يتفق مع الصورة الموجودة في الذهن ويشبع حاجته وعملية المقارنة والموازنة هذه يشار إليها بعملية التوحد أو التعيين هذه هي التي تفصل الأنا عن الهي.

فإذا كانت الوظيفة الأولى للهى هي إشباع حاجات الكائن دون اعتبار لمقتضيات الواقع فان الأنا تنمو من الهي بسبب حاجة الكائن لمعالجة وقائع العالم. ويكون هدف الأنا هو التوسط بين مبدأ اللذة الذي تعمل الهي بمقتضاه يكون مبدأ الواقع وهي تحاول أن تتحكم أو تمسك بالطاقة فال تصرفها ألا إذا لاح في العالم الخارجي موضوع أو هدف ملائم لإشباع الحاجة.

والجهاز الثالث من أجهزة النفس - الأنا الأعلى " Super Ego " :

يتكون الأنا الأعلى نتيجة لما تتعلمه " الأنا " من محرمات وقيم خلقية، والأنا الأعلى هو ما نطلق عليه بصفة عامة " الضمير "، وهو يختص بما هو صواب وما هو خطأ. (سليمان،عبد الرحمن سيد،1996م: ص ص19 - 21) والأنا الأعلى " Superego " تكون عملية التوحد هامة بالنسبة لنمو الأنا فهي هامة أيضا بالنسبة لنمو الأنا الأعلى. فأول موضوعات العالم الخارجي التي تشبع حاجات الطفل هي أبواه وخلال المراحل الأولى من نموه يتعلم الطفل أن التعبير المباشر عن انفعالاته ونوازعه لا ينظر إليه من حوله من الأشخاص المهمين في حياته يرضى أي أن والدا الطفل يعملان على إدخال النظام في حياته من خلال عمليات الثواب والعقاب فيتعلم الطفل أنواع السلوك المرغوب فيها وأنواع السلوك غير المرغوب فيها وباستمرار تلك العملية خلال نمو الطفل المبكر نجد الأنا على الطفل يتبنى عادات الآباء وقيمهم فحسب بل عادات وتقاليد وقيم المجتمع كذلك، وتصبح كلها جزاء من الأنا الأعلى. والانا الأعلى هن نوع من التحكم الفردي الداخلي فعندما يكون سلوك الطفل ملائما حتى ولو لم يكن هناك من يراقبه فإننا نقول أن الأنا الأعلى قد ظهر وقد اعتبر فرويد الأنا الأعلى مكونا من نظامين فرعيين - الضمير - الأنا المثالي.

الضمير - هو ذلك الجزء من الأنا الأعلى الذي يمثل الأشياء التي يعتقد الفرد انه لا يجب عليه أن يعملها.

الأنا المثالي - يمثل الأشياء التي يود الفرد أن يكونها.

وغالبا ما يجد واحدا من هذين النظامين نفسه في صراع مع دفعات الهي ويجب التركيز هنا على أن جانبا كبيرا من هذا المحكم يحدث في الجزء اللاشعوري من العقل وبذلك لا يكون داخلا في وعي الإنسان، ويرى فرويد أن شخصية الفرد تتشكل أساسا خلال السنوات الخمس الأولى حياته وإلا أن نمو لشخصية ينشا عن محاولة الفرد تعلم أساليب جديدة لتخفيف التوتر الناشئ من مصادر رئيسة أربعة هي عمليات النمو

الفسيولوجي الاحتياطات والصراعات والأخطار أو التهديدات لقد اعتقد فرويد أن الشخصية تنمو نتيجة لعاملين رئيسيين هما : -

أ. النضج : هو الذي يحدث مع حركة الفرد خلال النمو الطبيعي.

ب. تعلم الفرد : أن يتغلب على قلقه وتوتره الذي ينشا من الصراع والإحباط والتهديد فالاضطراب في السلوك ينشا عن اختلاف في قيام الفرد بوظائفه.

وهناك مساران يؤدينه إلى ذلك الاضطراب هما :

1- اختلاف الحركة بين الأنا والهي والانا الأعلى.

2- تعلم غير ملائم في مرحلة الطفولة.

وتنمو الشخصية بتعلم الفرد كيف يقوم بالتوحد الاستبدال والميكانيزمات الدفاعية هذه الميكانيزمات ترمي إلى أعاده توجيه الدفاعات الأصلية إلى موضوعات اكثر إمكانا وقبولا. يحدث هذا التطور للصحية بطريقة منتظمة ويدور حول مناطق من الجسم يستمد فيها الفرد لذة ونمط الصحية عند فرويد نمط دينامي تتناول فيه التأثيرات على الدوام والانا الهي والانا الأعلى ويكون ذلك التفاعل مسئولا عن الطرق الذي تنمو فيه الشخصية والصحة النفسية الحسنة فالإنسان الذي يتمتع بصحة نفسية يكون قادرا على ضبط غرائزه ودوافعه ولا يسمح للقيام المثالية بعزله عن واقعة وعن الإشباع فان الفرد الذي يتمتع بصحة نفسية يقوم بالإشباع بشكل قانوني متزن وان تكون هذه الإشباعات بعيدة عن الحيل الدفاعية اللاشعورية أن تكون واقعية. (عبد الغفار،عبد السلام، 1979م).

الفرويديون الجدد :

في إطار نظرية التحليل النفسي هناك تلاميذ فرويد الذين طوروا نظريته ومن هولا يونج " Young " الذي اعتبر" الهو " ليس فقط مستودعًا للغرائز والدوافع البدائية الفردية إنما هو مخزن للتراث الثقافي الإنساني وبكبت هذه المحتويات خصائص الغرائز

والدوافع.البدائية الفردية من حيث قدراتها على التأثير في سلوكيات الفرد سلبا وإيجابا وبهذا تصبح الطاقة الجنسية مجرد عامل واحد أمام هذا الكم الهائل من التراث الإنساني أطلق عليه يونج اللاشعور الجمعي وبالتالي ربط الصحة النفسية بسلامة المعتقدات التي تؤدي ألي التي لها دور إيجابي في حياته أما إذا كانت تلك المعتقدات التي يؤمن بها والني لها دور إيجابي في حياته أما إذا كانت تسلك المعتقدات تتعارض مع ما تعارف عليه المجتمع فإنها بلا شك ستؤثر على الصحة النفسية خاصة عندما نجد أن هذه المعتقدات لا تؤدي الوظائف المرغوب فيها من طرق الاجتماع.

ادلر " **Adler** " فقد تحدث عن مركب النفس ويعتقد أن هذا المركب هو المفسر الوحيد من سلوكيات المشاهدة فالفرد الذي يجد ويجتهد بشكل مبالغ فيه يحاول أن يعوض نقص خلقي واجتماعي واقتصادي.

فروم " **Froom** " وسوليفان " **Suyivan** " وكارين هورني **Kiarenho** " واتواررنك "**Ohoranik**" اريكسون " **Ericsson** "

ذهب هذا التيار إلى القول أن الاضطرابات النفسية مرتبطة أساسًا بظروف الفرد الاجتماعية والاقتصادية وكذلك بظروف ومحتوى عملية التنشئة الاجتماعية فالفقر والتفكك الأسري وإهمال الطفل أو رفضه والضغوط الاجتماعية والتفاوت الحاد بين الطبقات الاجتماعي هي المسئولة عن ما يلاقي الفرد من اضطرابات مما ينعكس سلبًا على صحته النفسية (عودة، محمد مرسي، 1970م: ص 142).

وفي ضوء ما تقدم فان الصحة النفسية كما يراها الفرويديون هي قدرة " الأنا " على التوفيق بين أجهزة الشخصية المختلفة ومطالب الواقع آو في الوصول إلى حل للصراع الذي ينشأ بين الأجهزة بمطالب الواقع. (عبد الغفار، عبد السلام، 1979م).

ومما سبق ترى مدرسة التحليل النفسي أن التوافق هو قدرة الفرد على أن يقوم بالعمليات العقلية والنفسية والاجتماعية على احسن وجه ويشعر بالرضى والسعادة فال يكون خاضعا لرغبات " الهو " ولا لقسوة " الأنا الأعلى " وعذاب الضمير ويتحقق ذلك إذا توزعت الطاقة النفسية " اللبيدو " توزيعا سليما بحيث تكون الأنا قادرة على

تحقيق التوازن بين متطلبات الهو وتحكم " الأنا الأعلى " ومقتضيات الواقع وهذا يتحقق للفرد الذي ينشا فيه أسرة سوية يتم الحوار بين أفرادها بطريقة منطقية وتنعم بالحب والحنان لتنشا الشخصية السوية وبرى مدرسة التحليل النفسي أن الإنسان لا يستطيع أن يصل إلى تحقيق جزئي لصحته النفسية إذ لا يستطيع الإنسان أن يحصل على السعادة والتقدم معا. (عبد الغفار، عبد السلام، 1979م) [مصدر سابق].

النظرية السلوكية (The Behavior theory)

أ - السلوكية الكلاسيكية :

في حوالي سنة 1912م استعملت كلمة " بيهافيورسم " Behaviorism " لتدل على نظرية يرى أن علم النفس يقوم على ملاحظة السلوك، ولقد أحدثت هذه المدرسة كميات هائلة من الأبحاث جرت في الولايات المتحدة وحسب الذهنية الأمريكية - حيث الانتفاع من المختبرات المثيرة القائمة وهذا ما أسرع في جعل المدرسة السلوكية فادحة الغنى من حيث التجارب والدراسات (زيعور، علي، 1982م ص 183- ص 194 ص 198)، ويعتبر أصحاب هذه النظرية أن الاضطرابات النفسية هي نتيجة التطام أو صراع بين الاستجابات الإيجابية أو الاستجابات السلبية، أو بي العمليات المؤدية إلى النشاط والمعمليات المودية إلى كف عن النشاط كما يرون أن سوء التوافق في مواجهة الموقف الجديدة يرجع إلى عدم القدرة على الاستجابات القديمة وتعلم استجابات اكثر مواءمة مع حياة الفرد. (عبد الغفار، عبد السلام، 1979م).[مصدر سابق]

المسلمات الرئيسية للمدرسة السلوكية :

إنها تعميم لمبادئ قليلة وهي تفسير واحدة - من هنا كان ونتيجة لتطور المدرسة نبذ الوعي نبذًا منهجيًا وما يواكب الوعي من حوادث ذهنية " لكنهم يفضلون تجاهل هذه الحوادث اكثر مما ينفونها "

ومع تشديدها على الاستمرارية بين الحيوان والإنسان فقد وضعت مكان الثنائية الشمولية جسم - روح ثنائية أفقية وهي وسط - جسم أو مثير - استجابة وركزت بالتالي على تكيف الجسم مع الوسط في سبيل الحياة " تأثير دارونيا واضح هنا - أو البيولوجية الدارونية ".

أن طريقة عمل الجهاز العصبي تؤدي بالحواس كاملة ووظيفة هذا الجهاز تنسيقي بحتة ويقوم الجهاز العصبي المعقد الموجود في الدماغ بترجمة ما يجلبة

الحواس ومن ثمة يتحرك السلوك. يتم تكيف الجسم مع وسطه بموجب ردود فعل يستجيب بها أو يرد بها الجسم الزوجان مثير - استجابة هما العبير عن هذا التفاعل بين الجسم والوسط. والمنعكس هو النموذج الابسط لهذا التفاعل.

علم النفس في المدرسة السلوكية هو علم التفاعلات المتبادلة لدى الإنسان العادي الحي - الواقعي مع وسطه الفيزيائي والاجتماعي انه علم علمي وهو ممارسة التنبؤ والتوقع. انه يعمل على أن نعرف سلوكنا قبل وقوعه وان نرقب ذلك السلوك. (زيعور، علي، 1982م ص183-ص 194 ص 198) [مصدر سابق].

الافتراضات حول اكتساب السلوك التوافقي :

1- الافتراض الأول : يذهب إلى أن فل الفرد في تعلم سلوكيات ناجحة تمكنه من التوافق الناجح مع نفسه ومجتمعه يعتبر عاملا أساسيا في اختلال صحته النفسية.

2- الافتراض الثاني : يذهب إلى أن نجاح الفرد في اكتساب سلوكيات ضارة سواء كان هذا الضرر واقعا على الفرد نفسه أو على مجتمعه فانه لن يتوافق بالشكل المطلوب لا مع نفسه ولا مع المجتمع فاختلا ل التعلم يكون هو سبب في اختلال صحة الفرد.

3- الافتراض الثالث : يذهب إلى أن تعرض الفرد المثير ما بحيث يستثير لديه استجابتين متناقضتين يخلق لديه حالة من القلق العام يؤثر سلبا على صحته النفسية (كفافي، علاء الدين، 1990م).

ب - السلوكية الحديثة :

ليس الكائن الحي آلة. ولا يمكن أن تعرف على أنها أشياء فيزيائية لا المثيرات وال ردود الفعل. فمثلا ليست المثيرات هي ذاتها لدى كل فرد. أن

للمثير معنى وله قيمة تختلف باختلاف الأفراد من هنا جاءت المدرسة السلوكية الحديثة لتخفف من شطط النزعة الميكانيكية في تفسير السلوك وفي الاستجابة العضوية فقد ادخل السلوكيين المحدثون مفاهيم جديدة هي : ليس الوسط فيزيائيًا صرفًا " ولا يوصف كما توصف الأشياء الفيزيائية " بل هو وسط ذو قيم ومعان. أنة ذاتي نفساني كسلوك العالم المحيط ثم أن كلمة محيط هذه هي تجاوز نفساني لا فيزيائي فالحوادث البعيدة فيزيائيا – ليست العلاقة بين المثير والاستجابة علاقة ميكانيكية، بالعكس هي بنظر السلوكيين الحديثين علاقة بين   (مشكلة) وبين حل لكل سلوك معنى – ويتكيف كل سلوك حسب كمتطلبات موقف ما تكيفا بصورة ذات مغزى وذات معنى فحتى الانتماء ليس سلوكا ميكانيكيا صرفا وليس رد الفعل حتى عند الحيوان ردا أعمى وميكانيكيًا. ليست السلوكية الحديثة تجزيئية – ذراتية – أي أنها لا ترى في السلوك جمعًا ميكانيكيًا لعناصر منعكسات صغيرة مستقلة " ذرات " السلوك يبـدأ بمثابة مجموعة ردود فعل متكيفة حسب موقف كل جزء من رد الفعل يخضع للكل وللمجمل من التكيف للكائن الحي.

ليس الجسم العضوي " سلبيًا تلقائيا – أتوماتيكيا " يتلقى فقط – وانما   هو فعال يسعى لأن يتكيف ولا يفسر بفعل الوسط فالوسط والجسم يفسران سويا مع بعضهما البعض معا جميعا برميتها (زيعور، علي، 1982 م، ص183- ص 194ص 198). [مصدر سابق].

لقد حدث تطور في أفكار المدرسة السلوكية الكلاسيكية مع ظهور كل من – هل – سكنر – ميللر - وغيرهم، قد راجع هؤلاء العلماء – الاستجابة في المدرسة السلوكية الكلاسيكية وعلية فان المعادلة السلوكية بالنسبة لهم لا بد أن تتكون من ثلاثة أبعاد هي : المثير – الكائن الحي - " الخبرات " - الاستجابة فهذه الإضافة تعيد للإنسان دوره الأساسي في الناتج النهائي للسلوك فالسلوك المضطرب ليس نتاج ميكانيكي لظروف

بيئية إنما هو نتاج تفاعل ديناميكي بين الفرد وإمكانيات البيئة (كفافي، علاء الدين، 1990م).

وعلى ضوء ما سبق يمكن القول أن التوافق يتحقق للشخص الذي استطاع أن يكون عادات سوية تبحث من خلاله ارتباطات بين مثيرات حسية واستجابات جسمية وعقلية والانفعالية واجتماعية ودعمت بالإثابة وتكرر فتكونت عادة، والشخصية ليست ألا جهاز العادات التي اكتسبها الفرد. والسلوك الإنساني بهذا الشكل تحدده الأهداف التي يضعها الأفراد أو المجتمع لنشاطهم وتنمو دوافع الإنسان السلوكية من خلال الخبرة وبالتدريج ينشئ الفرد لنفسه مجموعة من الدوافع والحاجات المتميزة وخلال نموه في الحياة يقيم الفرد لنفسه شبكة من الدوافع أو الحاجات تهدي سلوكه وتتراوح من الخصوصية الدقيقة كالحاجة إلى حب الأمومة وحب العمومية الشاملة كالحاجة إلى العلاقات الإنسانية الطيبة. وبما أن الشخصية هي نتاج للتعلم فان أنواع السلوك الشاذ أو غير المتكيف يتم تعلمها فشخصية الفرد تتكون من العادات الإيجابية السلبية والعادات السلبية يتم تعلمها بنفس الطريقة التي يتم بها تعلم العادات الإيجابية أو عن طريق تعزيزها. أن الشخصية السوية عند السلوكيين رهنه بتعلم عادات صحيحة سليمة تجنب اكتساب العادات السلوكية غير الصحيحة أو غير السليمة والصحة والسلامة هنا تتحدد بناء على المعايير الاجتماعية السائدة والمحيطة بالفرد وبذلك فان مظاهر الشخصية السوية عند السلوكيين هي أن يأتي الفرد بالسلوك المناسب في كل موقف حسب ما تحدده الثقافة التي يعيش في ظلها الفرد (القرشي، عبد الفتاح، 1993م).

الاتجاه الإنساني :

ظهر هذا الاتجاه كرد فعل للنظريتين الأساسيتين في علم النفس " التحليل النفسي - السلوكية " ويقوم هذا الاتجاه على رفض المسلمات التي تقوم عليها نظرية التحليل النفسي والسلوكية أي أن هذا المذهب يرفض تصور الإنسان كجهاز طاقة يبحث عن حالة التوازن من حيث توزيع الطاقة على أجزائه المختلفة وان ازدياد في مستوى الطاقة يؤدي إلى خلل هذا الاتزان كما يرفض تصور الإنسان جهازًا آلياً إذا أثير أي جزء منه تحتم عليه أن يقوم بسلوك معين

ويمكن التنبؤ بهذا السلوك (عودة، محمد مرسي، 1970م : ص 143). [مصدر سابق] وحسب هذا المذهب فالإنسان يتميز عن الحيوان بالحرية أو المسئولية والإبداع.

فهذا المذهب يقدم نظرة متفائلة عن الإنسان وحياته ومستقبله، ويرى أن الإنسان كائن خير بطبيعته وان آتي بشراً يكون نتيجة رد فعل لما يواجهه من صعوبات وتحديات وإحباطات لفرد حر يختار من الحياة الأسلوب الذي يتناسب معه والذي ينفرد به عن غيره. وحرية الإنسان هنا محدودة فهناك مواقف لا يستطيع فيها الاختيار والإنسان دائما في نمو وتطور يدفعه إلى نشاطه الدافع إلى تحقيق الذات، وأن مفهوم الذات يبدأ في التكوين منذ اللحظة الأولى التي يبدأ فيها الطفل باستكشاف أجزاء جسمه. انها تبنى من خلال أفكاره وشعوره وأعماله وخبراته (عبد الرحمن عدس، ومحي الدين توق، 1997م: ص 425).

ومن أنصار هذا الاتجاه كارل روجر" Carl rogers " وإبراهام ماسلو " Abram " جوردن البرت " Gordou Albert ".

كارل روجرز " Karl Rogers " يرى أن الذات الموجود داخل الفرد لا يمكن الوصول إليها لمعرفة أسباب السلوك الإنسان ألا من خلال ذات الفرد.

الذات عند كارل روجرز :

وقد حدد ذات الإنسان في أنها المحرك الأساسي للسلوك لأنها تعتبر حجر الزاوية في بناء شخصية الفرد وتتكون الذات عند كارل روجز من : -

1- الذات الواقعية : هي مجموعة القدرات والإمكانيات التي تحدد الصورة الحقيقية للفرد.

2- الذات الاجتماعية : هي مجموعة مدركات وتصورات يحملها الفرد من خلاله تعامله مع المجتمع.

3- الذات المثالية : هي مجموعة أهداف وتصورات مستقبلية يسعى الفرد للوصول إليها.

التوافق مع الذات :

إذا اتفقت الذات الواقعية للفرد مع الذات الاجتماعية والذات المثالية، فانه يشعر بتوافق مع نفسه ومع المحيط الذي يعيش فيه الفرد. أما إذا كان هناك تنافر وعدم تطابق بين الذوات الثلاث فان سوء التوافق وعدم الاتزان هو الذي يسود في حياة الإنسان مما يدفع إلى إيجاد أسلوب أو طريقه قادرة على تبني التوافق داخل الفرد (الحياني، عاصم محمود ندا، 1989م).

وقد وضح روجرز نظريته في الشخصية في ثمان عشرة نقطه وهي على النحو التالي :

1. أن الفرد يعيش في عالم متغير من خلال خبرته يدركه ويعتبره مركزه ومحوره.

2. يتوقف تفاعل الفرد مع العالم الخارجي وفقًا لهذه الخبرة وإدراكه إياها وهو ما يمثل الواقع لديه.

3. يكون تفاعل الفرد واستجابته مع ما يحيط به بشكل كلي ومنظم.

4. يناضل الفرد من اجل إثراء خبرته والاستزادة منها لتحقيق توازنه.

5. أن سلوك الفرد يهدف إلى محاولة إشباع حاجاته كما خبرها أستوعبها في مجال إدراكه.

6. يكون هذا السلوك المستهدف مصحوبا بإحساس عاطفي يحركه وان شدة العاطفة تعتمد على أهمية السلوك في المحافظة على الفرد وزيادة نشاطه.

7. أن أفضل من يدرك سلوك الفرد هو شعوره الذاتي.

8. أن جزءاً من الإدراك الكلي يصبح بالتدريج مكونًا لذات الفرد.

9. تفاعل الفرد مع المحيط الخارجي ومع الآخرين يؤدي إلى تكوين الـذات بشكـل منظم، ومرن، لكنها ثابتة في إدراكها للصفات وربط الأنا بالقيم المرتبطة بها.

10. القيم المرتبطة بخبرات الفرد والتي هي جزء من مكونات الذات ناتجة عن خبرات عايشها الفرد ذاته أو مـأخوذة عـن الآخـرين تخـزن حتـى تصبـح وكأنها خـبرات حقيقية عايشها الفرد ذاته.

11. الخبرات التي عايشها الفرد أما تُدرك وتُنظم فيصبح لا معنى وترتبط بالـذات أو تهمل لعدم وجود أية علاقة تربطها بمكونـات الـذات أو أنها تكـون ذات معنـى سلبي، لعدم توافقها مع مكونات الذات لدى الفرد.

12. معظم الأساليب السلوكية التي يختارها الفرد تكون متوافقة مـع مفهـوم الـذات لديه.

13. بعض أنواع السلوك التي تنتج عن خبرات الفرد وليس لديه معنى لها تكـون غـير متوافقة مع مفهومه لذاته ولا يتمكن الفرد من التحكم بها.

14. التكيف النفسي يتم عندما يـتمكن الفرد مـن اسـتيعاب جميـع خبراتـه الحسـية والعقلية واعطائها معنى يتلاءم ويتناسق مع مفهوم الذات لديه.

15. سوء الكيف والتـوتر النفسي ـ ينـتج عنـدما يفشـل الفـرد في اسـتيعاب وتنظيـم الخبرات الحسية والعقلية التي يمر بها.

16. الخبرات التي لا تتفق مـع مكونـات ذات الفـرد تعتـبر مهـددة لكيانهـا، فالـذات عندما تواجهها مثل هذه الخبرات تزداد تماسكًا وتنظيمًا للمحافظة على كيانها.

17. الخبرات المتوافقة مع الذات يتـفحصها ثم يستوعبها، وتعمل الذات على احتوائها وبالتالي تزيد من قدرة الفرد على تفهم الآخرين وتقبلهم كأفراد مستقلين.

18. ازدياد استيعاب الفرد لخبراته يساعده على استبدال قيمه وتصحيح بعض المفاهيم الخاطئة التي تم استيعابها بشكل خاطئ وأدت لتكوين منهجًا أو سلوكًا خاطئا لدى الفرد.

سمات الشخصية غير المتوافقة :

1 - الغرابة : " **Estrangement** " يرى روجرز أن هذا التصور مأساوي للفرد يحدث مبكراً في الطفولة حيث يتعلم الفرد بعض القيم التي تؤدي به إلى أن يصبح غير أمين مع نفسه فلا يعود صادقا مع نفسه ولا مع تقييمه الكياني الطبيعي للخبرة لانه من اجل أن يحتفظ بالتقدير الإيجابي للآخرين يزيف بعض قيمه ولا يدركها ألا في ضوء تقدير الآخرين له ولما كان فقدان التقدير الإيجابي ذا أهمية كبيرة عند الطفل فانه يبدأ في تكوين شروط التقدير والتي يؤدي في النهاية إلى عدم الاتساق بين الذات وبين الخبرة ومن هنا تتوفر ظروف المناعة أو وجود نقطة الضعف وعدم التوافق النفسي.

2 - عدم اتساق السلوك : نتيجة لنشوء عدم الاتساق بين الذات والخبرة ينشا عدم الاتساق في السلوك ؛ فسوف يكون بعض سلوك الفرد متسقًا مع تصوره لذاته ويعمل بالتالي على تدعيم وتوثيق تصور الذات " عملية تحقيق الذات " بينما يكون البعض الآخر قائماً على أساس شروط التقدير ولن يساعد

على توسيع وتدعيم تصور الذات وإنما سوف يدعم ويوسع تلك الجوانب من خبرة التي ليست جزءاً من بناء الذات. ولكي تحتفظ الذات بدعمها لنفسها فسوف تحرف من الخبرات وتنكر اعتبارها جزءا من خبرتها.

3 - القلق " **Anxiety** " : إذا لم يتعرض سلوك الفرد إلى التحريف أو الإنكار و إنما يتم ترميزه بدقة في وعي الفرد فان تصور الذات سيتعرض لعدم الاتساق وتنشأ مشاعر القلق إذا تنتهك شروط التقدير وتحيط الحاجة إلى اعتبار الذات.

4 - ميكانيزمات الدفاع : تعمل على أن تجعل إدراك الخبرة متسقاً مع بناء الذات ويتم هذا عن طريق الإدراك الانتقائي أو تحريف الخبرة الواقعية أو إنكار الخبرة على الوعي فالحاجة إلى خداع الذات تنشا بسبب حاجة أقوى وهي الاحتفاظ باعتبار الذات

والصعوبات التي تواجهه مكانيزمات الدفاع هي انه لا السلوك الفعلي المؤدي إلى القلق أو إلى تهديد الذات ولا الظروف التي دفعت الفرد إلى إنكار أو تحريف خبرته تتغير من الناحية الواقعية ويكون الفرد مجبراً على نمط من السلوك غير مرن ولا توافقي.

5 - السلوك غير التوافقي : نحن نستخدم جميعا بعض الدفاعات بدرجة أو بأخرى لحماية صورة الذات لدينا فإذا كان لدى الفرد درجة عالية من عدم الاتساق بين تصوره لذاته وخبرته ويواجه فجأة بعدم الاتساق هذا في موقفه خبرة لا يستطيع إنكاره أو تحريفها، فأن علمية الدفاع لن تستطيع معالجة الموقف مما يؤدي به إلى القلق، ويتوقف مدى هذا القلق على درجة تهديد الموقف للذات فإذا لم تفلح ميكانيزمات الدفاع واصبح من غير المستطاع تحريف أو إنكار الخبرة ويختل توازن اتساق الذات في هذه الحالة فإن الفرد سيسلك أحياناً بما يتفق والخبرات التي سبق إنكارها أو تحريفها بما يتفق وتصوره للذات. (القاضي، يوسف مصطفى، وآخرون، 1981م).

وطبقاً لهذه النظرية فان الفرد لا بد وان يصل بامكانياتة إلى وذلك فالفرد ليس مجرد كائن سلبي مستقبل لتغيرات البيئة وما علية إلا أن يعدل من نفسه لكي يتوافق وإياها وإنما علية أن يقوم بدور إيجابي للسيطرة على القوى الاجتماعية المحيطة به وان يعبر عن أعلى درجة من درجات قدراته. (العيسوي، عبد الرحمن، 1993م).

ويحدد روجرز بان الفرد لا يتصرف بطريقة تناقض مفهومه عن ذاته، فمن يدرك نفسه كمتفوق يرحب بمواقف التنافس بعكس ما يحدث ممن يدركون أنفسهم كمتخلفين أو عاجزين ولكن الذات ليس المحدد الوحيد للسلوك حيث يقرر روجرز انه قد يصدر السلوك عن خبرات وحاجات عضوية لم تصل إلى مستوى التعبير الرمزي، وربما لا يتسق هذا السلوك مع بناء الذات، أي أن الذات من ناحية والحاجات العضوية للكائن من ناحية أخرى هما اللذان يحددان سلوك الفرد. فإذا عملا معًا استطاع الفرد أن يحقق التوافق النفسي إما إذا تعارضا فإن الفرد يعاني من صراع ويقع فريسة للمرض النفسي. (كفافي، علاء الدين، 1990م) [مصدر سابق].

فالصحة النفسية في هذا المذهب تعني مدى تحقيق الفرد لإنسانيته تحقيقا كاملا وهذا لا يأتي إلا بممارسة الفرد لحرية يدرك مداها وحدودها وتحمل مسئوليتها أي أن يكون

الفرد قادرا على التعاطف مع الآخرين وكذلك على حبهم وأن يكون ملتزمًا بقيم عليا مثل الحـق، والخير، والجمال وان يشبع حاجاته الفسيولوجية إشباعًا متزنًا (عـودة، محمـد مـرسي، 1970م : ص 142).

إذ يقوم تصور مفهوم التوافق عند أصحاب الاتجاه الإنساني على تحقيق الفرد لذاته وإنسانية أو ان الفرد إذا شعر بالتهديد والعجز عن إشباع حاجاته ومواجهـة مشـكلاته فانـه لا يستطيع أن يحقق ذاته ويصبح سيئ التوافق.

ويعبر التوافق عن نفسه في ظهور سمات شخصية سوية مثل الانبساطية، والاتـزان الانفعالـي، والرغبة في العمل، والتسامح، وقبـول الـذات والآخـر ... وغيرهـا مـن سمات الشخصية، أمـا سـوء التوافق أو (التوافق السيئ) فيعبر عن نفسه في سمات شخصية غير سوية مثل العدوانيـة، والعزلـة، والانطواء، والكراهية للذات، والحقد، والحسد ... وغيرها من السمات غير السوية، ولقد أظهـرت دراسات عديدة أجريت حول الموضوع - مثل دراسة (عوض، 1983م) الـذي أثبتت وجـود ارتبـاط عالٍ بين التوافق السوي وبين سمات الشخصية السوية، كما أظهـرت دراسـات أخـرى (كمـير، 1992، تارش، 1985 لايات، 1992، سولومان، 1988، جيروم، 1983) أن سوء التوافق يعبـر عـن نفسـه في سمات شخصية غير سوية مثل العدوانية الزائـدة نحـو الـذات والآخـرون، والعصابية مـن مخـاوف وقلق، وفقدان الحب، وفقدان الرغبة في العمل، والتمرد، والانشغال في افكار المـوت، والانطوائيـة، والشعور بالعزلة، والقهر، وضـعف العلاقـات الأسـرية والاجتماعيـة وتفككهـا ... الخ، وغيرهـا مـن سمات شخصية تشير إلى معاناة الفرد من حالات سوء التوافق، وأظهرت دراسات مثل دراسة (عطا، 1978) والتي أجريت بهدف معرفة العلاقة بين التوافق وسمات الشخصية، أنه كلـما زاد مسـتوى التوافق زادت سمات الشخصية الايجابية (عبد اللطيف، 1990)، وأكدت دراسة فيرا – E.M. Viera عام (1980) على وجود ارتباط عال بين التوافق وسمات الشخصية، حيث أن ازديـاد مسـتوى التوافق يؤدي إلى ظهور سمات شخصية إيجابية مثل تقبل الذات، وحب الآخرين، والانبسـاطية، والتعاون، والحب، والتسامح ... (عبد اللطيف، 1990م).

نظرة الإسلام إلى أسس تفسير سلوك الإنسان :

إن المسلم المؤمن لا يشعر بالهوان والقلق لانه يعلم أن اللـه معه ويستجيب له إذا دعاه وهو يرتبط دائما بربه في أعماله ويرى انه مهما أحرز في هذه الدنيا فان ذلك يرجع إلى لفضل اللـه، وذلك لأن الإيمان العميق يغمر صاحبه بالسعادة والطمأنينة والاستقرار النفسي ويصدق عليه قول اللـه تعالى (إن الذين قالوا ربنا اللـه ثم استقاموا فلا خوف عليهم ولا هم يحزنون) " سورة الأحقاف، أية رقم 13 " صدق اللـه العظيم، والمؤمن لا ينشغل بهموم الدنيا من فقر ولا يخشى الموت والآخرة ؛ لأن لديه ذخيرة كبيرة من الأعمال الصالحة وإذا أصابته مصيبة يذكر اللـه ويؤمن بقوله تعالى (ألا بذكر اللـه تطمئن القلوب)"سورة الرعد، أية رقم 28 " صدق اللـه العظيم، وقد يتعرض المسلم في بعض الأحيان لعدم التوازن في القدرة العقلية والعقائد لديه، ويقع فريسة للاضطرابات النفسية وهنا يحتاج المسلم إلى أخيه المسلم القادر على المساعدة ليساعده على احتواء مشاعره والوصول إلى مرحلة التوافق العقلي والروحي والنفسي والاجتماعي.

وجاء الإسلام ليؤكد دور الإنسان في الحياة الدنيا ويؤكد بان طريق الفلاح إلى الآخرة وهناك العديد من المبادئ التي جاء بها الإسلام لمساعدة المسلم في تحقيق التوازن والتكامل بين عمل الدنيا وعمل الآخرة وذلك بهدف تحقيق سعادة الفرد وسعادة المجتمع ككل.

السواء النفسي في الآيات القرآنية :

أن الآيات القرآنية الكريمة التي أشارت إلى الكلمات المشتقة من أصل مادة السين، والواو، والياء، كثيرة إلى حدا ما، وقد بلغت نحو " ثلاث وثمانين " آية، (كفافي، علاء الدين، 1990م).

أسس تفسير السلوك :

- مبدأ الأخذ العطاء : لقد فطر اللـه الإنسان على حاجته لأخيه الإنسان فلولا إنسان آخر عند ولادته لما استطاع أن يعيش أو يكتب الصفات الإنسانية ويحقق الإنسان وجوده وسعادته من خلال العطاء وتتمثل هذه الصفات في :-

أ- علاقات الإنسان في هذه الحياة الدنيا : وهي علاقة الطفل بوالديه فقد خلق اللـه الأباء بغريزة العطاء لصفاتهم - كما يعتز الآباء بنجاحهم في العطاء والأخذ ؛ والعطاء من أهم أساليب التنشئة الاجتماعية الناجحة ومن خلال الأخذ والعطاء يحافظ المجتمع على استمراريته لان الأخذ العطاء لا يتحقق إلا بوجود اكثر من فرد يشترك بالمصلحة المتبادلة كما أن الفرد يحقق إنسانيته من خلال الآخرين. وجاء الإسلام لتنظيم هذه العلاقة ويحث على المساعدة والعطاء وقد جعل حقًا للسائل والمحروم في مال الأغنياء.

أكد الإسلام بأن اليد العليا خير من اليد السفلى وذلك بهدف جعل الأفراد الذين يعطون اكثر من الذين يأخذون.

ب - وقد يكون العطاء بهدف بتفسير السلوك : بتقديم المساعدة الفعلية للآخرين أو عن طريق النصح والإرشاد والدعاء للآخرين بالهداية – قال رسول اللـه صلى اللـه علية (من رأى منكم منكرا فليغيره بيده فان لم يستطع فبلسانه فأن لم يستطع فبقلبه وذلك اضعف الإيمان) صدق رسول اللـه الكريم.

ج - مبدأ نزعتي الخير والشر : خلق اللـه الإنسان بنزعتي الخير والشر لقوله تعالى: (وَنَفْسٍ وَمَا سَوَّاهَا (7) فَأَلْهَمَهَا فُجُورَهَا وَتَقْوَاهَا(8)) "سورة الشمس، أية رقم 8،7 "، صدق اللـه العظيم.

وأكد الإسلام إمكان الفرد اكتساب الصفات الخيرة واحتفاظها على سلوكه وعلى إمكان الفرد تنمية النفس البشرية الخيرة القوية والتخلص من نزعة الشر أن وجدت ويرى " مسكويه " أن الإنسان يميل بفطرته إلى الخير والتعلم واكتساب المعرفة وان هذه الصفة تنمو وتزداد كلما بذل صاحبها جهدا في الاستزادة وأكد الإسلام أيضاً على أن إهمال تربية النفس يؤدي لغلبة نزعة الشر على صاحبها فيتصف بسوء الخلق والحسد،

والحقد، ويرى الإسلام بأن افضل أسلوب لتربية الفرد المسلم هو أركان الإسلام - الصلاة - والصيام - والزكاة - لأنها تعتبر من أهم أسس تنمية جانب الخير على جانب الشر قال تعالى: (اتْلُ مَا أُوحِيَ إِلَيْكَ مِنَ الْكِتَابِ وَأَقِمِ الصَّلَاةَ إِنَّ الصَّلَاةَ تَنْهَى عَنِ الْفَحْشَاءِ وَالْمُنْكَرِ)سورة العنكبوت، أية رقم 45 " صدق الـلـه العظيم - وقال تعالى: (خُذْ مِنْ أَمْوَالِهِمْ صَدَقَةً تُطَهِّرُهُمْ وَتُزَكِّيهِمْ بِهَا) سورة التوبة، أية رقم 103 " وقال تعالى في محكم كتابه : (يَا أَيُّهَا الَّذِينَ آمَنُوا كُتِبَ عَلَيْكُمُ الصِّيَامُ كَمَا كُتِبَ عَلَى الَّذِينَ مِنْ قَبْلِكُمْ لَعَلَّكُمْ تَتَّقُونَ(183)) صدق الـلـه العظيم.

د- خلق الـلـه الإنسان من جسد وروح :

* الجسد : ينطوي على الدوافع البيولوجية من جوع - عطش - جنس

- الدفاع - القتال لتحقيق الأمن ومحاولة الإنسان لإشباعها.

* الروح : وتشمل الوظائف العقلية والنفسية ومحاولة تحقيق الذات والوصول إلى المبادئ الأخلاقية العليا يشبع الإنسان حاجات روحيه في العبادات والعمل.

ويوضح الإسلام مفهوم علاقة الجانب الروحي بالنفس والعقل والقلب ويجعلها أسباب استقرار وطمأنينة الفرد وأسباب وقوعه بالقلق وعدم الاستقرار وعدم الاطمئنان قال تعالى : (وَلَقَدْ خَلَقْنَا الْإِنْسَانَ وَنَعْلَمُ مَاتُوَسْوِسُ بِهِ نَفْسُهُ) سورة ق، أية رقم 16 "، وقال تعالى : (يَوْمَ لَا يَنْفَعُ مَالٌ وَلَا بَنُونَ (88) إِلَّا مَنْ أَتَى اللَّهَ بِقَلْبٍ سَلِيمٍ(89)) سورة الشعراء، أية رقم88"، وقال تعالى : (وَتِلْكَ الْأَمْثَالُ نَضْرِبُهَا لِلنَّاسِ وَمَا يَعْقِلُهَا إِلَّا الْعَالِمُونَ(43))سورة العنكبوت، أية رقم 43 " صدق الـلـه العظيم. فالروح تعتبر وسيلة الاتصال بين الإنسان وربه قال تعالى : (وَيَسْأَلُونَكَ عَنِ الرُّوحِ قُلِ الرُّوحُ مِنْ أَمْرِ رَبِّي) سورة الأسراء، أية رقم 85 "، وقال تعالى :(فَإِذَاسَوَّيْتُهُ وَنَفَخْتُ فِيهِ مِنْ رُوحِي فَقَعُوا لَهُ سَاجِدِينَ(72))سورة الحجر، أية رقم 29 " صدق الـلـه العظيم. والعقل أساس الحرية في الاختيار ويترتب علية الاستقلالية والمسئولية والسيطرة على النفس لتحمي صاحبها من الانجراف وراء الشهوات ويوضح ذلك قوله تعالى:

(أَتَأْمُرُونَ النَّاسَ بِالْبِرِّ وَتَنسَوْنَ أَنفُسَكُمْ وَأَنتُمْ تَتْلُونَ الْكِتَابَ أَفَلَا تَعْقِلُونَ(44)) سورة البقرة، أية رقم **44** " صدق الـلـه العظيم.

فالإسلام يهتم بتربية الضمير ويعتبره الرقيب على سلوك الفرد و أعماله في الدنيا ويساعد الفرد على تجنب الشر وان من ضعف ضميرهم فلا بد من القيام بحمايتهم من أنفسهم دون يأس من إصلاح أمرهم ودعوتهم للصواب وهكذا يتضح بان الـلـه تعالى جعل الروح سلاح الإنسان إلى السعادة والى ضبط النزعات الفطرية للنفس الإنسانية عند حد الاعتزال الذي فيه سعادته وفيه تحقيق أهدافه النبيلة وغاياته السامية ويتحقق ذلك بتسامي الإنسان بفطرته البيولوجية التي يشترك بها مع الحيوان.

ر - مبدأ العمل للحياة الدنيا والآخرة : أن المسلم المؤمن يرتبط دامًا بربه في أعماله وأقواله ويرى أن عمل الدنيا يرتبط بالعمل للآخرة وان أسلوب إشباع حاجات المسلم في الدنيا تتم في ربط مشاعر ورغبات الجسد بغاية نفسية تحقق متاع الحلال الذي أمر به الإسلام والذي يعتبر من وسائل الفلاح في الآخرة أي أن جزاء المسلم على سلوكه في الآخرة ويرتبط بدرجة توافقه في إشباع حاجاته المختلفة وفق ما جاء به الدين الإسلامي في هذه الحياة قال تعالى :(**وَابْتَغِ فِيمَا آتَاكَ اللَّهُ الدَّارَ الْآخِرَةَ وَلَا تَنسَ نَصِيبَكَ مِنَ الدُّنْيَا وَأَحْسِن كَمَا أَحْسَنَ اللَّهُ إِلَيْكَ**) سورة القصص، أية رقم 77 " صدق الـلـه العظيم. أي أن المسلم المؤمن يعتقد ويصدق بان كل أعماله في الحياة الدنيا تحقق له السعادة في الحياة الدنيا والحياة الآخرة ويؤمن بقوله تعالى :فَآتَاهُمُ اللَّهُ ثَوَابَ الدُّنْيَا وَحُسْنَ ثَوَابِ الْآخِرَةِ وَاللَّهُ يُحِبُّ الْمُحْسِنِينَ(148) سورة آل عمران، أية رقم **148** " صدق الـلـه العظيم.

المبادئ الإسلامية في النظريات :

يمكننا الاستنتاج من المبادئ التي تقوم عليها نظرة الإسلام للإرشاد بأن ما جاءت به النظريات العقلانية والسلوكية والتحليلية والوجودية والظاهرية حول مفهوم الطبيعة الإنسانية وتفسير السلوك الإنساني وأساليب تعديله لا يتعارض مع ما يقره الإسلام في مساعدة المسلم لأخيه المسلم وفيما يلي توضيحا لذلك :

1. تتفق المبادئ الإسلامية: مع نظرية الإرشاد العقلاني الواقعي الذي يهتم بالعقل وأسلوب التفكير السوي وان لدى الفرد القدرة للتغلب على النواحي الانفعالية باستخدام العقل والتفكير السوي.

2. تتفق المبادئ الإسلامية: مع نظرية الإرشاد الظاهري بان الإنسان خير بطبيعته، ويميل إلى عمل الخير إذا أحسنت تربيته وان تعرض الفرد خلال حياته لخبرات متناقضة وغامضة تؤدي إلى عدم قدرته على التمييز وتكوين فكرة سلبية عن ذاته وعن العامل المحيط به.

3. تتفق المبادئ الإسلامية: مع نظرية الإرشاد السلوكي بان المكافئة والمديح والمعززات السلبية – الإيجابية واعداد البيئة الصالحة عوامل أساسيه في تربية الفرد وتعديل سلوكه.

4. تتفق المبادئ الإسلامية: مع نظريه التحليل النفسي- بأن السيطرة على النزاعات الغريزية وإشباعها بأسلوب سوي يعتبر عاملاً إيجابيًا في تكوين شخصية الفرد وأن عدم إشباعها والتسامي بها أو إشباعها بأسلوب غير سوي يؤثر في شخصية الفرد وتسبب له التعاسة في الدنيا والآخرة.

5. تتفق المبادئ الإسلامية: مع نظرية الإرشاد والوجودية في أن الفرد يحقق وجودة إذا استطاع أن يحقق تفاعلا إيجابياً مع نفسه ومع المجتمع ومع البيئة الطبيعية وان مقدار مشاركة الفرد في الحياة الدنيا يحدد وجوده ويكافأ عليه في الدنيا والآخرة وان تقبل الحياة يقابله تقبل الموت وان الإنسان من تراب وسيعود للتراب. (أبو عطية، سهام درويش، 1997م).

أبعاد التوافق :

يرى (كولمان Coleman، 1976م: ص 12) أن البعد الشخصي يمثل أحد مجالات التوافق وهو عبارة عن عملية توافق مستمرة ويجاهد الفرد في سبيل الحصول على حاجاته وهذه العلاقات المتناسقة دائمة التفاعل مع البيئة التي يعيش فيها.

وترى (نعيمه، محمد بدر) أن البعد الشخصي للتوافق يقوم على أساس إحساس الفرد بالأمن الشخصي وإشباع الدوافع والحاجات الأولية والثانوية مع إنعدام الصراع الذي يؤدى إلى عدم التوافق (نعيمه محمد بدر،1983م: ص68).

أما (الكبيسي، 1988م) فيرى أن بُعد التوافق الشخصي هو : تقدير الفرد لذاته تقديراً واقعياً وتكوين فكرة حسنة عن نفسه، قادر على إشباع حاجاته بصورة ترضيه ولا تضر ـ المجتمع، يشعر بالراحة النفسية، مقبل على الحياة بتفاؤل قادر على اقامة علاقات اسرية واجتماعية طبيعية، ويأخذ بقيم اجتماعية مقبولة (الكبيسي، 1988م، ص:35).

أما (كمال دسوقي) فيرى أن بُعد التوافق الشخصي يقوم على أسس ثلاثة هي – الدوافع – الانفعالات – الشخصية.

الفصل الرابع

الدراسات السابقة والإجرائية

- الدراسات السابقة

الدراسات السابقة وتحتوي على :   (10) دراسات عربية

و (6) دراسات أجنبية

محتويات الدراسات السابقة :

أ - الدراسات العربية وكالآتي :

–   دراسـة أحمـد خيـري حـافظ، 1980م.

–   دراسة إبراهيـم فلاح جميعـان، 1983م.

–   دراسة عادل عز الدين الأشول وأخرون، 1985م.

–   دراسـة هانـي الاهـوانـي، 1986م.

–   دراسـة أحمـد خضر أبو طواحنه، 1987م.

–   دراسـة زينـب النجـار، 1988م.

–   دراسـة آمـال محمـد بـشير، 1989م.

–   دراسـة أحمـد علي الجرموزي، 1990م.

–   دراسـة فأيـز محمـد الحديدي، 1990م.

–   دراسـة محمّـد، 1991 م.

ب – الدراسات الأجنبية وكالآتي :

- دراسـة جـــود ويــن   (1972)   Goodwin

- دراسـة ســميــت   (1975)   Smith

- دراسـة بيـــريــز   (1975)   Peraz

- دراسـة يـــونـــج   (1979)   Young

- دراسـة أويـــــو   (1982)   Owie

- دراسـة هـــنري ب. دافيد   (1982م)   H.B. Daivid

- دراسـة محسـن تـيريـزي   (1984)   Mohseni Tabrizi

- الدراسات السابقة

يتناول هذا الفصل عرضاً للدراسات السابقة التي تناولت متغيري الاغتراب النفسي- والتوافق النفسي الاجتماعي والعلاقة بينهما، ولقد وجد الباحث عدداً لا بأس به من الدراسات العربية والأجنبية التي تناولت هذا الموضوع، وسيتم عرضها بحسب تسلسلها الزمني من حيث أهدافها وعينات الدراسات - والأدوات والوسائل الإحصائية - وأهم النتائج - والعمل على إبراز أهم الجوانب التي استنتجت من عرض هذه الدراسات وهي كالآتي :

أ - الدراسات العربية

1- دراسة أحمد خيري حافظ، 1980م

تناولت هذه الدراسة التي كانت بعنوان (ظاهرة الإغتراب لدى طلاب الجامعة) وهي أطروحة دكتوراه مظاهر وأنواع الإغتراب لدى طلاب الجامعة وأجريت في جامعة عين شمس وتألفت من (520) طالباً وطالبة من أربع كليات هي" الآداب والتجارة والطب والعلوم " وهدفت أيضا إلى الكشف عن علاقة الاغتراب بكلّ من متغيرات السن والجنس والمستوى الاقتصادي والاجتماعي والمستوى التعليمي ونوع التعليم.

وبعد استخدامه لمقياس قام بإعداده عن الإغتراب كشفت عن نتائج مماثلة لدراسة زينب النجار حيث تبين ان الاغتراب يختلف باختلاف السن والمستوى الاقتصادي والاجتماعي، وكذلك باختلاف نوع الكلية بل ونوع القسم أيضا ؛ وتبين انهم يعانون في اغترابهم من الشعور بالسخط وعدم الانتماء والقلق والعدوانية، وأظهرت النتائج كذلك أن الإناث أكثر إحساساً بالاغتراب من الذكور وكذلك طلبة السنوات الأولى بالمقارنة مع الكليات العلمية.

2 - دراسة جميعان، 1983م :

" التكيف الشخصي والاجتماعي وعلاقته بالتحصيل الأكاديمي والجنسي عند طلبة كلية المجتمع الحكومي في اربد " وقد هدفت هذه الدراسة إلى : -

- بحث العلاقة بين التكيف الشخصي والاجتماعي وكلاً من التحصيل الأكاديمي- والجنسي- عند الطلبة الذين انهوا السنة الدراسية الأولى في كليات المجتمع الحكومي في اربد.

- حاولت الدراسات الإجابة عن الأسئلة التالية : -

أ-   هل يختلف طلبة التحصيل المرتفع في تكيفهم الشخصي- والاجتماعي كما تعبر عنها الدرجة الكلية والأبعاد ألتكيفية في قائمة منسيوتا الإرشادية وعند طلبة التحصيل المنخفض وذلك عند الطلبة الذين انهوا سنة دراسية كاملة في كليتي المجتمع الحكومي في اربد وجواره ؟

ب-   هل يختلف الطلاب في تكيفهم الشخصي- والاجتماعي عن الطالبات في نفس المستوى في الكليتين المذكورتين ؟

وكان المجتمع الأصلي يتكون من (908) طالباً وطالبة من الذين انهوا السنة الدراسية الأولى للعام 1982/81م في كلية اربد وجواره. أما عينته فقد كانت (240) طلبًا وطالبه تم اختيارها بطريقة عشوائية بمجموعتي التحصيل المرتفع والمنخفض وقد استخدم الباحث قائمة منسيوتا الإرشادية التي تحتوي على الأبعاد التكيفية الآتية :- " العلاقات الأسرية - الاجتماعية - الثبات الانفعالي الامتثال - التكيف مع الواقع - الحياة المزاجية- الاستعداد للقيادة " وتوصلت الدراسة إلى النتائج التالية :-

- توجد فروق ذات دلالة إحصائية بين الطلاب والطالبات على بعض الأبعاد التكيفية لصالح الطلبة ذوي التحصيل المرتفع فقد كانوا أكثر تكيفاً من طلبة التحصيل المنخفض.

- لا توجد فروق فردية ذات دلالة إحصائية بين الطلاب والطالبات على بعض الأبعاد التكيفية (كالعلاقات الاجتماعية - الثبات الانفعالي - الحالة المزاجية).

- توجد فروق ذات دلالة إحصائية لصالح الطالبات على مجموعة من الأبعاد التكيفية مثل(العلاقات الأسرية - الامتثال للأنظمة والقوانين والتكيف مع الواقع).

توجد فروق ذات دلالة إحصائية لصالح الطلاب وذلك على بعد الاستعداد للقيادة.

3 - دراسة عادل عز الدين الأشول، وآخرون، 1985 م

بحثت هذه الرسالة التي كانت بعنوان (التغير الاجتماعي واغتراب شباب الجامعة) في التغير الاجتماعي في مصر وعلاقته باغتراب الشباب الجامعي خلال الثلاثين عاماً التي سبقت تاريخ الدراسة ؛ وذلك في محاولة من الباحثين للتعرف على طبيعة ما حدث من تغير في المجتمع المصري ومدى مسايرته لنظريات التغير الاجتماعي وتأثير هذا التغير على الشباب الجامعي المصري.

تألفت عينة هذه الدراسة من (3764) طالباً وطالبة (2501 طالباً، و 2263 طالبة)، شملت كليات مختلفة من الجامعات المصرية تراوحت أعمارهم بين { 18- 24 } سنة وروعي في اختيارها أن تكون ممثلة للمستويات الاجتماعية والاقتصادية المختلفة واستخدم الباحثون أد آتين الأولى مقياس يقيس اتجاهات الشباب الجامعي نحو التغير الاجتماعي في مصر ؛ فيما يقيس المقياس الثاني شعور الشباب الجامعي بالاغتراب في ضوء خمسة عوامل هي : (العزلة الاجتماعية، اللامعيارية، اللامعنى، اللاهدف، العجز، والتمرد) وقد وضع الباحثون ستة فروض أسفرت نتائج الدراسة عن تحقق الفرض الأول المتضمن أن العلاقة بين الاتجاه نحو التغير والشعور بالإغتراب علاقة عكسية. وكانت النتيجة فيما يخص الفرض الثاني بأن الإغتراب ينتشر بشدة بين شباب الجامعات المصرية، وفيما يخص الفرض الثالث فقد أفادت النتائج بأن طلاب الدراسات العملية أقل حدة في الاغتراب وظهور فروق ذات دلالة بين متوسطات درجات طلاب الكليات المختلفة التي شملتها عينة الدراسة على مقياس الاتجاه نحو التغير الاجتماعي لصالح طلاب الكليات العملية وذلك فيما يخص الفرض الرابع ؛ أما الفرض الخامس فقد تبين

وجود فروق ذات دلالة بين طلاب الكليات المختلفة على مقياس الإغتراب لصالح طلاب الكليات النظرية ؛ وفيما يتعلق بالفرض السادس فقد تبين وجود فروق ذات دلالة بين الذكور والإناث لصالح الذكور على مقياس الإغتراب.

4 - دراسة هاني الاهواني، 1986م

هدفت هذه الدراسة التي بعنوان (بعض المظاهر النفسية لدى الطلاب الجامعيين وعلاقتها بنوعية التعليم الجامعي) وهي رسالة ماجستير، تهدف إلى التعرف على بعض المظاهر الدينية للشعور بالاغتراب لدى عينة البحث وتباين هذه المظاهر على وفق ثلاثة متغيرات هي، نوع الجامعة، التخصص، السنة الدراسية.

تألفت عينتها من (420) طالباً بينهم (210) من جامعة الأزهر،و(210) من جامعة عين شمس ؛ وشملت كليات الطب، والتربية، واللغة العربية، واستخدم أداتين هما مقياس المظاهر النفسية للشعور بالاغتراب من إعداد الباحث ومقياس الشخصية والتوافق الاجتماعي والتحرر من القلق من إعداد محمود عبد القادر وتبين من نتائجها أن الاغتراب موجود بين الطلاب في ثلاثة عوامل أساسية هي : افتقاد الشعور بالهوية، وافتقاد الشعور بالفعالية والإيجابية وعدم التوافق وكشفت عن أن طلاب السنوات النهائية كانوا أكثر شعوراً بالاغتراب من طلاب السنوات الأولى وانه لا توجد فروق بين كليتي طلاب التربية واللغة العربية في جامعتي الأزهر وعين شمس وكانت هناك علاقة موجبة بين مقياسي الشعور بالاغتراب ومقياس القلق.

5 – دراسة أحمد خضر أبو طواحنه، 1987 م

هدفت هذه الدراسة التي كانت بعنوان (مظاهر إحساس الطلاب الفلسطينيين وعلاقته ببعض المتغيرات النفسية) معرفة علاقة بين الاغتراب وكلاً من متغيرات الجنس، المواطنة، المستوى التعليمي، والسنوات الدراسية الأولية والنهائية. أجريت هذه الدراسة في فلسطين وتألفت عينتها من (200) طالباً وطالبة من طلاب الجامعة الإسلامية في غزة. وقام الباحث بأعداد مقياس خاص بالاغتراب إضافة إلى استبيان، وكان من نتائجها أن معظم أفراد العينة يشعرون بالاغتراب وأن لمتغير الجنس علاقة دالة

في الشعور بالاغتراب ؛ وذلك على أبعاد اللامعيارية والاغتراب عـن الـذات ؛ والاغتراب الحضاري والتمرد، حيث سجل الذكور درجات أعلى من الإناث في كلاً من { اللامعيارية، والاغتراب الحضاري، والتمـرد }، كـما كشـفت الدراسـة عـن أن طلاب السـنوات الأولى أكثـر شعوراً بـاللامعنى والعزلـة الاجتماعية والاغتراب عن الذات والتمرد بالمقارنة مع زملائهم طلاب السنوات النهائية.

6 - دراسة زينب النجار، 1988 م

تناولت هذه الدراسة التي كانت بعنوان (الإغتراب في المحيط الجامعي) إلى التعرف على أنـواع الاغتراب والأسباب المؤدية إليه وهدفت إلى الكشف عن مدى وجود الاغتراب بين طـلاب الجامعـة، وقد شملت الدراسة (200) طالباً وطالبة من جامعتي الأزهر وعين شمس وتوصلت في نتائجها إلى أن الاغتراب ظاهرة موجودة لدى طلاب الجامعة. وأفادت بأن الاغتـراب يختلف بحسب متغيـرات نوع الدراسة والمستوى التحصيلي والجنس ونوع الكلية، وأفادت أيضا بـأن مسـتوى الاغتـراب في الدراسة الدينية أقل بالمقارنة مع الدراسات الأخرى وأن الإناث أكثر اغتراباً من الذكور.

7 - دراسة آمال محمد بشير، 1989 م

هدفت هذه الدراسة التي كانت بعنوان (الاغتراب وعلاقته بمفهوم الذات عند طلبة وطالبـات الدراسات العليا بكليات التربية) بجمهورية مصر العربية، إلى الكشف عن عوامل الاغتراب ودراسـة العلاقة بين أبعاده وكذلك العلاقة بينه وبين مفهوم الذات لدى عينة البحث. وتألفت عينة هـذه الدراسة من (312) طالباً وطالبة من أقسام الدراسات العليا { ماجستير ودكتوراه } وشـملت قسـم المناهج، أصول التربية، علم النفس التربوي، الصحة النفسية، وتم اختيارهـا مـن كليـات التربيـة بجامعـة أسـيوط والإسـكندرية وطنطا والمنصورة وعـين شـمس، (125) طالبـاً وطالبـة بمرحلـة الماجستير. واستخدمت الباحثة أداتين هما : مقياس الاغتراب وهـو مـن إعدادها واختبار مفهوم الذات من إعداد حامد زهران.

وخلصت الدراسة إلى عدد من النتائج من بينها وجود علاقة ارتباطيه بين أبعاد الاغتراب ودرجة التباعد بين مفهوم الـذات المـدرك، ومفهوم الـذات المثالي المفضل وكذلك وجود علاقة أرتباطية بين درجات أبعاد الاغتراب ودرجات تقدير الـذات وأشارت في ختامهـا إلى أن الاغتراب ظاهرة نفسية متعددة العوامل.

8 - دراسة أحمد علي الجرموزي، 1990 م

كان عنوان هذه الدراسة هو (الاغتراب وعلاقته ببعض متغيرات الصحة النفسية لـدى الطلاب اليمنيين في جمهورية مصر العربية).

وهدفت هذه الدراسة (وهي اطروحة دكتوراه) إلى الكشف عن مظاهر الاغتراب بـين الطلاب اليمنيين الدارسين في جمهورية مصر العربية، وتحديـد مـدى العلاقة بـين الاغتراب والانتماء وبين الاغتراب وبعض متغيرات الصحة النفسية، وكذلك بين الاغتراب ونوعيـة الإقامة مع الأسرة، وكذلك الإقامة مع الزملاء. وتألفت عينة هذه الدراسة من (200) طالب يمني يدرسون في سـت جامعـات مصرية هي جامعة القاهرة { 25 أولية، 35 عليا } جامعة عين شمس { 25 أولي، 35 عليا } جامعة الإسكندرية { 25 أولي } جامعة المنصورة { 25 أولي } جامعة طنطا { 15 أولي } جامعة الزقـازيق { 15 أولي }.

وأستخدم الباحث أربعة مقاييس من إعداده هي : مقياس الاغتراب، ومقياس الصحة النفسية، ومقياس التدين، ومقياس الانتماء. وقد توصل الباحث إلى عدد من النتائج كانت على النحو الآتي :

1-   تبين من نتائج الفرض الأول أن هناك علاقة بين الاغتراب وبعض متغيرات الصحـة النفسية، حيث أتضح أن الطلاب منخفضي ـ الاغتراب يتمتعـون بتوافق شخصي ـ واجتماعي ودراسي، ويشعرون بقوة الأنا، في حين أن زملائهم مرتفعي الاغتراب أكثر إحساساً بالقلق والاكتئاب والوحدة النفسية وبهذا يتحقق الفرض.

2- أتضح أن هناك علاقة دالة إحصائياً بين الاغتراب والتدين، فالطلبة المتدينون أقل إحساساً بالاغتراب، في حين أن الطلاب غير المتدينين أكثر إحساساً بالاغتراب وقد تحقق الفرض.

3- أسفرت النتائج عن وجود علاقة دالة إحصائياً بين الاغتراب والانتماء، حيث تبين أن الطلاب منخفضي الاغتراب كانوا أكثر إحساساً بالانتماء، وتبين أن هذا الفرض قد تحقق.

4- تحقق الفرض الرابع جزئياً، حيث دل أن هناك ارتباطاً دالاً إحصائياً بين الاغتراب، ونوع الإقامة، فالطلاب المقيمون مع أسرهم وأقاربهم أقل إحساساً بالاغتراب.

كما أن هناك ارتباطاً دالاً إحصائياً بين الاغتراب والمستوى الدراسي، فطلاب الدراسات الجامعية أقل شعوراً بالاغتراب، في حين أن طلاب الدراسات العليا أكثر شعوراً بالاغتراب ولم يتحقق الجزء الخاص بعلاقة الاغتراب، ونوع الدراسة، حيث تبين أن هناك ارتباطاً غير دال إحصائياً بين الاغتراب، ونوع الدراسة.

5- لم يتحقق الفرض الخامس مع صحة الفرض، حيث تبين أن هناك أكثر من عامل بين متغيرات الاغتراب والمتغيرات التالية : " التوافق الشخصي، والتوافق الاجتماعي، والتوافق الدراسي، وقوة الأنا، والقلق،والاكتئاب، والوحدة النفسية،والتدين والانتماء ".

9 - دراسة فايز محمد الحديدي، 1990 م

بحثت هذه الدراسة التي عنوانها (مظاهر الإغتراب لدى طلبة الجامعة الأردنية) في استجلاء مفهوم الإغتراب ومعانية المختلفة والكشف عن مظاهره السائدة والتعرف على العوامل التي تساهم في شيوع هذه الظاهرة، وتألفت العينة من (275) طالباً وطالبة من طلاب الكليات الإنسانية والعلمية ؛وشملت (13) كلية واستخدم الباحث استبياناً من أعداده تكونت من جزء ين تضمن الجزء الأول – فقرات تقيس الإغتراب في النسق الاجتماعي – وتضمن الثاني فقرات تقيس الإغتراب في النسق التعليمي ؛ وكشفت

الدراسة عن أن نتائج من بينها أن الإغتراب ظاهرة منتشرة بين المبحوثين وأن عينة السنة الأولى أكثر إحساساً بالاغتراب من عينة السنة النهائية ؛ وفي نتيجة مشابهة لدراستي عبد السميع سيد أحمد (1981م)، وأحمد خضر أبو طواحنة غير أنها اختلفت مع هذه الداسة بعدم وجود فروقاً دالة إحصائيا بين الذكور والإناث في النسق الكلي وأن طلاب الكليات العلمية يعانون من الإغتراب أكثر من طلاب الكليات الإنسانية.

10 - دراسة محمد، 1991م :

" مقارنة لأبعاد التوافق النفسي والاجتماعي بين الطلبة والطالبات المتفوقين والطلبة والطالبات المتخلفين دراسياً وعلاقته بالانتماء"وقد هدفت الدراسة إلى :-

- تحديد درجة العلاقة بين بعدى التوافق والانتماء، أي هل هناك علاقة ارتباطيه بين درجة توافق الفرد ودرجة الانتماء.
- تحديد علاقة التأخر الدراسي بدرجة توافقهم العام هل التفوق الدراسي يعتبر مؤشرا للتوافق وهل التخلف الدراسي يعتبر مؤشراً لسوء التوافق بشكل عام ؟
- وقد كانت فروض الدراسة :

- توجد علاقة ارتباطيه بين درجة التوافق ودرجة الانتماء لدى طلبة وطالبات الجامعة كما يقيسها استبيان التوافق والانتماء.
- توجد فروق لها دلالة إحصائية بين الطلبة والطالبات المتفوقين دراسياً والطلبة والطالبات المتخلفين دراسياً على درجة التوافق.

- أما عينة الدراسة فقد كانت :

- من طلبة وطالبات جامعة عين شمس بلغت (88) طالباً وطالبة وتم تحديد الطلاب والطالبات المتفوقين من الحاصلين على تقدير ممتاز، وجيد جداً والطلبة الأكثر تخلفاً " الباقون للإعادة " وقد توصلت الدراسة إلى النتائج التالية:- وجود علاقة ارتباطيه بين درجة التوافق والانتماء لدى مجموعات الطلبة والطالبات وهذا في مضمونه

يشير إلى أن محاولات الفرد الدؤوبة نحو تحقيق توافقه وانتمائه هي في حقيقتها تأكيد لكينونته الاجتماعية،حيث يربط الفرد نفسه بالآخرين في إطار العلاقات الاجتماعية التي قوامها الميل إلى التوحد بالجماعة والحب والتعاطف مع أفراد الجماعة.

عدم وجود أي فروق بين الطلبة والطالبات المتخلفين في درجة التوافق.

11 - دراسة جود وين، 1972 م   Goodwin

هدفت هذه الدراسة التي بعنوان : (الاغتراب لدى طلاب الجامعة - دراسة تحليلية مقارنة) إلى معرفة العلاقة بين الاغتراب وسبعة متغيرات هي : الجنس، المستوى الاجتماعي والاقتصادي، الطموح، العمر، الحالة الاجتماعية، المستوى الدراسي، والديانة. وصمم أداة مؤلفة من (74) فقرة لقياس الاغتراب لدى طلاب الجامعة الذين اختار منهم عينة مؤلفة من (492) طالباً. نصفهم من جامعة الجنوب، والنصف الآخر من جامعة الوسط. وكشفت النتائج عن عدم وجود علاقة بين متغير الحالة الاجتماعية والشعور بالاغتراب لدى عينة جامعة الجنوب، فيما كانت هناك نسبة كبيرة من أفراد عينة الجامعة الوسط العزاب قد حصلوا على درجات مرتفعة على مقياس الاغتراب بالمقارنة مع المتزوجين من نفس العينة.

غير أن الدراسة وجدت علاقة موجبة بين الاغتراب والطموح،وأن للاغتراب علاقة بالجنس، حيث كان الذكور أكثر اغترابًا من الإناث.

12 - دراسة سميت، 1975م   Smith

هدفت هذه الدراسة التي كانت بعنوان : (صفات الطلاب المغتربين في المجتمع الجامعي) إلى التعرف عن علاقة الاغتراب بالتفاعل الأسري والرضاء عن النفس، وأستخدم الباحث أداتين : الأولى - مقياس كاليفورنيا للشخصية السوية (C. P. I) ؛والثانية استبيان المعلومات الشخصية (P. I. Q)، وتألفت عينة الدراسة من (348) طالباً وطالبة بينهم (177) طالباً و (171) طالبة جامعيين وكشفت الدراسة على أن طلبة الجامعة يعانون من درجة عالية من الاغتراب وأن اتصال المغتربين مع آبائهم كان

أقل بالمقارنة مع غير المغتربين، كما أنهم كانوا أقل توافقاً مع آبائهم فيما يخص المشكلات الشخصية والسياسية وتبين أن الذكور أكثر اغتراباً من الإناث.

13 - دراسة بيريز، 1975 م   Peraze

كان عنوان هذه الدراسة (دراسة مقارنة لمفهوم الذات والاغتراب والتماسك العرقي لمجموعتين من الطلاب البوريتريكيه، ومجموعة من الطلاب غير البوريتريكين ذوي المستوى الاجتماعي والاقتصادي المنخفض).

وقد هدفت إلى التعرف على المدى الذي يختلف في حدوده البوريتريكين من غير البوريتريكين في التماسك العرقي، وكذلك مفهوم الذات والاغتراب لديهم، واستعان الباحث بمقياس كاليفورنيا النفسي (C. P. I)، ومقياس (Dean) للاغتراب ومقياس التماسك العرقي والمستوى الاقتصادي والاجتماعي Questionnaire Sociomctric وتكونت عينة الدراسة من (68) طالباً من البوريتريكين و (78) طالباً من غير البوريتريكين وكشفت الدراسة في نتائجها على أن الطلاب البوريتريكين قد سجلوا درجات عالية على مقياس الاغتراب، وفي التماسك العرقي أيضاً مقارنةً بغير البوريتريكين ؛ وأفادت بعدم وجود علاقة ارتباطيه بين مفهوم الذات والاغتراب والتماسك العرقي.

14 - دراسة يونج، 1979 م   Young

هدفت هذه الدراسة المعنونة (الإحساس بالوحدة النفسية لدى الطلاب الجامعيين) إلى التعرف على طبيعة العلاقة بين الإحساس بالعزلة أو الوحدة النفسية والاكتئاب الوقتي، واستعان الباحث في أدوات بحثه، بقائمة الإحساس بالوحدة النفسية التي طلب فيها من أفراد المجموعة الأولى إكمال فقرات هذه الأداة بتسجيل ما يشعرون به عندما ينتابهم الإحساس بالوحدة في حين طلب من المجموعة الثانية إكمال فقرات الأداة نفسها في ضوء ما يشعرون به عندما ينتابهم الإحساس بالحزن أو الكآبة، وقد تألفت عينة الدراسة من (103) من الطلبة الجامعيين وتوصلت في نتائجها إلى وجود فروق ذات دلالة إحصائية بين أفراد المجموعة الأولى { التي تشعر بالإحساس بالوحدة }

والمجموعة الضابطة من حيث مشاعر الإحساس بفقدان الحب والابتعاد عن عضوية الجماعة ولم تكن هناك فروق دالة إحصائياً بين أفراد المجموعات الثلاث فيما يتعلق بالاغتراب وعضوية الفرد بالجماعة غير أنها وجدت أن الطلاب ذوي الإحساس العابر بالوحدة يختلفون عن نظرائهم ذوي الظروف الطبيعية في عدم الرضاء عن الآخرين.

15 - دراسة أويو (1982) Owie

هدفت هذه الدراسة وهي بعنوان: (الاغتراب الاجتماعي بين الطلاب الأجانب) إلى التعرف على ما يعانيه الطلبة ت الأجانب من الشعور بالاغتراب مقارنة بالطلاب من نفس البلد الذي يدرسون فيه وكذلك الفرق بين الذكور والإناث في الإحساس بالاغتراب واكتفى الباحث باستخدام مقياس (Dean) للاغتراب، وتكونت العينة من (29) طالباً من الذكور و(24) طالبة من الإناث من طلبة الجامعة في الولايات المتحدة الأمريكية، وكشفت الدراسة في نتائجها عن أن الشعور بالاغتراب الاجتماعي موجود بين الدارسين من الطلبة الأجانب أكثر من زملائهم الطلبة من نفس البلد ولكن بدرجات متفاوتة، وأشارت أيضاً إلى عدم وجود فرق في الشعور بالاغتراب وفقاً لمتغير الجنس وأشارت أيضاً إلى أن الشعور بالاغتراب يرجع إلى أسباب مرضية منذوا بداية مرحلة المراهقة خاصة لدى الطلبة الأكاديميين والذين لهم هدف مهني محدد، وأفادت أيضاً بأن أسباب الاغتراب ترجع إلى عوامل تنشئة الأسرة بالدرجة الأولى.

16 - دراسة هنري ب. دافيد : H.B. Daivid (1982م)

قام هنري بدراسة عن (الهجرة العالمية الغير طوعيه تناولت فيها تأقلم وتكيف هؤلاء المهاجرين). وقام هذا البحث بمسح مختصر عن وضع اللاجئين في العام (1982م)، أوضحت في هذه الدراسة أن موضوع الهجرة " الاغتراب " من المواضيع القديمة قدم التاريخ الإنساني وإن الهجرة " الاغتراب " يصاحبها انهيار المجتمع الأصلي ونشوؤ ثقافات جديدة كما أن الهجرة تحدث في حالة الاضطرابات الدينية والسياسية والاقتصادية والتغيرات الديمغرافية المتمثلة في زيادة السكان والحروب الأهلية والعرقية وغيرها. في إطار دراسته تناول الباحث اللاجئين في الولايات المتحدة كأحد عينات المسح. حيث

ناقش الهجرة الحالية إلى الولايات المتحدة كما تناول دينامية اللجؤ وكيفية توافق وتكيف هؤلاء اللاجئين بعد هجرتهم إلى الولايات المتحدة واستراليا وهولندا مع مراعاة وضع التدخلات الأجنبية المتمثلة في أكثر من (100) منظمة تعمل في توطين هؤلاء اللاجئين.

وعن وضع اللاجئين في العالم وجد حسب إحصائية عام (1968م) أن هناك أكثر من (70 مليون) شخص من كل أنحاء العالم يعتبروا لاجئين من بينهم (4 مليون) فقط يمكن اعتبارهم لاجئين مستقرين. كما وجد هناك خلط دائم يحيط بفهم لفظ اللجؤ العالمي فأوضح أنه يطلق على الفرد الذي ترك وطنه تحت تأثير ضغوط معنية أما سياسية أو اقتصادية أو اجتماعية أو دينية (وانك 1868م) هذا عن اللجؤ خارج حدود الوطن سواءً أكان إضطرارياً أو إختيارياً فأنه يخضع لرؤية الشخص نفسه.

17 - دراسة محسن تبريزي، 1984 م : Tabrizi, Mohseni

هدفت هذه الدراسة التي كانت بعنوان : (اغتراب الطلاب الإيرانيين في جامعة ميتشجن) بالولايات المتحدة الأمريكية إلى التعرف على مسألتين الأولى :

❖ مستويات الاغتراب للطلاب الإيرانيين الذين يدرسون في جامعة ميتشجن في الولايات المتحدة الأمريكية الذين يتصفون بالإيجابية في المشاركات السياسية والاجتماعية وبين زملائهم الطلاب الإيرانيين الذين ليس لديهم مثل هذه الرغبة في المشاركة، والثانية :

❖ المقارنة بين الذين يتصفون بالإيجابية والذين يتصفون بعدم الإيجابية، وأعد الباحث قياساً خاصاً بالاغتراب وطبقه على مجموعتين ضابطة وتجريبية، وكان من بين نتائجها وجود علاقة ذات دلالة بين الاغتراب والإيجابية وأفادت أيضاً بأن الطلاب الذين يتصفون بالإيجابية يتمتعون بدرجة عالية من التنظيم الاجتماعي والسياسي وأنهم يتابعون وسائل الأعلام ويهتمون بدراستهم ولديهم عقيدة قوية، وأن هذه النشاطات تقلل من حدة الاغتراب لديهم.

تعليق الباحث المتعلق بالدراسات العربية والأجنبية :

تم عرض (17) دراسة { 10 } منها عربية و{ 7 } أجنبية. وسوف يكون اختيار الباحث لهذه الدراسات محددة حصراً لطلبة الجامعات ذات العلاقة بموضوع بحثه ولم يتطرق إلى الدراسات التي أجريت على فئات اجتماعية أخرى من مثل المراهقين والنساء والكبار والعمال والموظفين ...الخ لأنها كثيرة ولا تخدم البحث بصورة مباشرة.

ويتبين من الدراسات التي تم استعراضها أن طلبة الجامعة كانوا محل اهتمام الباحثين في علم النفس لأنهم من جيل الشباب ولأن الأدبيات تشير إلى أن هذا الجيل أكثر عرضة للاغتراب وبخاصة إذا كان مثقفاً.

ونود في البدء تحديد العينات وأدوات القياس وأهداف البحث ومتغيراته في الدراسات العربية ونبدأها بالعينات :

ففي الدراسات العربية تراوحت العينات بين (200) فرداً في دراستي زينب النجار، والجرموزي (334) فرداً، باستثناء دراسة الأشول وآخرين التي شملت (3764) من طلبة الجامعات المصرية الذي قام بها ضمن فريق بحث متكامل.

ويلاحظ أن عينة الدراسة الحالية هي أكبر من بعض الدراسات العربية المذكورة أنفاً والمتعلقة بطلبة الجامعة (باستثناء دراسة الأشول " 3764 " طالباً وطالبة) حيث تألفت عينة الدراسة الحالية من (351) طالباً وطالبة من المجتمع الأصلي، وكان عدد الطلاب الذين ينتمون إلى القسم العلمي (130)، والعدد في القسم الأدبي (221)، كما كان عدد الطلاب الذكور في هذه العينة (192)، وعدد الطالبات الإناث (159)، كما كان عدد الطلاب اليمنيين (281)، وعدد الطلاب العرب (70).

وفيما يتعلق بأدوات البحث فإن الباحثين تباينوا بين أعدادهم لأدوات بحث خاصة بهم من مثل (حافظ، الحديدي، طواحنه، الأشول، الجرموزي) والاعتماد عليها، وبين الإعداد والاستعانة بمقاييس أجنبية، ومنهم من اكتفى بأداة واحدة مثل : (حافظ، أبو طواحنه، الحديدي، جود وين، " أستخدم تصنيف سيمان للاغتراب "، Dean، تيريزي). (كلاً منهم أستخدم مقياس واحد)، ومنهم من أستخدم أكثر من أداة مثل :

عادل الأشول { مقياسين }، آمال بشير   { مقياسين }، هاني الأهواني { مقياسين }، أحمد علي الجرموزي {مقياسين}، سميت { مقياسين }، بيريز { مقياسين }.

أما البحث الحالي فسوف يعتمد على مقياسين يقوم بإعدادهما الباحث، الأول يقيس الاغتراب والثاني يقيس التوافق النفسي الاجتماعي، وتباينت أهداف الدراسات ومتغيرات البحث، فمنها من سعى إلى التعرف على أنواع الاغتراب وأسبابه دون البحث في علاقته بمتغيرات أخرى مثل (زينب النجار...).

ومنها من ربطت الاغتراب في علاقة بمتغيرات أخرى، وقد تباينت أيضاً في عدد ونوع هذه المتغيرات، على أنها شملت بإطارها العام متغيرات : الجنس، العمر، سنوات الدراسة (سنة أولى – سنة نهائية)، نوع الدراسة (إنسانية – علمية)، المستوى الاقتصادي والاجتماعي، الأسرة، الأصدقاء، الصحة النفسية، القلق، التدين.

أما الدراسة الحالية فإنها تهدف إلى قياس مستوى الاغتراب لدى كلٍ من الطلبة العرب الدارسين في الجامعات اليمنية، والطلبة اليمنيين الجامعيين، وكذلك علاقة هذا المتغير بالتوافق النفسي- والاجتماعي لديهم، إضافة إلى متغيرات الجنس، والتخصص الدراسي والجنسية " بلد الدارسين " (اليمن، أقطار عربية أخرى).

وفيما يخص نتائج الدراسات فإنها اتفقت بخصوص عدد منها واختلفت في عدداً أخر، فقد أشارت إلى أن طلبة الجامعة يعيشون حالة الاغتراب ولكن بدرجات متفاوتة غير أنها اختلفت فيما يخص عدد المتغيرات فبعضها أشار إلى أن الإناث أكثر اغتراباً من الذكور (زينب النجار، 1988).

فيما أشارت دراسة أخرى إلى أن الذكور أكثر إحساساً بالاغتراب من الإناث (أحمد طواحنه، 1987)، وأشارت دراسة أخرى إلى أن طلبة الكليات الإنسانية أكثر شعوراً بالاغتراب من طلبة الكليات العلمية (أحمد خيري حافظ، 1980)، فيما أشارت دراسات أخرى إلى عكس ذلك ؛ أي أن طلبة الكليات العلمية يعانون من الاغتراب أكثر من طلبة الكليات الإنسانية (فايز محمد الحديدي، 1990).

فيما أشارت بعض الدراسات إلى وجود فروق بين طلاب السنة الأولى وطلبة السنة النهائية، حيث أن طلاب السنة الأولى يعانون من الشعور بالاغتراب أكثر من زملائهم طلبة السنة النهائية. (أحمد خيري حافظ 1980م، أحمد طواحنه 1987م)، فيما أشارت دراسة أخرى إلى عكس السابق، أن طلاب السنوات النهائية كانوا أكثر شعوراً بالاغتراب من طلاب السنوات الدراسية الأولى (هاني الأهواني، 1986م).

وفيما يتعلق بالتوافق النفسي الاجتماعي : يتضح مما تقدم عرضه من دراسات وأبحاث سابقة قد تناولت بالدراسة والبحث التوافق النفسي و الاجتماعي وذلك كمتغير، وهي بهذا مشابهة إلى ما ذهب إليه البحث الحالي فيما يتعلق بالتوافق النفسي والاجتماعي للطلاب من الفئة العمرية 16-18 سنة أي أنها المرحلة الثانوية، والمقاربة للمرحلة الجامعية الأولى. ولكن هذه الدراسات قد تباينت فيما بينها حيث درست علاقة التوافق بمتغيرات أخرى.

- ومن الدراسات التي تناولت علاقة التوافق النفسي و الاجتماعي بالتحصيل الدراسي : كدراسة جميعان 1983 م،، ودراسة عبد اللطيف مدحت 1987 م، ودراسة محمد 1991 م، حيث أظهرت نتائج هذه الدراسات وجود فروق جوهرية ذات دلالة إحصائية بين التوافق النفسي والاجتماعي والتحصيل الدراسي.

كما أن بعض هذه الدراسات قد ركزت على الفروق في التوافق النفسي والاجتماعي بين الذكور والإناث كدراسة جميعان 1983م، ودراسة عبد اللطيف مدحت 1987م، ودراسة محمد 1991م، حيث أوضحت النتائج عدم وجود فروق ذات دلالة إحصائية في التوافق بين الذكور والإناث إلا أن دراسة جميعان 1983م، أثبتت وجود فروق جوهرية ذات دلالة إحصائية لصالح الطالبات على مجموعه من الأبعاد التكيفية مثل العلاقات الأسرية – الامتثال للأنظمة والقوانين – التكيف مع الواقع ؛ بينما توجد فروق ذات دلالة إحصائية لصالح الطلاب الذكور على بُعد الاستعداد القيادي.

وفيما يخص الدراسات الأجنبية : فإنه يلاحظ عليها استخدامها لعينات نسبياً صغيرة فمثلاً (83 فرداً في دراسة كنيستون)، و(53 فرداً في دراسة اويو)، و (68 فرداً في دراسة مارتن) و (146 في دراسة بيريز).

وهناك عينات تراوح عددها ما بين (343 – 492) فرداً، واعتمدت بعض هذه الدراسات على أدوات بحث من إعداد باحثيها أنفسهم (كنيستون، وجود وين) فيما استعان باحثون آخرون بأدوات بحث جاهزة من بينها مقياس كاليفورنيا للشخصية (C.P.I) واستبيان المعلومات الشخصية (P.I.Q)، ومقياس (Dean) للاغتراب الذي استعانت به أكثر من دراسة، وتباينت أهداف الدراسات هذه فمنها من أكتفت بالإجابة على هذا السؤال ؛ لماذا يكون بعض الأفراد مغتربين عن مجتمعهم فيما يكون البعض الآخر غير مغتربين (كنيستون، 1971)، ومنها من ذهبت إلى دراسة العلاقة بين الاغتراب وعدد من المتغيرات من مثل : الجنس، المستوى الاجتماعي والاقتصادي، مستوى الطموح، العمر، الحالة الاجتماعية، المستوى الدراسي، الديانة. واختلفت الدراسات في نتائجها أيضاً ؛ فمنها من وجدت علاقة بين الاغتراب وبعض المتغيرات من مثل: الجنس، والمستوى الدراسي (دراسة مارتن، وجود وين) ومنها من لم تجد علاقة بين الاغتراب وعدد من المتغيرات من مثل متغير الحالة الاجتماعية، على أن الدراسات خرجت بنتيجة هي أن طلبة الجامعة يعانون من الاغتراب وإن اختلفت حدته بشكل أو بآخر.

على أن أقرب دراستين لموضوع الدراسة الحالية: هما دراسة (بيريز، 1975م) و (ودراسة تبريزي، 1974م) فلقد هدفت الأولى : إلى المقارنة بين الطلبة البوريتركين والطلبة غير البوريتركين في الاغتراب وخلصت إلى أن الطلاب البوريتركيين كانوا أكثر شعوراً بالاغتراب مقارنة بغير البوريتركيين، أما الثانية " دراسة تبريزي فقد هدفت إلى قياس الطلاب الإيرانيين في جامعة ميتشجن بالولايات المتحدة الأمريكية "، وتوصلت إلى وجود علاقة بين الاغتراب والإيجابية، وأن الطلبة الذين يشاركون في النشاطات الاجتماعية والسياسية كانوا اقل اغتراباً من زملائهم الإيرانيين الذين لا يشاركون من مثل هذه النشاطات.

- الدراسات الإجرائية:

يتضمن هذا الفصل عرضاً للإجراءات التي أتبعها الباحـث لتحقيـق أهـداف بحثـه تنـاول فيـه مجتمع البحث من حيـث تحديـده ومواصـفاته وعينـة البحـث ومواصـفاتها، وإعـداد أداتي البحـث المتمثلين بمقياس الاغتراب، ومقياس التوافق النفسي والاجتماعي، وطرائق استخرج الصـدق والثبـات لهما، والأساليب الإحصائية المستخدمة لتحليل بيانات هذا البحث ومعالجتها.

أولاً - العـينـة :

1- المجتمع الأصل للدراسة :

تم اختيار مجموعة من الجامعات اليمنية (حكومية – وأهلية) والتي يتوافر فيها التخصصـات العلمية والأدبية بشكل كبير، كما يتواجد فيها الكثير مـن الطـلاب العـرب، أمـا الجامعـات الصـغيرة والحديثة، والكليات الفرعية النائية فقد تم استبعادها كونها لا تلبي حاجات وشروط البحث.

جدول رقم (1) : يوضح الجامعات الحكومية والأهلية، وعدد الطلاب اليمنيين، والعرب، والجنس ذكوراً وإناث والتخصص علمي، وأدبي

التخصص		الجنسية		الجنس		أسم الجامعة
علمي	أدبي	عرب	يمنيين	إناث	ذكور	
9127	45829	729	54227	7940	46287	جامعة صنعاء
320	10288	30	10578	3329	7249	جامعة الحديدة
1476	6540	54	7962	861	7101	جامعة ذمار
1330	16766	10	18086	5170	12916	جامعة تعز
2368	4381	2699	4050	2801	3849	جامعة العلوم والتكنولوجيا الأهلية
266	105	136	235	74	297	جامعة العلوم التطبيقية الأهلية
14887	83909	3658	95138	20175	77699	المجموع

2- عينة البحث :

تم اختيار عينة عشوائية عدد أفرادها (351) طالباً وطالبة من المجتمع الأصلي، حيث وجد أن عدد الطلاب الذين ينتمون إلى القسم العلمي (130)، وكان عـددهم في القسـم الأدبي (221)، كما كان عـدد الطلاب اليمنيين (281)، وعدد الطلاب العرب (70)، كما كان عدد الطلاب الذكور في هذه العينة (192)، وعدد الطالبات الإناث (159).

جدول رقم (2) : يبين عينة البحث للطلاب اليمنيين والعرب،
والقسم العلمي والأدبي، والطلاب الذكور، والإناث

التخصص		الجنسية		الجنس		أسم الجامعة
علمي	أدبي	عرب	يمنيين	إناث	ذكور	صنعاء، الحديدة، ذمار، تعـز، التكنولوجيا التطبيقية
130	221	70	281	159	192	

ثانياً - أدوات البحث :

يتطلب أهداف البحث أداتين، الأولى تقيس متغير الاغتراب، فيما تقيس الثانية متغير التوافق النفسي والاجتماعي. فيما يتعلق بالاغتراب، فقد وجد الباحث عدداً لا بأس به من مقاييس الاغتراب ؛ غير أنه فضّل أن يبني مقياساً يخدم أهداف بحثه ويناسب خصائص من يطبق عليهم مـن الطلبة اليمنيين والطلبة العرب الدارسين في الجامعات اليمنية، تتوافر فيهم شروط المقاييس العلميـة مـن حيث الصدق، والثبات، وفيما يأتي عرض تفصيلي بخطوات بنائه.

الأداة الأولى : بناء مقياس الاغتراب :

وصف مقياس الاغتراب :

ولغرض أن يكون المقياس شاملاً وموضوعياً، فأنه ينبغي أن تغطي فقراته كل أبعاد الحالة أو المتغير المراد قياسه ؛ وهذا يتطلب بدءاً تحديد مجالات " الاغتراب ".

ولدى مراجعة الباحث لمقاييس الاغتراب، وجد أن المقاييس الأولى له جعلت الاغتراب معتمداً على عامل واحد. غير أن الدراسات اللاحقة أوضحت أن الاغتراب ظاهرة متعددة الأبعاد، فعمدت المقاييس الحديثة إلى تحديدها، ووضع عبارات خاصة بكل عامل أو مظهر للاغتراب، ومن خلال الاطلاع على عدد لا بأس به من المقاييس، والدراسات، والأدبيات الخاصة بظاهرة الاغتراب، تكونت لدى الباحث تصورات مكنته من بناء مقياس يشمل كل أبعاد الاغتراب، وصالح للبيئة اليمنية، ويخدم الباحث الحالي، ومن هذه المقاييس التي أطلع عليها الباحث على سبيل المثال لا الحصر- كالآتي :-

1. **مقياس أمل بشير للاغتراب (1989م).**
2. **مقياس الأشول وآخرون للاغتراب (1985م).**
3. **مقياس فايز الحديدي للاغتراب (1990م).**
4. **مقياس إبراهيم محّمد عيد للاغتراب (1983م، و1987م).**
5. **مقياس أحمد علي الجرموزي للاغتراب (1992م).**
6. **مقياس ديفيدز Davids (1955م).**

فتأسيساً على الإطار النظري للاغتراب، والأبعاد التي اعتمدتها مقاييسه، ارتأى الباحث تحديد مجالات المقياس بستة مجالات كما وردت في دائرة المعارف البريطانية لسنة 1974م – عند - تحية محمد عبد العال، 1989م، وهي على النحو الآتي :

1. **الشعور بالعجز** power lessness
2. **اللامعنى** Meaning lessness

3. العزلة الاجتماعية **Social isolation**

4. اللامعيارية **Norml lessness**

5. العزلة الفكرية (الثقافية) **Culture strangement**

6. الاغتراب عن الذات **Self - strangement**

وقد تألف مقياس الاغتراب بصورته النهائية من (80) فقرة موزعة على المحاور الستة، وكما هو موضح في الجدول رقم (3).

جدول رقم (3) : يوضح محاور مقياس الاغتراب الستة وعدد فقراتها

م	أسم المحور	أرقام الفقرات	عدد الفقرات
1	الشعور بالعجز	1، 2، 3، 4، 5، 6، 7، 8، 9، 10، 11، 12، 13، 14، 15، 16.	16
2	اللا معنى	17، 18، 19، 20، 21، 22، 23، 24، 25، 26 27، 28، 29، 30، 31، 32.	16
3	العزلة الاجتماعية	33، 34، 35، 36، 37، 38، 39، 40، 41، 42، 43، 44، 45.	13
4	اللا معيارية	46، 47، 48، 49، 50، 51، 52، 53، 54، 55، 56، 57.	12
5	العزلة الفكرية الثقافية	58، 59، 60، 61، 62، 63، 64، 65، 66، 67، 68، 69.	12
6	الاغتراب عن الذات	70، 71، 72، 73، 74، 75، 76، 77، 78، 79، 80.	11
	مجموع عدد فقرات مقياس الاغتراب الكلي		80 فقرة

للتعرف على فقرات مقياس الاغتراب أنظر الملحق رقم (4)

وقد روعي في صياغة الفقرات أن تكون صيغتها بضمير المتكلم والابتعاد عن صيغة نفي النفي وأن تحمل كل عبارة تفسيراً واحداً يعبر عن فكرة واحدة كي لا تربك المستجيب (سمارة، 1989، ص 81 ؛ أبو علام، رجاء محمد، شريف نادية محمد، 1989، ص 124).

كما تم إعداد تعليمات المقياسين بمثابة الدليل الذي يسترشد به المستجيب في إجابته على فقرات المقياس، روعي فيها أن تكون سهلة ومختصرة ؛ وتم أيضاً تحديد بدائل الإجابة بخمسة بدائل هي :

1-   موافق تماماً.

2-   موافق.

3-   موافق إلى حداً ما.

4-   غير موافق.

5-   غير موافق إطلاقاً.

ولقد أعتمد الباحث طريقة ليكرت likert الخماسية في بناء مقياس التوافق النفسي- والاجتماعي، بطريقة مطابقة لما تم عمله في مقياس الاغتراب.

صدق مقياس الاغتراب :

قام الباحث بحساب الصدق بطرقتين هما :

أولاً : بطريقة صدق المحكمين :

بعد أن تم إعداد فقرات المقياس البالغة (89) وذلك بصورته المبدئية وفق مجالاته الستة، وبدائله الخمسة، وتعليماته (ملحق رقم 2) قام الباحث بعرضها على مجموعة من المحكمين في اختصاص التربية وعلم النفس، (أنظر ملحق 1) ولغرض التعرف على الصدق الظاهري المتضمن وضوح الفقرات ومدى صلاحيتها في قياس الاغتراب

النفسي في ضوء أهداف البحث، وتحديد مفهوم الاغتراب النفسي بمجالاته الستة. وبعد جمع أراء المحكمين وتحليلها أتضح أنهم يجمعون على صدق (80) فقرة من عدد الفقرات التي عرضت عليهم وتم حذف (9) فقرات، كونها بعضها مكررة والبعض الآخر لم تكن صياغتها ملائمة.

ثانياً : بطريقة الاتساق الداخلي لأبعاد الاغتراب :

لمعرفة نوع العلاقة التي تربط بين أبعاد المقياس الستة تم حساب معامل ارتباط بيرسون بين أبعاد المقياس. ويوضح الجدول (4) أن جميع هذه المعاملات موجبة وقيمها مرتفعة (قيم معاملات الارتباط محصورة بين 0.40 – 0.78). وهذه القيم تدل على أن هناك علاقة إيجابية بين جميع هذه الأبعاد مما يؤكد أن هذه الأبعاد (المحاور) مرتبطة ببعضها البعض.

جدول(4): يوضح معاملات ارتباط أبعاد مقياس الاغتراب ببعضها البعض

الشعور بالاغتراب عن الذات	الشعور بالعزلة الفكرية	الشعور باللامعيارية	الشعور بالعزلة الاجتماعية	الشعور باللامعنى	الشعور بالعجز	أبعاد المقياس
					1.0000	الشعور بالعجز
				1.0000	5823 .	الشعور باللامعنى
			1.0000	0.6434	0.4001	الشعور بالعزلة الاجتماعية
		1.0000	0.5899	0.6730	0.4005	الشعور باللامعيارية
	1.0000	0.6472	0.5609	0.7120	0.4925	الشعور بالعزلة الفكرية
1.0000	0.7800	0.5686	0.4984	0.6791	0.4500	الشعور بالاغتراب عن الذات

وللتأكيد على وجود اتساق داخلي بين أبعاد مقياس الاغتراب تم حساب معامل الارتباط بين كل محور والمجموع الكلي لدرجات بقية المحاور. ويوضح الجدول (5) أن معاملات الارتباط بين درجة كل بعد ومجموع درجات بقية الأبعاد مرتفعة، ومحصورة بين (0.56 - 0.83).

جدول (5) : يوضح معاملات الارتباط بين

درجة كل بُعّد والمجموع الكلي لدرجات بقية الأبعاد

أبعاد مقياس الاغتراب	معامل ارتباط درجة كل بُعّد / الكلي
الشعور بالعجز	0.56
الشعور باللامعنى	0.83
الشعور بالعزلة الاجتماعية	0.65
الشعور باللامعيارية	0.70
الشعور بالعزلة الفكرية	0.79
الشعور بالاغتراب عن الذات	0.73

ثبات مقياس الاغتراب :

تم أخذ عينة استطلاعية عدد أفرادها (68) فرد من طلبة بعض الجامعات اليمنية لغرض حساب ثبات المقياس.

وقد تم استخدام معادلة ألفا كرونباخ لحساب الثبات الكلي للمقياس حيث بلغت درجة ثبات المقياس (0.94) مما يدل على أن درجة ثبات المقياس عالية " كما تم

حساب ثبات المقياس للمحاور الستة، وتم استخدام معادلة آلفا كرونباخ لحساب معامل ثبات المحاور الستة لمقياس الاغتراب وكانت قيم آلفا لكل محور موضحة بالجدول (6). والملحق (6، 7) يوضح نتائج التحليل الإحصائي الخاص بحساب ثبات مقياس الاغتراب الكلي ومحاوره الستة.

جدول رقم (6) : يوضح قيم معامل آلفا∝ كرونباخ

للمحاور الستة في مقياس الاغتراب

رقم المحور	أسم المحور	عدد فقرات المحور	أرقام الفقرات	قيمة آلفا ∝ كرونباخ
1	الشعور بالعجز	16	1- 16	0.82
2	اللا معنى	16	17-32	0.83
3	العزلة الاجتماعية	13	33 – 45	0.68
4	اللامعيارية	12	46 – 57	0.73
5	العزلة الفكرية	12	58 - 69	0.80
6	الاغتراب عن الذات	11	70 - 80	0.85

ثانياً : الأداة الثانية مقياس التوافق النفسي والاجتماعي

فيما يتعلق بالتوافق النفسي والاجتماعي، فقد وجد الباحث عدداً لا بأس به من مقاييس التوافق ؛ غير أنه فضّل أن يبني مقياساً يخدم أهداف بحثه ويناسب خصائص من يطبق عليهم من الطلبة اليمنيين والطلبة العرب الدارسين في الجامعات اليمنية، تتوافر

فيهم شروط المقاييس العلمية من حيث الصدق، والثبات، وفيما يأتي عرض تفصيلي بخطوات بنائه.

بناء مقياس التوافق النفسي والاجتماعي :

وصف مقياس التوافق النفسي والاجتماعي :

ولغرض أن يكون المقياس شاملاً وموضوعياً، فأنه ينبغي أن تغطي فقراته كـل أبعـاد الحالـة أو المتغير المراد قياسه ؛ وهذا يتطلب بدءاً تحديد مجالات " التوافق النفسي والاجتماعي ".

ولدى مراجعة الباحث لمقاييس التوافق، وجد أن المقاييس المتعلقـة بـالتوافق كثيرة ومتنوعـة ولها مجالات متنوعة ومتعددة، فعمد الباحـث إلى وضع عبارات خاصة بكـل عامل أو مظهر للتوافق النفسي الاجتماعي. ومن خلال الاطـلاع عـلى عـدد لا بـأس بـه مـن المقاييس، والدراسات، والأدبيات الخاصة بالتوافق، تكونت لدى الباحث تصورات مكنته من بناء مقياس يشمل كـل أبعـاد التوافق النفسي الاجتماعي، وصالح للبيئة اليمنية، ويخدم البحث الحالي، ومن هذه المقاييس التـي أطلع عليها الباحث على سبيل المثال لا الحصر كالآتي :-

1. مقياس بل للتوافق والذي تم تعديله (تكيفيه) في رسالة الماجستير – إعـداد الطالـب أنور الذبحاني 1999م.

2. مقياس التوافق النفسي والاجتماعي – رسالة ماجستير – إعداد الطالب عبد الحـافظ سيف الخامري 1996م.

3. مقياس نجـاتي للتوافق والـذي تـم تعديله (تكيفيه) في رسـالة الماجستير – إعـداد الطالبة أروى العزي 1996م.

4. مقياس القلق السوي، سامية القطـان (1986م)، مجلـة كليـة التربيـة – جامعـة عـين شمس، القاهرة.

5. مقياس كابلدي (1995 م) Capaldi للتوافق الاجتماعي، حيث درس العملية الأسرية والتوافق في المرحلة الثانوية لدى الذكور الذين أظهروا أعراضاً إكتئابية.

6. مقياس رود ريجز وبيرنشتين (1995 م)، حيث أهتمت بفحص المتغيرات المرتبطة بالتوافق الدراسي، والتي تناولت الانفصال النفسي والهوية العرقية والتوافق الدراسي في الجامعة.

فتأسيساً على الإطار النظري للتوافق النفسي الاجتماعي، والأبعاد التي اعتمدتها مقاييسه ارتأى الباحث تحديد مجالات المقياس بستة مجالات على النحو الآتي :

يتكون مقياس التوافق النفسي الاجتماعي من ستة محاور فرعية هي :

1. التوافق الأسري Family Adjustment
2. التوافق الدراسي Study Adjustment
3. التوافق مع الآخري Adjustment With Others
4. التوافق الانفعالي (وجداني) Emotional Adjustment
5. التوافق الصحي والجسمي Health and body Adjustment
6. توافق القيمي الديـني Moral / religious Adjustment

وقد تآلف مقياس التوافق بصورته النهائية من (82) فقرة موزعة على المحاور الستة، وكما هـو موضح في الجدول رقم (7).

جدول رقم (7) : يوضح محاور مقياس التوافق الستة وعدد فقراتها

م	أسم المحور	أرقام الفقرات	عدد الفقرات
1	التوافق الأسري	81، 82، 83، 84، 85، 86، 87، 88، 89، 90، 91، 92، 93، 94، 95، 96،97.	17
2	التوافق الدراسي	98، 99، 100، 101، 103،102،104 105،106،107، 108 109، 110، 111، 112.	15
3	التوافق مع الآخرين	113، 114، 115، 116،117، 118، 119، 120، 121، 122، 123، 124، 125، 126.	14
5	التوافق الصحي والجسمي	140، 141، 142، 143، 144، 145، 146، 147.	8
6	التوافق القيمي (الديني)	148 149 150 151، 152، 153، 154، 155، 156، 157، 158، 159، 160، 161، 162.	15
	مجموع عدد فقرات مقياس التوافق الكلي		82 فقرة

للتعرف على فقرات مقياس الاغتراب أنظر الملحق رقم (5)

صدق مقياس التوافق النفسي والاجتماعي :

قام الباحث بحساب الصدق بطريقتين هما :

أولاً : صدق المحكمين :

بعد أن تم إعداد فقرات المقياس البالغة (108) وذلك بصورته المبدئية وفق مجالاته الستة، وبدائله الخمسة، وتعليماته (أنظر ملحق 3) قام الباحث بعرضها على مجموعة من المحكمين في اختصاص التربية وعلم النفس، (أنظر ملحق 1) ولغرض التعرف على الصدق الظاهري المتضمن وضوح الفقرات ومدى صلاحيتها في قياس التوافق النفسي ـ والاجتماعي في ضوء أهداف البحث، وتحديد مفهوم التوافق بمجالاته الستة. وبعد جمع أراء المحكمين وتحليلها أتضح أنهم يجمعون على صدق (82) فقرة من عدد الفقرات التي عرضت عليهم وتم حذف (26) فقرة، كون أن بعضها يحمل نفس المعنى لبعض فقرات المقياس، والبعض الآخر لم تكن صياغتها ملائمة.

ثانياً : الاتساق الداخلي لأبعاد التوافق :

لمعرفة نوع العلاقة التي تربط بين أبعاد مقياس التوافق الستة تم حساب معامل ارتباط بيرسون بين أبعاد المقياس. ويوضح الجدول (8) أن جميع هذه المعاملات موجبة وقيمها مرتفعة (معاملات الارتباط محصورة بين 0.42 – 0.66). وهذه القيم تدل على أن هناك علاقة إيجابية بين جميع هذه الأبعاد مما يؤكد أن هذه الأبعاد (المحاور) مرتبطة ببعضها البعض.

جدول (8): يوضح معاملات ارتباط أبعاد مقياس التوافق ببعضها البعض

أبعاد المقياس	التوافق الأسري	التوافق الدراسي	التوافق مع الآخرين	التوافق الانفعالي	التوافق الصحي والجسمي	التوافق القيمي
التوافق الأسري	1.0000					
التوافق الدراسي	.4288	1.0000				
توافق مع الآخرين	.5149	.6387	1.0000			
التوافق الانفعالي	.6399	.5513	.6583	1.0000		
التوافق الصحي والجسمي	.4821	.5317	.6200	.6174	1.0000	
التوافق لقيمي	.4404	.6207	.5117	.5075	.4600	1.0000

وللتأكيد على وجود اتساق داخلي بين أبعاد مقياس التوافق تم حساب معامل الارتباط بين كل محور والمجموع الكلي لدرجات بقية المحاور. ويوضح الجدول (9) أن معاملات الارتباط بين درجة كل بُعد ومجموع درجات بقية الأبعاد مرتفعة، ومحصورة بين (0.61 - 0.75).

جدول (9) : يوضح معاملات الارتباط بين درجة كل بُعد والمجموع الكلي لدرجات بقية الأبعاد

أبعاد مقياس التوافق	معامل ارتباط درجة كل بعُد / الكلي
التوافق الأسري	0.61
التوافق الدراسي	0.68
التوافق مع الآخرين	0.74
التوافق الانفعالي	0.75
التوافق الصحي والجسمي	0.68
التوافق القيمي الديني	0.64

ثبات مقياس التوافق :

تم أخذ عينة استطلاعية عدد أفرادها (68) فرداً من طلبة بعض الجامعات اليمنية لغرض حساب ثبات المقياس.

وقد تم استخدام معادلة ألفا كرونباخ لحساب الثبات الكلي للمقياس حيث بلغت درجة ثبات المقياس (0.93) مما يدل على أن درجة ثبات مقياس التوافق عالية "

كما تم حساب ثبات المقياس للمحاور الستة وكانت قيمة آلفا موضحة بالجدول (10). والملحق (8، 9) يوضح نتائج التحليل الإحصائي الخاص بحساب ثبات مقياس التوافق الكلي ومحاوره الستة.

جدول(10) : يوضح قيمة معامل آلفا كرونباخ للمحاور الستة في مقياس التوافق

رقم المحور	أسم المحور	عدد فقرات المحور	أرقام الفقرات	قيمة آلفا ∝ كرونباخ
1	التوافق الأسري	17	97 - 81	0.87
2	التوافق الدراسي	15	112 - 98	0.68
3	التوافق مع الآخرين	14	126 - 113	0.78
4	التوافق الانفعالي (الوجداني)	13	139 - 127	0.84
5	التوافق الصحي والجسمي	8	147 - 140	0.81
6	التوافق القيمي (الديني)	15	162 - 148	0.67

ثالثاً - إجراءات البحث (أسلوب التطبيق) :-

تم تطبيق هذا البحث في منصف شهر مايو 15/ 5 /1999م مروراً بالخطوات الآتية :

- قام الباحث باستخراج مذكرة من كلية التربية عمران إلى عميد كلية التربية، وعميد كلية الآداب، وعميد كلية الطب، وعميد كلية الهندسة في جامعة صنعاء لتسهيل مهمة الباحث ملحق (9).

- قام الباحث بزيارة لجميع الجامعات المذكورة أعلاه في صنعاء، ومحافظة تعز، ومحافظة الحديدة، ومحافظة ذمار، ومن ثم وزعت نسخ الاستمارات على الطلاب والطالبات الجامعيين، اليمنيين، والعرب، ومن الذكور والإناث، ولجميع التخصصات، والمشمولين بالعينة ووضحت الباحث لهم الهدف من البحث وطلب منهم التعاون لإنجاح هذا البحث وارفق مع الأداة تغطية تبين الهدف من البحث، وإرشادات تبين بعض الأمور التي يجب مراعاتها عند الإجابة.

- ترك الباحث فرصة لثلاثة أيام لبعض المستجيبين، وبعضهم كان في نفس الوقت للمستجيبين للإجابة على الاستمارة بحيث أن جميع المستهدفين في هذا البحث قد أخذوا وقت كافياً للإجابة على المقياسين، ثم تم تجميع الاستمارات.

- تم توزيع أربعمائة وعشرة (410) استمارة وكان العائد منها (351) استمارة. استبعد منها (15) استمارة لعدم اكتمالها، وفقد عدد (44) استمارة، فاصبح مجموع الاستمارات (351) استمارة بنسبة (86 %) من مجموع الاستمارات التي تم توزيعها.

رابعاً - المعالجة الإحصائية :

في هذه الدراسة قام الباحث باستخدام عدد من الوسائل الإحصائية لمعالجة البيانات وفقاً لأسئلة البحث الموضحة في الفصل الأول وهذه الوسائل تشمل الآتي :

1. تم استخدام معادلة آلفا كورنباخ لحساب ثبات المقياسين.

2. تم حساب المتوسطات وللانحرافات المعيارية المتعلقة بمتغيرات البحث.

3. تم استخدام الاختبار التائي (t - test) لعينتين مستقلتين لمعرفة الفروق في الاغتراب النفسي- والتوافق النفسي- الاجتماعي، تبعاً لمتغير التخصص، الجنسية، الجنس، وبالنسبة للمقياسين ككل، ولمحاورهما الستة.

4. تم استخدام معادلة بيرسون لحساب معامل الارتباط الكلي بين مقياسين الاغتراب والتوافق وذلك لتحديد طبية العلاقة بين الاغتراب والتوافق.

المعالجات الإحصائية التي تم استخدامها في البحث:

تم استخدام عدد من المعالجات الإحصائية وهي على النحو * الآتي:

1. معادلة الفا للإتساق الداخلي (Alfa Coefficient For Internal Consistency) (Nunnally,1978, p.214) وقد استخدمت لمعرفة الثبات بطريقة الاتساق الداخلي.

$$a = \frac{k}{k-1}\left(1 - \frac{\sum \sigma_i^2}{\sigma y^2}\right)$$

---

* تمت الاستفادة من الحقيبة الإحصائية للعلوم الاجتماعية SPSS (في معالجة البيانات إحصائياً بالحاسبة الإلكترونية .

K: يعني عدد فقرات الإختبار

سيجما $\overset{o}{_y}$: تعني التباين في العلامات على الإختبار ككل (مربع الانحراف المعياري).

سيجما o_i : تعني التباين في علامات الطلاب على كل فقرة من فقرات الاختبار، حيث استُخدمت لحساب معامل ثبات مقياسي الإغتراب النفسي، والتوافق النفسي والاجتماعي. (رودني دوران، ترجمة، صباريني، والخليلي، وملكاوي، 1985م، ص:163).

2. الاختبار التائي (t-test) لعينتين مستقلتين (فيركسون، 1991، ص221) لمعرفة الفروق بين درجات الطلاب في التوافق النفسي والاجتماعي، والاغتراب النفسي، وفقاً لمتغير الجنس، التخصص، الجنسية.

$$ t = \frac{\bar{x}_1 - \bar{x}_2}{\sqrt{S_1^2 / N_1 + S_2^2 / N_2}} $$

3. معامل ارتباط بيرسون (Pearson Correlation Coefficient) (محمّد صبحي، أبوصالح 1990، ص193- 194) حيث تم استخدمه لمعرفة العلاقة بين التوافق النفسي الاجتماعي، والاغتراب النفسي.

$$ r = \frac{[N\sum X_i y_i] - [\sum X_i][\sum y_i]}{\sqrt{N[\sum X_i^2] - [\sum X_i]^2} \sqrt{N[\sum Y_i^2] - [\sum Y_i]^2}} $$

4 - اختبار التباين الثنائي : ANOVA - 2 way لمعرفة التفاعل بين المتغيرات (الجنس، التخصص، الجنسية)، وأثرهما على التوافق.

$$F = \frac{M\,S}{\text{Within}}$$

(عودة، أحمد سليمان، والخليلي، 1988م، ص: 402).

تابع الفصل الرابع

نتائج البحث ومناقشتها

الفصل الرابع

نتائج البحث ومناقشتها

- عرض النتائج المتعلقة بالإجابة عن الفرضية المتعلقة بالعلاقة بين الاغتراب الكلي،
  والتوافق الكلي (فرضية 1)

  - مناقشة نتائج التحليل المتعلقة بالعلاقة بين الاغتراب الكلي، والتوافق
    الكلي ومحاورهما.

- عرض النتائج المتعلقة بالإجابة عن الفرضيات المتعلقة بأثر الجنسية على التوافق
  ومحاوره الستة (فرضية 2، 3).

  - مناقشة نتائج التحليل المتعلقة بأثر الجنسية على التوافق ومحاوره الستة.

- عرض النتائج المتعلقة بالإجابة عن الفرضية (4).

  - مناقشة نتائج التحليل المتعلقة بالفرضية (4).

- عرض النتائج المتعلقة بالإجابة عن الفرضية (5).

  - مناقشة نتائج التحليل المتعلقة بالفرضية (5).

- عرض النتائج المتعلقة بالإجابة عن الفرضيات المتعلقة بأثر الجنسية على الاغتراب
  الكلي ومحاوره الستة (فرضية 6، 7).

  - مناقشة نتائج التحليل المتعلقة بأثر الجنسية على الاغتراب الكلي ومحاوره
    الستة (فرضية 6، 7).

- عرض النتائج المتعلقة بالإجابة عن الفرضيات المتعلقة بأثر الجنس على الاغتراب الكلي
  ومحاوره الستة (فرضية 8، 9).

  - مناقشة نتائج التحليل المتعلقة بأثر الجنس على الاغتراب الكلي ومحاوره
    الستة.

- عرض النتائج المتعلقة بالإجابة عن الفرضيات المتعلقة بأثر الجنس على التوافق الكلي
  ومحاوره الستة (فرضية 10، 11).

- مناقشة نتائج التحليل المتعلقة بأثر الجنس على التوافق الكلي ومحاوره الستة.

• عرض النتائج المتعلقة بالإجابة عن الفرضية (12).

- مناقشة نتائج التحليل المتعلقة بالفرضية (12).

• عرض النتائج المتعلقة بالإجابة عن الفرضية (13).

- مناقشة نتائج التحليل المتعلقة بالفرضية (13).

• عرض نتائج التحليل الإحصائي للفرضيات المتعلقة بأثر التخصص على الاغتراب الكلي ومحاوره الستة (فرضية 14، 15).

- مناقشة نتائج التحليل المتعلقة بأثر التخصص على الاغتراب الكلي ومحاوره الستة (فرضية 14، 15).

• عرض نتائج التحليل الإحصائي للفرضيات المتعلقة بأثر التخصص على التوافق الكلي ومحاوره الستة (فرضية 16، 17).

- مناقشة نتائج التحليل المتعلقة بأثر التخصص على التوافق الكلي ومحاوره الستة   (فرضية 16، 17).

• عرض النتائج المتعلقة بالإجابة عن الفرضية (18).

- مناقشة نتائج التحليل المتعلقة بالفرضية (18).

• عرض النتائج المتعلقة بالإجابة عن الفرضية (19).

- مناقشة نتائج التحليل المتعلقة بالفرضية (19).

• عرض النتائج المتعلقة بالإجابة عن الفرضية (20).

- مناقشة نتائج التحليل المتعلقة بالفرضية (20).

• عرض النتائج المتعلقة بالإجابة عن الفرضية (21).

- مناقشة نتائج التحليل المتعلقة بالفرضية (21).

يهتم هذا الفصل بالإجابة عن فرضيات البحث حيث سيتم عرض هذه الفرضيات وفقاً للتسلسل الذي وردت به في الفصل الأول ومن ثم الإجابة عنها، وهي على النحو التالي :

عرض النتائج المتعلقة بالإجابة عن الفرضية المتعلقة بالعلاقة بين الاغتراب الكلي، والتوافق الكلي :

الفرضية (1) : توجد علاقة ارتباطيه عكسية بين الاغتراب والتوافق النفسي، ومحاورهما لدى الطلاب العرب، واليمنين.

وليتحقق الباحث من هذه الفرضية تم استخدام معامل ارتباط بيرسون لتوضيح العلاقة بين الاغتراب والتوافق بالنسبة للطلاب العرب واليمنيين وتم حساب المتوسطات والانحرافات المعيارية لدرجات الطلاب العرب واليمنيين كما هو موضح في الجدول (11).

الجدول رقم (11) : يوضح المتوسطات والانحرافات المعيارية بالنسبة لدرجات الطلاب اليمنيين والعرب

المجموعة	عدد أفراد العينة	المتوسط		الانحراف المعياري
		الاغتراب	التوافق	
المغتربين العرب	70	168.59	306.33	37.84
المغتربين اليمنيين	281	176.05	301.19	36.88

ولمعرفة طبيعة العلاقة بين الاغتراب والتوافق بالنسبة للطلاب العرب تم استخدام معامل بيرسون وكانت النتائج موضحة في الجدول (12).

الجدول (12) : يوضح نتائج معامل اختبار بيرسون للعلاقة الكلية بين مقياس الاغتراب الكلي والتوافق الكلي بالنسبة للطلاب العرب

المقياس	الاغتراب	التوافق
الاغتراب النفسي	1.0	- 0.6992 *
التوافق النفسي والاجتماعي	- 0.6992 *	1.0

* دالة عند مستوى الدلالة (P = 0.0005)

يتضح من الجدول أعلاه أن معامل الارتباط بين الاغتراب والتوافق النفسي لدى الطلاب العرب هو (0.6992 -) وهو ارتباط عكسي ومرتفع نسبياً. وهذا العلاقة الارتباطية السالبة تدل على أن الطلبة العرب الذين يعانون من درجة عالية من الاغتراب يكون توافقهم بشكل عام متدنياً بشكل كبير، والعكس صحيح.

ولمعرفة طبيعة العلاقة بين الاغتراب والتوافق بالنسبة للطلاب اليمنيين تم استخدام معامل ارتباط بيرسون وكانت النتائج موضحة في الجدول (13).

الجدول (13) : يوضح نتائج معامل اختبار بيرسون للعلاقة الكلية بين مقياس الاغتراب الكلي والتوافق الكلي بالنسبة للطلاب اليمنيين

المقياس	الاغتراب	التوافق
الاغتراب النفسي	1.0	- 0.6992 *
التوافق النفسي والاجتماعي	- 0.6992 *	1.0

* دالة عند مستوى الدلالة (P = 0.0005)

يتضح من الجدول أعلاه أن معامل الارتباط بين الاغتراب والتوافق النفسي لدى الطلاب اليمنيين هو (0.5867 -) وهو ارتباط عكسي ومرتفع نسبياً لكنه أقل من

معامل الارتباط بالنسبة للطلاب العرب. وهـذا العلاقـة الإرتباطيـة السـالبة تـدل عـلى أن الطلبـة اليمنيين الذين يعانون من درجة عالية من الاغتراب يكون توافقهم بشكل عـام متـدنياً إلى حـدٍ مـا، والعكس صحيح.

وللتأكد من طبيعة العلاقة بين الاغتراب الكلي والتوافق الكلي ومحاورهما تم حساب معـاملات بيرسون وكانت النتائج موضحة في الجدول رقم (14).

الجدول (14) : يوضح نتائج معامل اختبار بيرسون للعلاقة الكلية بين مقياس الاغتراب الكلي، والتوافق الكلي ومحاورهما

المقياس ومحاوره	مقياس التوافق الكلي	محور التوافق الأسري	محور التوافق الدراسي	محور التوافق مع الآخرين	محور التوافق الانفعـالي	محور التوافق الصحي والجسمي	محور التـوافق القيمي والديني
مقياس الاغتراب الكلي	- 0.61	- 0.44	- 0.41	- 0.52	- 0.59	- 0.35	- 0.39
محور الشعور بالعـجز	- 0.50	- 0.38	- 0.36	- 0.41	- 0.45	- 0.33	- 0.25
محور الشعور باللامعـنى	- 0.49	- 0.37	- 0.33	- 0.42	- 0.46	- 0.30	- 0.31
محور العزلة الاجتماعية	- 0.48	- 0.37	- 0.32	- 0.46	- 0.43	- 0.22	- 0.29
محور الشعور باللامعيارية	- 0.41	- 0.23	- 0.24	- 0.39	- 0.42	- 0.24	- 0.35
محور العزلة الفكـرية	- 0.53	- 0.37	- 0.38	- 0.42	- 0.53	- 0.30	- 0.35
محور الاغتراب عن الذات	- 0.51	- 0.39	- 0.31	- 0.42	- 0.52	- 0.29	- 0.32

- مناقشة نتائج التحليل المتعلقة بالعلاقة بين الاغتراب الكلي، والتوافق الكلي ومحاورهما :

بالنظر إلى طبيعة العلاقة بين درجة الاغتراب الكلي والتوافق الكلي نجد أنها علاقة عكسية وسالبة حيث كان معامل ارتباط بيرسون بين الدرجة الكلية للاغتراب والتوافق هو (0.61 -). مما يدل على أن الطلاب الذين يعانون من درجة عالية من الاغتراب يعانون من درجة منخفضة من التوافق والعكس صحيح.

وبالنسبة لطبيعة العلاقة بين محاور التوافق والاغتراب فيتضح أنها علاقة عكسية أيضاً ودالة (أنظر الجدول رقم، 14). ولكن يلاحظ أن أعلى ارتباط كان بين درجة الاغتراب الكلي ودرجة محور التوافق الانفعالي وهذا يدل أن الطلبة الذين يعانون من اغتراب كلي مرتفع يعانون أيضاً من درجة متدنية من التوافق الانفعالي والعكس صحيح.

كما دلت النتائج الموضحة في الجدول (14) السابق أن أعلى علاقة ارتباطية كانت بين محور الشعور بالعجز ومقياس التوافق الكلي من جهة ومحور التوافق الانفعالي من جهة أخرى. وكذلك كانت أعلى علاقة إرتباطية بين محور الشعور باللامعنى والتوافق الكلي من جهة ومحور التوافق الانفعالي من جهة أخرى. أما العزلة الاجتماعية فقد كان ارتباطها عالياً مع مقياس التوافق الكلي ومحور التوافق مع الآخرين ثم التوافق الانفعالي. أما الشعور باللامعيارية فكان ارتباطه عالياً بمحور التوافق الانفعالي ثم مع التوافق الكلي. أما العزلة الفكرية فكان ارتباطها عالياً بالتوافق الكلي و بمحور التوافق الانفعالي. وبالنسبة لمحور الاغتراب عن الذات فقد كان ارتباطه عالياً بمحور التوافق الانفعالي ثم بالتوافق الكلي. وهذه النتائج تؤكد أن محور التوافق الانفعالي يرتبط سلبياً بدرجة عالية مع درجة الاغتراب الكلي ودرجة المحاور الستة للاغتراب. يليه في ذلك محور التوافق مع الآخرين حيث كانت معاملات الارتباط بينه وبين الاغتراب الكلي من جهة وبينه وبين

المحاور الستة للاغتراب عالية نسبياً. وهذه النتائج منطقية وتتفق مع ما هو معاش في الحياة العامة لبني البشر.

عرض النتائج المتعلقة بالإجابة عن الفرضيات المتعلقة بأثر الجنسية على التوافق الكلي ومحاوره الستة :

الفرضية (2) : لا توجد فروق ذات دلالة إحصائية بين متوسطات درجات الطلاب اليمنيين ومتوسطات الطلاب العرب على مقياس التوافق الكلي.

الفرضية (3) : لا توجد فروق ذات دلالة إحصائية بين متوسطات درجات الطلاب اليمنيين ومتوسطات الطلاب العرب على محاور التوافق الستة (التوافق الأسري، التوافق الدراسي، التوافق مع الآخرين، التوافق الانفعالي، التوافق الصحي والجسمي، التوافق القيمي).

وللتعرف على ما إذا كانت هناك فروق ذات دلالة بين متوسطات درجات الطلاب اليمنيين والعرب على مقياس التوافق الكلي، فقد تم حساب المتوسطات والانحرافات المعيارية لدرجات الطلاب والطالبات، كما تم استخدام اختبار (t – test) ذو الاتجاهين لعينتين مستقلتين. ويوضح الجدول (15) النتائج الخاصة بذلك.

الجدول (15) : يوضح نتائج اختبار t – test لعينتين مستقلتين والمتعلق بالفروق بين الطلاب اليمنيين والعرب على مقياس التوافق الكلي ومحاوره الستة

الدلالة	مستوى الدلالة (P)	قيمة (ت)*	الطلاب العرب		الطلاب اليمنيين		مقياس التوافق الكلي ومحاوره الستة
			الانحراف	المتوسط	الانحراف	المتوسط	
غير دالة	0.307	1.02	37.84	306.33	37.60	301.19	التوافق الكلي
غير دالة	0.140	1.48	11.59	67.07	11.22	64.84	محور التوافق الأسري
غير دالة	0.253	1.14	12.46	56.46	10.03	54.84	محور التوافق الدراسي
غير دالة	0.347	0.94	9.40	51.77	7.33	52.75	محور التوافق مع الآخرين
غير دالة	0.199	1.29	8.42	45.49	8.39	44.04	محور التوافق الانفعالي
غير دالة	0.301	1.04	4.98	30.74	5.53	29.99	محور التوافق الصحي والجسمي
غير دالة	0.929	0.09	7.34	54.80	7.10	54.72	التوافق القيمي (الديني)

*عند درجة حرية = 349

وبالنظر إلى النتائج الموضحة في الجدول السابق (15) يلاحظ أنه لا توجد فروق بين متوسطات درجات الطلاب اليمنيين والطلاب العرب عند مستوى الدلالة (∝ = 0.05) على مقياس التوافق الكلي وعلى محاور التوافق الستة (التوافق الأسري، التوافق الدراسي، التوافق مع الآخرين، التوافق الانفعالي، التوافق الصحي والجسمي، التوافق القيمي).

مناقشة نتائج التحليل المتعلقة بأثر الجنسية على التوافق ومحاوره الستة (فرضية 2، 3) :

أظهرت نتائج الدراسة أن الفروق بين متوسطات درجات الطلاب اليمنيين والطلاب العرب على مقياس التوافق الكلي وعلى محاوره الستة لم تصل إلى مستوى الدلالة ($\propto = 0.05$)، مما يعني أن عامل الجنسية لم يكن له أثر ذات دلالة إحصائية على التوافق الكلي وعلى المحاور الستة.

ولكن بالنظر إلى جدول (15) نلاحظ أن قيمة المتوسط الحسابي لدرجات الطلاب اليمنيين والعرب على مقياس التوافق الكلي تدل على انخفاض نسب التوافق بين الطلاب اليمنيين والعرب على حد سواء. فمثلاً نجد أن متوسط درجة التوافق الكلي للطلاب اليمنيين بلغت 19 .301 درجة من المجموع الكلي لدرجة التوافق (410 درجة) وهي تدل على أن نسبة التوافق الكلي للطلاب اليمنيين تعادل (73%) تقريباً. وبالنسبة للطلاب العرب وجد أن متوسط درجة لتوافق الكلي للطلاب العرب بلغت 33 .306 من المجموع الكلي لدرجة التوافق (410 درجة) وهي تدل على أن نسبة التوافق الكلي لدى الطلاب العرب تعادل (75%) تقريباً. وبذلك يتضح أن نسب التوافق بدأت بالانخفاض عما هو مفترض وهذا مؤشر غير مرُضي ومقلق خاصة وأن نسبة درجة توافق الطلاب اليمنيين تبدو أقل من نسبة توافق الطلاب العرب. ولهذا يجب أن ننظر لهذه النتيجة بنظرة فاحصة حيث أن النتائج التي حصلنا عليها في الجدول (15) تُعد مؤشراً مقلقاً وتشكل خطورة غير محمودة العواقب إذا ما أستمر عليه الحال كما هو مستقبلاً، فأنه قد تزداد حدة عدم التوافق في داخل المجتمع اليمني بشكل تصاعدي، مما يعني تصدع المجتمع وانهياره.

عرض النتائج المتعلقة بالإجابة عن الفرضية (4) :

الفرضية (4) : لا توجد فروق ذات دلالة إحصائية بين الطلاب العرب الأكثر اغتراباً والأقل اغتراباً في التوافق النفسي.

وللإجابة عن هذه الفرضية فقد تم حساب المتوسطات والانحرافات المعيارية لدرجات الطلاب العرب في التوافق النفسي، كما تم استخدام اختبار (t - test) ذو الاتجاهين لعينتين مستقلتين ويوضح الجدول (16) النتائج الخاصة بذلك.

الجدول رقم (16) : يوضح نتائج اختبار t - test لعينتين مستقلتين والمتعلق بالفروق بين الطلاب العرب الأكثر اغتراباً والأقل اغتراباً في التوافق النفسي

المجموعة	المتوسط	الانحراف المعياري (SD)	درجة الحرية (DF)	فرق المتوسطين	قيمة (ت) (t - test)	مستوى الدلالة (P) *
الطلاب العرب الأكثر اغتراباً	282.5	35.67	68	37.91	4.60	0.0005
الطلاب العرب الأقل اغتراباً	320.41	31.81				

تشير النتائج الموضحة في الجدول السابق (16) إلى أنه توجد فروق ذات دلالة إحصائية بين متوسطات درجات الطلاب العرب الأكثر اغتراباً والأقل اغتراباً في التوافق النفسي عند مستوى الدلالة (∝ = 0.05)، حيث كانت قيمة (ت) (t = 4.60 , P = 0.0005) .

مناقشة نتائج التحليل الخاصة بالفرضية (4)

أظهرت النتائج الموضحة في الجدول (16) أن الفروق بين متوسطات درجات الطلاب العرب الأكثر اغتراباً والأقل اغتراباً في التوافق النفسي دالة إحصائياً عند مستوى الدلالة (∝ = 0.05) ولصالح الطلاب الأقل اغتراباً، مما يعني أن عامل الاغتراب كان له أثر ذات دلالة إحصائية على التوافق النفسي. كما تدل هذه النتائج على أن الطلاب العرب الأقل اغتراباً يكون توافقهم النفسي مرتفعاً، بينما نجد أن الطلاب

العرب الأكثر اغتراباً يكون توافقهم النفسي- منخفضاً، وهذا ما أكدته النتائج السابقة والمتعلقة بالفرضية رقم (1).

وبذلك يتضح أن نسب التوافق بدأت بالانخفاض عما هو مفترض وهذا مؤشر غير مُرضي ومقلق خاصة وأن متوسط توافق الطلاب العرب الأكثر اغتراباً كان توافقهم أقل من متوسط توافق الطلاب العرب الأقل اغتراباً. ولهذا يجب أن ننظر لهذه النتيجة بنظرة فاحصة حيث أن النتائج التي حصلنا عليها في الجدول (16) تُعد مؤشراً مقلقاً وتشكل خطورة غير محمودة العواقب إذا ما أستمر عليه الحال على ذلك، فأنه قد تزداد حدة عدم التوافق في المستقبل بين هؤلاء الطلاب بشكل تصاعدي، مما يعني تصدع المجتمع وانهياره.

عرض النتائج المتعلقة بالإجابة عن الفرضية (5)

الفرضية (5) : لا توجد فروق ذات دلالة إحصائية بين الطلاب اليمنيين الأكثر اغتراباً والأقل اغتراباً في التوافق النفسي.

وللإجابة عن هذه الفرضية فقد تم حساب المتوسطات والانحرافات المعيارية لدرجات الطلاب اليمنيين في التوافق النفسي، كما تم استخدام اختبار (t -test) ذو الاتجاهين لعينتين مستقلتين ويوضح الجدول (17) النتائج الخاصة بذلك.

الجدول رقم (17) : يوضح نتائج اختبار t – test لعينتين مستقلتين والمتعلق بالفروق بين الطلاب اليمنيين الأكثر اغتراباً والأقل اغتراباً في التوافق النفسي

مستوى الدلالة (P)	قيمة (ت) t - (test)	فرق المتوسطين	درجة الحرية (DF)	الانحراف المعياري (SD)	المتوسط	المجموعة
0.0005	9.26	36.68	279	28.45	280.56	الطلاب اليمنيين الأكثر اغتراباً
				36.05	317.24	الطلاب اليمنيين الأقل اغتراباً

تشير النتائج الموضحة في الجدول السابق (17) إلى أنه توجد فروق ذات دلالة إحصائية بين متوسطات درجات الطلاب اليمنيين الأكثر اغتراباً والأقل اغتراباً في التوافق النفسي عند مستوى الدلالة (∝ = 0.05)، حيث كانت قيمة (ت) (t = 9.26 , P = 0.0005).

مناقشة نتائج التحليل الخاصة بالفرضية (5)

أظهرت النتائج الموضحة في الجدول (17) أن الفروق بين متوسطات درجات الطلاب اليمنيين الأكثر اغتراباً والأقل اغتراباً في التوافق النفسي دالة إحصائياً عند مستوى الدلالة (∝ = 0.05) ولصالح الطلاب الأقل اغتراباً، مما يعني أن عامل الاغتراب كان له أثر ذات دلالة إحصائية على التوافق النفسي لهؤلاء الطلاب. كما تدل هذه النتائج على أن الطلاب اليمنيين الأقل اغتراباً يكون توافقهم النفسي مرتفعاً، بينما نجد أن الطلاب اليمنيين الأكثر اغتراباً يكون توافقهم النفسي منخفضاً، وهذا ما أكدته النتائج السابقة والمتعلقة بالفرضية رقم (1).

وبذلك يتضح أن متوسط التوافق بدأت بالانخفاض عما هو مفترض وهذا مؤشر غير مرُضي ومقلق خاصة وأن متوسط توافق الطلاب اليمنيين الأكثر اغتراباً كان توافقهم أقل من متوسط توافق الطلاب اليمنيين الأقل اغتراباً. ولهذا يجب أن ننظر لهذه النتيجة بنظرة فاحصة حيث أن النتائج التي حصلنا عليها في الجدول (17) تُعد مؤشراً مقلقاً وتشكل خطورة غير محمودة العواقب إذا ما أستمر عليه الحال على ذلك، فأنه قد تزداد حدة عدم التوافق في المستقبل بين هؤلاء الطلاب بشكل تصاعدي، مما يعني تصدع المجتمع اليمني وانهياره.

عرض النتائج المتعلقة بالإجابة عن الفرضيات المتعلقة بأثر الجنسية على الاغتراب الكلي ومحاوره الستة :

الفرضية (6) : لا توجد فروق ذات دلالة إحصائية بين متوسطات درجات الطلاب العرب ومتوسطات الطلاب اليمنيين على مقياس الاغتراب الكلي.

الفرضية (7) : لا توجد فروق ذات دلالة إحصائية بين متوسطات درجات الطلاب العرب ومتوسطات الطلاب اليمنيين والطلاب العرب على المحاور الستة للاغتراب.

وللتعرف فيما إذا كانت هناك فروق بين متوسطات درجات الطلاب اليمنيين والعرب على مقياس الاغتراب الكلي ومحاوره الستة، فقد تم حساب المتوسطات والانحرافات المعيارية لدرجات الطلاب اليمنيين والعرب، كما تم استخدام اختبار (t – test) ذو الاتجاهين لعينتين مستقلتين للتعرف على دلالة الفروق، ويوضح الجدول (18) النتائج الخاصة بذلك.

الجدول (18) : يوضح نتائج اختبار test – t لعينتين مستقلتين والمتعلق بالفروق بين متوسطات درجات الطلاب العرب واليمنيين على مقياس الاغتراب الكلي ومحاوره الستة

الدلالة	مستوى الدلالة (P)	قيمة (ت)*	الطلاب العرب		الطلاب اليمنيين		مقياس الاغتراب ومحاوره الستة
			الانحراف	المتوسط	الانحراف	المتوسط	
غير دالة	0.133	1.50	35.10	168.59	36.90	175.93	مقياس الاغتراب الكلي
دالة	0.003	3.03	8.31	33.26	8.47	36.67	الشعور بالعجز
غير دالة	0.362	0.91	8.59	29.44	8.60	30.49	الشعور بالا معني
غير دالة	0.137	1.49	6.34	31.24	6.50	32.53	الشعور بالعزلة الاجتماعية
غير دالة	0.765	0.30	8.63	28.67	7.80	28.99	الشعور بالا معيارية
غير دالة	0.402	0.84	6.31	24.00	7.26	24.80	الشعور بالعزلة الفكرية
غير دالة	0.554	0.59	7.03	21.97	7.28	22.54	الشعور بالاغتراب عن الذات

عند درجة حرية = 349

تشير النتائج في الموضحة الجدول (18) إلى أنه لا توجد فروق ذات دلالة إحصائية بين متوسطات درجات الطلاب اليمنيين، والطلاب العرب عند مستوى الدلالة ($\propto = 0.05$) على مقياس الاغتراب الكلي ومحور الشعور باللا معنى، ومحور الشعور بالعزلة الاجتماعية، ومحور الشعور باللا معيارية، ومحور العزلة الفكرية، ومحور الشعور بالاغتراب عن الذات في مقياس الاغتراب.

كما تشير النتائج الموضحة في الجدول (18) إلى وجود فروق ذات دلالة إحصائية بين متوسطات درجات الطلاب اليمنيين، والطلاب العرب عند مستوى الدلالة ($\propto = 0.05$) على محور الشعور بالعجز حيث كانت قيمة (ت) ($t = 3.03$, $P =$ 0.003).

مناقشة نتائج التحليل المتعلقة بأثر الجنسية على الاغتراب الكلي ومحاوره الستة:

أظهرت نتائج الدراسة أن الفروق بين متوسطات درجات الطلاب اليمنيين والعرب على مقياس الاغتراب الكلي، ومحور الشعور باللا معنى، ومحور الشعور بالعزلة الاجتماعية، ومحور الشعور باللا معيارية، ومحور العزلة الفكرية، محور الاغتراب عن الذات لم تصل إلى مستوى الدلالة (00.5). وهذا يؤكد أن عامل الجنسية لم يكن له أثر ذات دلالة إحصائية على الاغتراب الكلي وتلك المحاور.

ولكن بالنظر إلى جدول (18) نلاحظ أن هناك فروق ذات دلالة إحصائية بين متوسطات الطلاب اليمنيين والعرب ولصالح الطلاب اليمنيين على محور الشعور بالعجز. وهذه النتيجة تدل على أن درجة الشعور بالعجز لدى الطلاب اليمنيين أكبر من درجة الشعور بالعجز لدي الطلاب العرب. ويمكن أن نعزو شدة الشعور بالعجز لدى الطالب اليمني الذي يعيش داخل مجتمعه اليمني إلى أن كثيراً من الطلاب اليمنيين يفدون إلى الجامعة من مناطق أو محافظات أو أماكن بعيدة عن تواجد الحرم الجامعي الذي يدرسون فيه. إضافة إلى ذلك يعاني الطالب اليمني من المشاكل المادية فعليه أن يبحث عن

عمل ليوفر مصاريف الدراسة وهذا ما يولد لديهم الشعور بالعجز والتي هي أعلى قليلاً من درجة

الشعور بالعجز لدى الطلاب الوافدين من بلدان عربية أخرى والذين غالباً ما يتوفر لهم الدعم المادي من أسرهم.

وهذا النتائج تعد أحد المؤشرات الخطرة والتي تدل على عجز الجامعات اليمنية والمؤسسات الأخرى على تهيئة الظروف والمناخ المناسب للطلاب اليمنيين بشكل خاص والطلاب العرب بشكل عام. إذ أنه بالنظر إلى قيمة المتوسط الحسابي لدرجات الطلاب اليمنيين والعرب على مقياس الاغتراب الكلي وعلى محاوره الستة يلاحظ أن هذه المتوسطات تدل على ارتفاع نسب الاغتراب بين الطلاب اليمنيين والعرب على حد سواء. فمثلا نجد أن متوسط درجة الاغتراب الكلي للطلاب اليمنيين بلغت 93 .175 درجة من المجموع الكلي لدرجة الاغتراب (400 درجة) وهي تدل على أن نسبة الاغتراب الكلي للطلاب اليمنيين تعادل (44%) تقريباً. وبالنسبة للطلاب العرب وجد أن متوسط درجة الاغتراب الكلي بلغت 59 .168 من المجموع الكلي لدرجة الاغتراب (400 درجة) وهي تدل على أن نسبة الاغتراب الكلي لدى الطلاب العرب تعادل (42%) تقريباً. وبذلك يتضح أن نسب الاغتراب بدأت بالارتفاع عما هو مفترض وهذا مؤشر غير مرُضي ومقلق خاصة وأن درجة اغتراب الطالب العربي الوافد مقاربة لنفس درجة اغتراب الطالب اليمني الذي يعيش في وطنه وفي كنف أهله وأسرته وضمن عادات وتقاليد ومناخ وطقس مجتمعه الذي ولد وتربى وترعرع فيه، ومع ذلك فدرجة اغتراب الطالب اليمني أعلى من درجة اغتراب الطالب العربي.

عرض النتائج المتعلقة بالإجابة عن الفرضيات المتعلقة بأثر الجنس على الاغتراب الكلي ومحاوره الستة :

الفرضية (8) : توجد فروق ذات دلالة إحصائية بين متوسطات درجات الطلاب الذكور ومتوسطات الطالبات الإناث على مقياس الاغتراب الكلي.

الفرضية (9) : توجد فروق ذات دلالة إحصائية بين متوسطات درجات الطلاب الذكور ومتوسطات الطالبات الإناث على محاور الاغتراب الستة (الشعور بالعجز،

الشعور باللامعنى، الشعور بالعزلة الاجتماعية، الشعور باللامعيارية، الشعور بالعزلة الفكرية، الشعور بالاغتراب عن الذات).

وللتعرف على ما إذا كانت هناك فروق ذات دلالة بين متوسطات درجات الطلاب الذكور ومتوسطات الطالبات الإناث بالنسبة لمقياس الاغتراب الكلي ومحاوره الستة، فقد تم حساب المتوسطات والانحرافات المعيارية لدرجات الطلاب كما تم استخدام اختبار (t - test) ذو الاتجاهين لعينتين مستقلتين. ويوضح الجدول (19) النتائج الخاصة بذلك.

الجدول (19) : يوضح نتائج اختبار t - test لعينتين مستقلتين والمتعلق بالفروق بين متوسطات درجات الطلاب الذكور والإناث على مقياس الاغتراب الكلي محاوره الستة

مقياس الاغتراب ومحاوره الستة	الذكور		الإناث		قيمة (ت)*	مستوى الدلا (P)	الدلالة
	المتوسط	الانحراف	المتوسط	الانحراف			
مقياس الاغتراب الكلي	173. 05	33. 23	176. 16	40. 34	0. 79	0.429	غير دالة
الشعور بالعجز	35. 48	7. 88	36. 62	9. 26	1. 25	0. 213	غير دالة
الشعور بالا معني	30. 22	7. 70	30. 36	9. 58	0. 15	0. 882	غير دالة
الشعور بالعزلة الاجتماعية	31. 85	6. 24	32. 78	6. 75	1. 33	0. 183	غير دالة
الشعور بالا معيارية	29. 10	7. 66	28. 71	8. 34	0. 46	0. 645	غير دالة
الشعور بالعزلة الفكرية	24. 27	6. 74	25. 07	7. 46	1. 05	0. 295	غير دالة
الشعور بالاغتراب عن الذات	22. 27	6. 56	22. 63	7. 98	0. 46	0. 646	غير دالة

* عند درجة حرية = 349

تشير النتائج الموضحة في الجدول (19) إلى أنه لا توجد فروق ذات دلالة إحصائية بين متوسطات درجات الطلاب الذكور، والطالبات الإناث عند مستوى الدلالة (∝ = 0.05) على مقياس الاغتراب الكلي وعلى محاور الاغتراب الستة (الشعور بالعجز، الشعور باللامعنى، الشعور بالعزلة الاجتماعية، الشعور باللامعيارية، الشعور بالعزلة الفكرية، الشعور بالاغتراب عن الذات).

مناقشة نتائج التحليل المتعلقة بأثر الجنس على التوافق الكلي ومحاوره الستة :

أظهرت نتائج الدراسة أن الفروق بين متوسطات درجات الذكور والإناث على مقياس الاغتراب الكلي وعلى محاوره الستة لم تصل إلى مستوى الدلالة (∝ = 0.05)، وهذه النتائج تدل على أن عامل الجنس (الطلاب الذكور، والطالبات الإناث) ليس له أثر ذات دلالة إحصائية فيما يخص الفوارق بين الطلاب الذكور، والطالبات الإناث على مقياس الاغتراب الكلي وعلى محاوره الستة.

ولكن بالنظر إلى جدول (19) نلاحظ أن قيمة المتوسط الحسابي لدرجات الطلاب الذكور والإناث على مقياس الاغتراب الكلي تدل على ارتفاع نسب الاغتراب بين الذكور والإناث على حد سواء. فمثلاً نجد أن متوسط درجة الاغتراب الكلي للطلاب الذكور بلغت 05 .173 درجة من المجموع الكلي لدرجة الاغتراب (400 درجة) وهي تدل على أن نسبة الاغتراب الكلي للطلاب الذكور تعادل (43%) تقريباً. وبالنسبة للطالبات وجد أن متوسط درجة الاغتراب الكلي بلغت 16 .176 من المجموع الكلي لدرجة الاغتراب (400 درجة) وهي تدل على أن نسبة الاغتراب الكلي لدى الطالبات تعادل (44%) تقريباً. وبذلك يتضح أن نسب الاغتراب بين الذكور والإناث من طلبة الجامعات قد بدأت بالارتفاع، حيث يفترض أن تكون درجة اغتراب الطلاب والطالبات متدنية مقارنة بالمجتمعات الأكثر انفتاحاً وأقل تماسكاً. وهذا بالطبع يعد مؤشراً غير مرُضي ومقلق خاصة وأن نسب الاغتراب للطالبات لأعلى قليلاً من نسب الاغتراب للطلاب. ويمكن أن نعزو ارتفاع نسب اغتراب الطالبات إلى التركيبة التربوية

والنفسية التي تتم فيها عملية التنشئة، وإلى الخصوصية التي تتميز بها الفتاة (الطالبة) العربية واليمنية. وهذه النتائج تؤكد على أهمية الدور الذي يلزم على الجامعات القيام به

لتهيئة الظروف والمناخ اللازم والمناسب للطلاب الذكور والطالبات الإناث، واليمنيين والعرب على حد سواء.

عرض النتائج المتعلقة بالإجابة عن الفرضيات المتعلقة بأثر الجنس على التوافق الكلي ومحاوره الستة :

الفرضية (10) : لا توجد فروق ذات دلالة إحصائية بين متوسطات درجات الطلاب الذكور ومتوسطات الطالبات الإناث على مقياس التوافق الكلي.

الفرضية (11) : لا توجد فروق ذات دلالة إحصائية بين متوسطات درجات الطلاب الذكور ومتوسطات الطالبات الإناث على المحاور الستة للتوافق (التوافق الأسري، التوافق الدراسي، التوافق مع الآخرين، التوافق الانفعالي، التوافق الصحي والجسمي، التوافق القيمي).

وللتعرف على ما إذا كانت هناك فروق ذات دلالة بين متوسطات درجات الطلاب الذكور ومتوسطات الطالبات الإناث على مقياس التوافق الكلي ومحاوره الستة، فقد تم حساب المتوسطات والانحرافات المعيارية لدرجات الطلاب كما تم استخدام اختبار (t - test) ذو الاتجاهين لعينتين مستقلتين. ويوضح الجدول (20) النتائج الخاصة بذلك.

الجدول (20): يوضح نتائج اختبار test – t لعينتين مستقلتين والمتعلق بالفروق بين الطلاب اليمنيين والعرب علـى مقياس التوافق الكلي ومحاوره الستة

الدلالة	مستوى الدلالة (P)	قيمة (ت)*	الإناث		الذكور		مقياس التوافق الكلي ومحاوره الستة
			الانحراف	المتوسط	الانحراف	المتوسط	
غير دالة	0.230	1.20	37.49	299.56	37.7	304.41	التوافق الكلي
دالة	0.012	2.51	11.89	63.63	10.66	66.66	محور التوافق الأسري
غير دالة	0.732	0.34	10.74	55.38	10.43	54.99	محور التوافق الدراسي
غير دالة	0.209	1.26	8.13	51.99	7.48	53.03	محور التوافق مع الآخرين
دالة	0.012	2.53	8.74	43.09	7.99	45.35	محور التوافق الانفعالي
غير دالة	0.732	0.34	5.36	30.25	5.49	30.05	محور التوافق الصحي والجسمي
غير دالة	0.238	1.18	6.84	55.23	7.35	54.32	التوافق القيمي

* عند درجة حرية = 349

تشـير النتائـج الموضـحة في الجـدول (20) إلى أنـه لا توجـد فـروق ذات دلالـة إحصائية بـين متوسطات درجات الذكور و الإناث عند مستوى الدلالة (0.05 = $\propto$) على مقياس التوافق الكلـي وعلى محور التوافق الدراسي، والتوافق مع الآخرين، والتوافق الصحي والجسمي، والتوافق القيمي كما أظهرت النتائج وجود فروق ذات دلالة إحصائية بين متوسطات درجات الـذكور والإنـاث عنـد مستوى الدلالة (0.05 = $\propto$) على محوري التوافق الأسري والتوافق الانفعالي ولصالح الذكور.

مناقشة نتائج التحليل المتعلقة بأثر الجنس على التوافق الكلي ومحاوره الستة :

أظهرت نتائج الدراسة أن الفروق بين متوسطات درجات الذكور والإناث على مقياس التوافق الكلي وعلى محور التوافق الدراسي، و التوافق مع الآخرين، والتوافق الصحي والجسمي، والتوافق القيمي لم تصل إلى مستوى الدلالة ($\propto$ = 0.05)، وهذه النتائج تدل على أن عامل الجنس ليس له أثر ذات دلالة إحصائية فيما يخص الفوارق بين الطلاب الذكور، والطالبات الإناث على مقياس الاغتراب الكلي وعلى تلك المحاور. بينما ظهرت فروق ذات دلالة إحصائية بين متوسطات درجات الذكور و الإناث عند مستوى الدلالة ($\propto$ = 0.05) على محوري التوافق الأسري و التوافق الانفعالي، مما يؤكد أن عامل الجنس كان له أثر. حيث اتضح أن الطلاب الذكور كان توافقهم الأسري وتوافقهم الانفعالي أعلى من التوافق الأسري والتوافق الانفعالي للطالبات. وربما يعزي ذلك إلى الاهتمام الذي تعطيه الأسرة للذكور مقارنة بالإناث، بالإضافة إلى أن بعض الأسر تعطي للذكور مساحة واسعة لاتخاذ القرار في أمور كثيرة بينما تحاط الفتاة بالرعاية الزائدة وتشعر أن عليها أن تقنع جميع أفراد الأسرة في أي أمر كان. وهذا ينعكس على التوافق الانفعالي للفتاة حيث أظهرت الدراسة أن التوافق الانفعالي للإناث أقل من التوافق الانفعالي للذكور. وقد يعود سبب تدني التوافق الانفعالي للفتيات إلى تركيبتها النفسية وطبيعتها والتي يغلب عليها العاطفة، فتجد الفتاة أكثر انفعالاً عندما تواجه أي مشكلة وتظهر عليها ملامح الحزن والسعادة بشكل سريع. ويمكن أن نعزو انخفاض درجة توافق الطالبات إلى التركيبة التربوية والنفسية التي تتم فيها عملية التنشئة، وإلى الخصوصية التي تتميز بها الفتاة (الطالبة) العربية واليمنية.

وبشكل عام يمكن القول أن نتائج هذه الدراسة كشفت تدني التوافق لكلا الجنسين حيث يتضح في جدول (20) أن قيمة المتوسط الحسابي لدرجات الطلاب الذكور والإناث على مقياس التوافق الكلي تدل على انخفاض نسب التوافق بين الذكور والإناث على حد سواء. فمثلاً نجد أن متوسط درجة التوافق الكلي للطلاب الذكور بلغت 304.41 درجة من المجموع الكلي لدرجة التوافق (410 درجة) وهي تدل على أن

نسبة التوافق الكلي للطلاب الذكور تعادل (74 %) تقريباً. وبالنسبة للطالبات وجد أن متوسط درجة التوافق الكلي بلغت 299.56 من المجموع الكلي لدرجة التوافق (410 درجة) وهي تدل على أن نسبة التوافق الكلي لدى الطالبات تعادل (73%) تقريباً. وبذلك يتضح أن نسبة التوافق بين الذكور والإناث من طلبة الجامعات قد بدأت بالانخفاض، حيث يفترض أن تكون درجة توافق الطلاب والطالبات مرتفعة في هذا المجتمع مقارنة بالمجتمعات الأكثر انفتاحاً وأقل تماسكاً. وهذا بالطبع يعد مؤشراً غير مرُضي ومقلق خاصة وأن نسبة توافق الطالبات أقل من نسبة توافق الطلاب. وهذه النتائج تؤكد على أهمية الدور الذي يلزم على الجامعات القيام به لتهيئة الظروف والمناخ اللازم والمناسب للطلاب الذكور والطالبات الإناث، واليمنيين والعرب على حد سواء.

عرض النتائج المتعلقة بالإجابة عن الفرضية (12)

الفرضية (12) : لا توجد فروق ذات دلالة إحصائية بين الطلاب العرب في التوافق النفسي- تعزى إلى الجنس (ذكر، أنثى).

وللإجابة عن هذه الفرضية فقد تم حساب المتوسطات والانحرافات المعيارية لدرجات الطلاب العرب في التوافق النفسي، كما تم استخدام اختبار (t-test) ذو الاتجاهين لعينتين مستقلتين ويوضح الجدول (21) النتائج الخاصة بذلك.

الجدول رقم (21) : يوضح نتائج اختبار t - test لعينتين مستقلتين والمتعلق بالفروق بين الطلاب العرب في التوافق النفسي تعُزى إلى الجنس (ذكر، أنثى)

المجموعة	المتوسط	الانحراف المعياري (SD)	درجة الحرية (DF)	فرق المتوسطين	قيمة (ت) (t-test)	مستوى الدلالة * (P)
الطلاب العرب الذكور	305.78	35.44	68	1.01	0.11	0913.
الطلاب العرب الإناث	306.79	40.22				

تشير النتائج الموضحة في الجدول السابق (21) إلى أنه لا توجد فروق ذات دلالة إحصائية بين متوسطات درجات الطلاب، والطالبات العرب في التوافق النفسي عند مستوى الدلالة (∝ = 0.05).

مناقشة نتائج التحليل الخاصة بالفرضية (12)

أظهرت النتائج الموضحة في الجدول (21) أن الفروق بين متوسطات درجات الطلاب، والطالبات العرب في التوافق النفسي غير دالة إحصائياً عند مستوى الدلالة (∝ = 0.05)، مما يعني أن عامل الجنس ليس له أثر ذات دلالة إحصائية على التوافق النفسي.

عرض النتائج المتعلقة بالإجابة عن الفرضية (13)

الفرضية (13) : لا توجد فروق ذات دلالة إحصائية بين الطلاب اليمنيين، في التوافق النفسي- تعزى إلى الجنس (ذكر، أنثى).

وللإجابة عن هذه الفرضية فقد تم حساب المتوسطات والانحرافات المعيارية لدرجات الطلاب، والطالبات اليمنيين في التوافق النفسي، كما تم استخدام اختبار

(t – test) ذو الاتجاهين لعينتين مستقلتين ويوضح الجدول (22) النتائج الخاصة بذلك.

الجدول رقم (22) : يوضح نتائج اختبار t - test لعينتين مستقلتين والمتعلق بالفروق بين، الطالبات والطلاب اليمنيين في التوافق النفسي

المجموعة	المتوسط	الانحراف المعياري (SD)	درجة الحرية (DF)	فرق المتوسطين	قيمة (ت) (t - test)	مستوى الدلالة (P)
الطلاب اليمنيين الذكور	304.13	38.29	279	6.84	1.51	0.131
الطالبات اليمنيات الإناث	297.29	36.47				

تشير النتائج الموضحة في الجدول السابق (22) إلى أنه لا توجد فروق ذات دلالة إحصائية بين متوسطات درجات الطالبات والطلاب، اليمنيين في التوافق النفسي. عند مستوى الدلالة (∝= 0.05).

نتائج التحليل الخاصة بالفرضية (13)

أظهرت النتائج الموضحة في الجدول (22) أن الفروق بين متوسطات درجات الطالبات والطلاب، اليمنيين في التوافق النفسي غير دالة إحصائياً عند مستوى الدلالة (∝ = 0.05).

عرض نتائج التحليل الإحصائي للفرضيات المتعلقة أثرالتخصص على الاغتراب الكلي ومحاوره الستة :

الفرضية (14) : لا توجد فروق ذات دلالة إحصائية بين متوسطات درجات الطلبة ذوي التخصصات العلمية ومتوسطات درجات الطلبة ذوي التخصصات الأدبية على مقياس الاغتراب الكلي.

الفرضية (15) : لا توجد فروق ذات دلالة إحصائية بين متوسطات درجات الطلبة ذوي التخصصات العلمية ومتوسطات درجات الطلبة ذوي التخصصات الأدبية على محاور الاغتراب الستة (الشعور بالعجز، الشعور باللامعنى، الشعور بالعزلة الاجتماعية، الشعور باللامعيارية، الشعور بالعزلة الفكرية، الشعور بالاغتراب عن الذات).

وللتعرف فيما إذا كانت هناك فروق بين متوسطات درجات الطلاب ذوي التخصصات الأدبية والعلمية على مقياس الاغتراب الكلي ومحاوره الستة، فقد تم حساب المتوسطات والانحرافات المعيارية لدرجات الطلاب ذوي التخصصات الأدبية، والعلمية على مقياس الاغتراب الكلي ومحاوره الستة، كما تم استخدام اختبار (t – test) ذو الاتجاهين لعينتين مستقلتين للتعرف على دلالة الفروق، ويوضح الجدول (23) النتائج الخاصة بذلك.

الجدول (23) : يوضح نتائج اختبار t - test لعينتين مستقلتين والمتعلق بالفروق بين التخصص الأدبي والعلمي على مقياس الاغتراب الكلي ومحاوره الستة

مقياس الاغتراب ومحاوره الستة	التخصص الأدبي		التخصص العلمي		قيمة (ت)*	مستوى الدلالة (P)	الدلالة
	المتوسط	الانحراف	المتوسط	الانحراف			
مقياس الاغتراب الكلي	177.23	36.81	169.68	35.92	1.89	0.060	غير دالة
الشعور بالعجز	36.52	8.40	35.10	8.73	1.50	0.133	غير دالة
الشعور بالا معني	30.86	8.50	29.29	8.70	1.66	0.098	غير دالة
الشعور بالعزلة الاجتماعية	32.47	6.42	31.94	6.60	0.74	0.458	غير دالة
الشعور بالا معيارية	29.48	8.02	27.98	7.80	1.72	0.087	غير دالة
الشعور بالعزلة الفكرية	25.01	7.21	24.00	6.82	1.29	0.198	غير دالة
الشعور بالاغتراب عن الذات	23.05	7.43	21.37	6.78	2.12	0. 35	دالة

* عند درجة حرية = 349

تشير النتائج الموضحة في الجدول السابق (23) إلى أنه لا توجد فروق ذات دلالة إحصائية بين متوسطات درجات الطلاب في التخصص العلمي، والأدبي عند مستوى الدلالة (∝= 0.05) على مقياس الاغتراب الكلي، ومحور الشعور بالعجز، ومحور الشعور باللا معنى، ومحور الشعور بالعزلة الاجتماعية، ومحور الشعور باللامعيارية، ومحور الشعور بالعزلة الفكرية.

كما تشير النتائج الموضحة في الجدول (23) إلى أنه توجد فروق ذات دلالة إحصائية بين متوسطات درجات الطلاب في التخصصين الأدبي والعلمي عند مستوى الدلالة (∝= 0.05) ولصالح طلاب القسم الأدبي على محور الاغتراب عن الذات في مقياس الاغتراب، حيث كانت قيمة (ت) (t = 2.12 , P =.035).

مناقشة نتائج التحليل المتعلقة بأثر التخصص على الاغتراب الكلي ومحاوره الستة :

من خلال النتائج السابقة يتضح أنه لا توجد فروق ذات دلالة إحصائية بين متوسطات درجات الطلبة ذوي التخصص الأدبي والطلبة ذوي التخصص العلمي على مقياس الاغتراب الكلي وكذلك على محور الشعور بالعجز، ومحور الشعور باللامعنى، ومحور الشعور بالعزلة الاجتماعية، ومحور الشعور باللامعيارية، ومحور الشعور بالعزلة الفكرية، مما يعني أن عامل التخصص لم يكن له أثر ذات دلالة إحصائية فيما يخص الفوارق بين التخصصين على المقياس الكلي وعلى تلك المحاور.

ولكن ظهرت فروق ذات دلالة إحصائية بين متوسطات الطلاب ذوي التخصصات الأدبية والتخصصات العلمية ولصالح الطلاب ذوي التخصصات الأدبية على محور الاغتراب عن الذات (انظر جدول 23). وهذه النتيجة تدل على أن درجة الاغتراب عن الذات لدي الطلبة ذوي التخصصات الأدبية أكبر من درجة الاغتراب عن الذات لدي الطلبة ذوي التخصصات العلمية.

وهذه النتائج تخالف توقعات الباحث حيث أنه من المفترض أن يكون طلاب القسم العلمي أكثر اغتراباً عن الذات من طلاب القسم الأدبي كون تخصصهم (العلمي) يفرض عليهم الابتعاد عن العلاقات الاجتماعية والانزواء مع ذاتهم. ويمكن تفسير ارتفاع درجة الاغتراب عن الذات لدى طلاب القسم الأدبي إلى أن احتكاكهم في المجتمع، وكون تخصصهم يدفعهم لأن يكونوا أكثر أحتكاكاً بالآخرين فربما يكونوا قد وقعوا تحت تأثير ظاهرة الاغتراب عن الذات لدى أفراد المجتمع الذين يخالطونهم. وربما يكون للظروف الاجتماعية أثرها السلبي على هؤلاء الطلاب، فمن المعروف أن الطلاب الذين يختارون القسم الأدبي يكونوا أقل قدرة من الناحية المادية وأغلبهم قد يعملون إلى جانب دراستهم، ويعانون من قسوة الظروف الأسرية والاجتماعية، بينما نجد أن طلاب القسم العلمي غالباً ما يكونون متفرغين دراسياً ومدعومين مادياً من أسرهم. ونتيجة لأن المجتمع ينظر إلى التخصصات العلمية على أنها أوفر حظا وأكثر جدوى ومكانة

اجتماعية مستقبلية، فلذلك يمكن للمتتبع أن يرى أثر الضغوط التي يعاني منها طالب القسم الأدبي، حينما يسمع تعليقاً أو تلميحات مفادها أن طالب القسم العلمي هو الأحسن والأفضل ؛ وبالتالي تتكون ذات عليا مستقبلية ومنسجمة مع نفسها والمجتمع لدى طلاب القسم العلمي وحدوث العكس لدي طلاب القسم الأدبي. وقد تكون هذه الأسباب وغيرها قد عمقت درجة الشعور بالاغتراب عن الذات لدى طلاب القسم الأدبي.

وبشكل عام فإن الناظر إلى متوسطات درجات المجموعتين على مقياس الاغتراب الكلي يلاحظ أنها تعادل % 44 للقسم الأدبي و% 42 للقسم العلمي من قيمة الدرجة الكلية للاغتراب (400) وهذا يدل على أن نسبة اغتراب المجموعتين بدأ بالارتفاع وهذا يعد مؤشراً خطيراً للمجتمع الذي أخذت من العينة حيث أن المجتمع اليمني يعُد مجتمعاً متماسكاً ومترابطاً، ويفترض أن تكون نسبة الاغتراب بين أفراده منخفضة مقارنة بالمجتمعات الأكثر انفتاحاً وأقل تماسكاً.

عرض نتائج التحليل الإحصائي للفرضيات المتعلقة بأثر التخصص على التوافق الكلي ومحاوره الستة :

الفرضية (16) : لا توجد فروق ذات دلالة إحصائية بين متوسطات درجات الطلبة ذوي التخصصات العلمية ومتوسطات درجات الطلبة ذوي التخصصات الأدبية على مقياس التوافق الكلي ومحاوره الستة.

الفرضية (17) : لا توجد فروق ذات دلالة إحصائية بين متوسطات درجات الطلبة ذوي التخصصات العلمية ومتوسطات درجات الطلبة ذوي التخصصات الأدبية على محاور التوافق الستة (التوافق الأسري، التوافق الدراسي، التوافق مع الآخرين، التوافق الانفعالي، التوافق الصحي والجسمي، التوافق القيمي).

وللتعرف فيما إذا كانت هناك فروق بين متوسطات درجات الطلاب ذوي التخصصات الأدبية والعلمية على مقياس التوافق الكلي ومحاوره الستة، فقد تم حساب

المتوسطات والانحرافات المعيارية لدرجات الطلاب ذوي التخصصات الأدبية، والعلمية على مقياس التوافق الكلي ومحاوره الستة، كما تم استخدام اختبار (t – test) ذو الاتجاهين لعينتين مستقلتين للتعرف على دلالة الفروق، ويوضح الجدول (24) النتائج الخاصة بذلك.

الجدول (24) : يوضح نتائج اختبار t – test لعينتين مستقلتين والمتعلق بالفروق بين التخصص الأدبي والعلمي على مقياس التوافق الكلي ومحاوره الستة

الدلالة	مستوى الدلالة (P)	قيمة (ت)*	التخصص العلمي		التخصص الأدبي		مقياس التوافق الكلي ومحاوره الستة
			الانحراف	المتوسط	الانحراف	المتوسط	
غير دالة	0.938	0.08	37.30	302.01	37.94	302.33	التوافق الكلي
غير دالة	0.371	0.90	11.96	64.57	10.93	65.71	محور التوافق الأسري
غير دالة	0.298	1.04	11.36	55.93	10.67	54.71	محور التوافق الدراسي
غير دالة	0.592	0.54	7.49	52.85	7.96	52.38	محور التوافق مع الآخرين
غير دالة	0.875	0.16	8.41	44.24	8.42	44.38	محور التوافق الانفعالي
غير دالة	0.706	0.38	5.63	30.00	5.31	30.23	محور التوافق الصحي والجسمي
غير دالة	0.544	0.61	7.42	54.43	6.91	54.91	التوافق القيمي

*عند درجة حرية = 349

وبالنظر إلى النتائج الموضحة في الجدول السابق (24) يلاحظ أنه لا توجد فروق ذات دلالة إحصائية بين متوسطات درجات الطلاب في التخصص العلمي، والأدبي عند مستوى الدلالة (∝ = 0.05) على مقياس التوافق الكلي، وعلى محاور التوافق الستة (التوافق الأسري، التوافق الدراسي، التوافق مع الآخرين، التوافق الانفعالي، التوافق الصحي والجسمي، التوافق القيمي).

مناقشة نتائج التحليل المتعلقة بأثر التخصص على التوافق الكلي ومحاوره الستة :

أظهرت نتائج الدراسة أن الفروق بين متوسطات درجات الطلاب في التخصص العلمي، والأدبي على مقياس التوافق الكلي لم تصل إلى مستوى الدلالة (0.05)، مما يعني أن عامل التخصص لم يكن له أثر ذات دلالة إحصائية على التوافق الكلي حيث كانت متوسطات درجة التوافق لطلاب القسم العلمي، والقسم الأدبي متقاربة جداً (القسم الأدبي = 302.33، والقسم العلمي = 302.01).

وعلى الرغم من عدم وجود فوارق بين المتوسطات إلا أن الناظر إلي قيمة هذه المتوسطات يلاحظ أنها تعادل % 74 من الدرجة الكلية للتوافق (410) وهذا يدل على أن المتوسطات للمجموعتين قلت بما يعادل (% 26) عن النسبة الكلية، وهذا يعد مؤشراً خطيراً للمجتمع الذي أخذت من العينة حيث أن المجتمع اليمني يعُد مجتمعاً متماسكاً ومترابطاً، ويفترض أن تكون درجة توافقه الكلية عالية مقارنة بالمجتمعات الأكثر انفتاحاً وأقل تماسكاً. وهذه النتيجة يجب النظر إليها بعين الاعتبار والتفكير في مصير الطلاب إذا ما أستمر الحال على هذا الوضع أو إذا لم توضع الحلول المناسبة، فأن مؤشرات عدم وسوء التوافق في السنوات القادمة قد تصل إلى مرحلة الخطورة التي يصعب معها العلاج.

فمثلاً عند النظر إلي متوسطات درجات المجموعتين على المحاور الستة للتوافق يلاحظ أنها تشير إلي تدني درجة التوافق عن الدرجة الكلية، وهذا مؤشر يثير القلق، حيث انه من المفترض أن تكون درجة التوافق الأسري، والتوافق الدراسي، والتوافق مع الآخرين، والتوافق الانفعالي، والتوافق الصحي والجسمي، والتوافق القيمي والديني لدى هؤلاء الطلاب مرتفعاً إذا ما افترضنا أن المجتمع الذي ينتمون إليه يكون متماسكاً وعوامل الإحباط والعجز قليلة فيه. وهذه النتيجة يجب النظر إليها بعين الاعتبار والتفكير في مصير الطلاب إذا ما أستمر الحال على هذا الوضع أو إذا لم توضع الحلول المناسبة، فأن مؤشرات تدني التوافق في السنوات القادمة قد تصل إلى مرحلة الخطورة التي

يصعب معها العلاج. فلو نظرنا مثلاً إلى متوسطات الطلاب على محور التوافق القيمي والديني فإنه يتضح أن هنالك بوادر لمشكلة كبرى سوف تقع على كاهل المجتمع إذا لم يتم التنبه لها، فالمجتمع اليمني يعتبر من أكثر الدول العربية التزاماً بالدين والقيم الدينية ولكن نجد أن متوسطات درجات الطلاب ذوي التخصصات الأدبية والعلمية يلاحظ أنها تعادل (55) درجة من الدرجة الكلية لهذا المحور (75 درجة). أي أن نسبة التوافق للمجموعتين تعادل (73%) تقريباً، مما يدل على أن نسبة التوافق القيمي والديني يقل عن النسبة الكلية بما يعادل (27 %).

وهذه النتيجة يجب النظر إليها بعين الاعتبار والتفكير في مصير الطلاب بل والمجتمع بكامله، خاصة إذا ما نظرنا إلى الإحصائية السكانية في منتصف التسعينات للمجتمع اليمني نجد أن أغلبية السكان هم من الفئة العمرية الصغيرة مما يدل على أن أغلب شرائح المجتمع من الأطفال الذين هم في سن الدراسة، وإذا ما أستمر الحال على هذا الوضع أو إذا لم توضع الحلول المناسبة، فأن مؤشرات الشعور بعدم التوافق القيمي والديني في السنوات القادمة قد تصل إلى مرحلة الخطورة التي يصعب معها العلاج.

عرض النتائج المتعلقة بالإجابة عن الفرضية (18)

الفرضية (18) : لا توجد فروق ذات دلالة إحصائية بين الطلاب العرب في التوافق النفسي تُعزى إلى التخصص(علمي، أدبي).

وللإجابة عن هذه الفرضية فقد تم حساب المتوسطات والانحرافات المعيارية لدرجات الطلاب العرب ذوي التخصص العلمي والأدبي في التوافق النفسي كما تم استخدام اختبار (t – test) ذو الاتجاهين لعينتين مستقلتين ويوضح الجدول (25) النتائج الخاصة بذلك.

الجدول رقم (25): يوضح نتائج اختبار test – t لعينتين مستقلتين والمتعلق بالفروق بين الطلاب العرب ذوي التخصص العلمي والأدبي في التوافق النفسي

مستوى الدلالة (P)	قيمة (ت) t -) (test	فرق المتوسطين	درجة الحرية (DF)	الانحراف المعياري (SD)	المتوسط	المجموعة
.089	0.14	1.27	68	36.02	305.73	الطلاب العرب (أدبي)
				40.34	307.0	الطلاب العرب (علمي)

تشير النتائج الموضحة في الجدول السابق (25) إلى أنه لا توجد فروق ذات دلالة إحصائية بين متوسطات درجات الطلاب العرب ذوي التخصصات العلمية، والأدبية في التوافق النفسي- عند مستوى الدلالة (∝ = 0.05).

مناقشة نتائج التحليل الخاصة بالفرضية (18)

أظهرت النتائج الموضحة في الجدول (25) أن الفروق بين متوسطات درجات الطلاب العرب ذوي التخصصات العلمية، والأدبية في التوافق النفسي غير دالة إحصائياً عند مستوى الدلالة (∝ = 0.05)، مما يعني أن عامل التخصص ليس له أثر ذات دلالة إحصائية على التوافق النفسي.

عرض النتائج المتعلقة بالإجابة عن الفرضية (19)

الفرضية (19) : لا توجد فروق ذات دلالة إحصائية بين الطلاب اليمنيين، في التوافق النفسي- تُعزى إلى التخصص (أدبي، علمي).

وللإجابة عن هذه الفرضية فقد تم حساب المتوسطات والانحرافات المعيارية لدرجات الطلاب، اليمنيين ذوي التخصصات الأدبية والعلمية في التوافق النفسي، كما

تـم استخدام اختبار (t – test) ذو الاتجاهين لعينتين مستقلتين ويوضح الجدول (26) النتائج الخاصة بذلك.

الجدول (26): يوضح نتائج اختبار t – test لعينتين مستقلتين والمتعلق بالفروق بين الطلاب اليمنيين ذوي التخصصات الأدبية والعلمية في التوافق النفسي

مستوى الدلالة (P)	قيمة (ت) (t - test)	فرق المتوسطين	درجة الحرية (DF)	الانحراف المعياري (SD)	المتوسط	المجموعة
7770.	0.28	1. 34	279	38. 37	301.65	الطلاب اليمنيين (أدبي)
				36. 27	300. 31	الطلاب اليمنيين (علمي)

تشير النتائج الموضحة في الجدول السابق (26) إلى أنه لا توجد فروق ذات دلالة إحصائية بين متوسطات درجات الطلاب اليمنيين ذوي التخصصات العلمية، والأدبية في التوافق النفسيـ عند مستوى الدلالة (∝ = 0.05).

مناقشة نتائج التحليل الخاصة بالفرضية (19)

أظهرت النتائج الموضحة في الجدول (26) أن الفروق بين متوسطات درجات الطلاب، والطالبات اليمنيين في التوافق النفسي غير دالة إحصائياً عند مستوى الدلالة (∝ = 0.05).

عرض النتائج المتعلقة بالإجابة عن الفرضية (20)

الفرضية (20) : يوجد تفاعل دال إحصائياً بين الاغتراب والجنس في تأثيرهما على التوافق النفسي لدى الطلاب العرب.

للإجابة عن هذه الفرضية تم استخراج المتوسطات الحسابية لدرجات الطلاب العرب على مقياس التوافق النفسي وكانت النتائج موضحة في الجدول (27).

جدول (27) : يوضح أعداد الطلاب العرب وفقاً لكل متغير والمتوسطات الحسابية لدرجات التوافق

المتغيرات		العـدد	المتوسط
الجنس	ذكر	32	305.78
	أنثى	38	306.79
الاغتراب	مرتفع	26	282.50
	منخفض	44	320.41

وللتعرف على دلالة الفروق بالنسبة لكل متغير وعلى دلالة التفاعل بين الجنس (ذكور، إناث) وبين مستوي الاغتراب (مرتفع، منخفض) تم استخدام أسلوب تحليل التباين الثنائي (ANOVA 2× 2). وكانت النتيجة موضحة في الجدول (72).

جدول (28) : يوضح نتائج تحليل التباين الثنائي للتفاعل بين مستوي الاغتراب والجنس وأثرهما على التوافق النفسي للطلاب العرب

مصدر التباين	درجة الحرية (d. f)	مجموع المربعات	متوسط المربعات	قيمة (ف) (F)	مستوى الدلالة (P)
الاغتراب (مرتفع، منخفض)	1	23486.306	23486.306	20.598	0.0005
الجنس (ذكور، إناث)	1	10.003	10.003	0.009	0.926
التفاعل (اغتراب × الجنس)	1	48.969	48.969	0.043	0.836
الباقي	66	75254.164	1140.215		
الكلي	69	98799.443	1431.876		

مناقشة نتائج التحليل المتعلقة بالفرضية (20)

من خلال النتائج الموضحة في الجدول (28) يتضح أن هناك أثر ذات دلالة إحصائية لعامل الاغتراب على التوافق النفسي للطلاب العرب حيث كانت قيم (ف) على النحو التالي : (F = 20.598, P = 0.0005). ومن خلال النظر إلى قيمة المتوسطات الموضحة في الجدول (28) يتضح أن الفروق لصالح الطلاب ذوي الاغتراب المنخفض حيث يكون متوسط توافقهم مرتفعاً بينما نجد أن الطلاب ذوي الاغتراب المرتفع يكون توافقهم منخفضاً.

كما دلت النتائج في الجدول (28) أن عامل الجنس ليس له أثر ذات دلالة إحصائية على التوافق النفسي للطلاب العرب حيث كانت قيم (ف) على النحو التالي : (F = 0.009,P = 0.926).ويظهر في الجدول أن التفاعل بين الجنس ومتغير الاغتراب ليس له أثر دال علي التوافق النفسي حيث كانت قيمة (ف) :(F =0.048,P= 0.836). وهذه النتيجة تؤكد رفض الفرضية الصفرية (20).

عرض النتائج المتعلقة بالإجابة عن الفرضية (21)

الفرضية (21) : يوجد تفاعل دال إحصائياً بين الاغتراب والتخصص في تأثيرهما على التوافق النفسي لدى الطلاب العرب.

للإجابة عن هذه الفرضية تم استخراج المتوسطات الحسابية لدرجات الطلاب العرب على مقياس التوافق النفسي وكانت النتائج موضحة في الجدول (29).

جدول(29) : يوضح أعداد الطلاب العرب وفقاً لكل متغير والمتوسطات الحسابية لدرجات التوافق

المتغيرات		العدد	المتوسط
التخصص	علمي	33	307.00
	أدبي	37	305.73
الاغتراب	مرتفع	26	282.50
	منخفض	44	320.41

وللتعرف على دلالة الفروق بالنسبة لكل متغير وعلى دلالة التفاعل بين التخصص (علمي، أدبي) وبين مستوي الاغتراب (مرتفع، منخفض) تم استخدام أسلوب تحليل التباين الثنائي (2 ×2 ANOVA). وكانت النتيجة موضحة في الجدول (29).

جدول رقم (30) : يوضح نتائج تحليل التباين الثنائي للتفاعل بين مستوي الاغتراب والتخصص وأثرهما على التوافق النفسي للطلاب العرب

مصدر التباين	درجة الحرية (d.f)	مجموع المربعات	متوسط المربعات	قيمة (ف) (F)	مستوى الدلالة (P)
مستوى الاغتراب (مرتفع، منخفض)	1	23486.306	23486.306	21.681	0.0005
التخصص (علمي، أدبي)	1	145.437	145.437	0.134	0.715
التفاعل (اغتراب × تخصص)	1	3671.438	3671.438	3.389	0.70
الباقي	66	71496.262	1083.277		
الكلي	69	98799.443	1431.876		

مناقشة نتائج التحليل المتعلقة بالفرضية (21)

من خلال النتائج الموضحة في الجدول (30) يتضح أن هناك أثر ذات دلالة إحصائية لعامل الاغتراب على التوافق النفسيـ للطلاب العرب حيث كانت قيم (ف) على النحو التالي : (F = 21.681, P = 0.0005). ومن خلال النظر إلى قيمة المتوسطات الموضحة في الجدول (30) يتضح أن الفروق لصالح الطلاب ذوي الاغتراب المنخفض حيث يكون متوسط توافقهم مرتفعاً بينما نجد أن الطلاب ذوي الاغتراب المرتفع يكون توافقهم منخفضاً.

كما دلت النتائج في الجدول (30) أن عامل التخصص ليس له أثر ذات دلالة إحصائية على التوافق النفسي للطلاب العرب حيث كانت قيم (ف) على النحو التالي : (F = 0.134, P = 0.715). ويظهر في الجدول أن التفاعل بين التخصص ومتغير الاغتراب ليس له أثر دال علي التوافق النفسي حيث كانت قيمة (ف) : (F = 3.389, P = 0.70)، وهذه النتيجة تؤكد رفض الفرضية الصفرية(21).

الفصل الخامس

خلاصة البحث، والتوصيات، والمقترحات

أولاً: خلاصة البحث [أهم النتائج:

1. **بناءاً على النتائج التي تم التوصل إليها في هذه الدراسة فإنه يمكن استخلاص الاستنتاجات الآتية:**

2. **اتضح من نتائج الدراسة أن هناك علاقة سلبية (عكسية) ذات دلالة إحصائية بين الاغتراب والتوافق النفسي لدى الطلاب العرب واليمنين.**

3. **اتضح من نتائج الدراسة أن هناك علاقة سلبية (عكسية) ذات دلالة إحصائية بين درجات الطلاب على محاور الاغتراب الستة وبين درجاتهم على محاور التوافق الستة.**

4. **لا توجد فروق بين متوسطات درجات الطلاب اليمنيين والطلاب العرب عند مستوى الدلالة ($\propto = 0.05$) على مقياس التوافق الكلي وعلى محاور التوافق الستة (التوافق الأسري، التوافق الدراسي، التوافق مع الآخرين، التوافق الانفعالي، التوافق الصحي والجسمي، التوافق القيمي).**

5. **توجد فروق ذات دلالة إحصائية بين متوسطات درجات الطلاب العرب الأكثر اغتراباً والأقل اغتراباً في التوافق النفسي عند مستوى الدلالة ($\propto = 0.05$) ولصالح الطلاب الأقل اغتراباً.**

6. **توجد فروق ذات دلالة إحصائية بين متوسطات درجات الطلاب اليمنيين الأكثر اغتراباً والأقل اغتراباً في التوافق النفسي عند مستوى الدلالة ($\propto = 0.05$) ولصالح الطلاب الأقل اغتراباً.**

7. **لا توجد فروق ذات دلالة إحصائية بين متوسطات درجات الطلاب اليمنيين، والطلاب العرب عند مستوى الدلالة ($\propto = 0.05$) على مقياس الاغتراب الكلي ومحور الشعور باللا معنى، ومحور الشعور بالعزلة الاجتماعية، ومحور الشعور باللا معيارية، ومحور العزلة الفكرية، محور الاغتراب عن الذات في مقياس الاغتراب.**

8. توجد فروق ذات دلالة إحصائية بين متوسطات درجات الطلاب اليمنيين، والطلاب العرب عند مستوى الدلالة (∝ = 0.05) على محور الشعور بالعجز ولصالح الطلاب اليمنيين.

9. لا توجد فروق ذات دلالة إحصائية بين متوسطات درجات الطلاب الذكور، والطالبات الإناث عند مستوى الدلالة (∝ = 0.05) على مقياس الاغتراب الكلي وعلى محاور الاغتراب الستة (الشعور بالعجز، الشعور باللامعنى، الشعور بالعزلة الاجتماعية، الشعور باللامعيارية، الشعور بالعزلة الفكرية، الشعور بالاغتراب عن الذات).

10. لا توجد فروق ذات دلالة إحصائية بين متوسطات درجات الطلاب العرب في التوافق النفسي تعزى لمتغير الجنس (ذكور، إناث).

11. لا توجد فروق ذات دلالة إحصائية بين الطلاب اليمنيين، في التوافق النفسي تعزى إلى الجنس (ذكر، أنثى).

12. لا توجد فروق ذات دلالة إحصائية بين متوسطات درجات الطلاب في التخصص العلمي، والأدبي عند مستوى الدلالة (∝ = 0.05) على مقياس الاغتراب الكلي، ومحور الشعور بالعجز، ومحور الشعور باللا معنى، ومحور الشعور بالعزلة الاجتماعية، ومحور الشعور باللامعيارية، ومحور الشعور بالعزلة الفكرية.

13. توجد فروق ذات دلالة إحصائية بين متوسطات درجات الطلاب في التخصصين الأدبي والعلمي عند مستوى الدلالة (∝ = 0.05) ولصالح طلاب القسم الأدبي على محور الاغتراب عن الذات في مقياس الاغتراب.

14. لا توجد فروق ذات دلالة إحصائية بين متوسطات درجات الطلاب في التخصص العلمي، والأدبي عند مستوى الدلالة (∝ = 0.05) على مقياس التوافق الكلي، وعلى محاور التوافق الستة (التوافق الأسري،

التوافـق الـدراسي، التوافـق مـع الآخـرين، التوافـق الانفعـالي، التوافـق الصـحي والجسمي، التوافق القيمي).

15. **تضح من نتائج الدراسة أن درجة الطلبة ذوي التخصصات العلمية و الطلبة ذوي التخصصات الأدبية على مقياس الاغتراب الكلي ودرجتهم على بقية محاور الاغتراب يعد متوسطاً.**

16. **لا توجد فروق ذات دلالة إحصائية بين متوسطات درجات الطلبة ذوي التخصصات العلمية ومتوسطات درجات الطلبة ذوي التخصصات الأدبية على مقياس الاغتراب الكلي.**

17. **توجد فروق ذات دلالة إحصائية بين متوسطات درجات الطلاب في التخصصين الأدبي والعلمي عند مستوى الدلالة (0.05) ولصالح طلاب القسم الأدبي على محور الاغتراب عن الذات في مقياس الاغتراب.**

18. **لا توجد فروق ذات دلالة إحصائية بين متوسطات درجات الطلبة ذوي التخصصات العلمية ومتوسطات درجات الطلبة ذوي التخصصات الأدبية على خمس محاور من محاور الاغتراب وهي: الشعور بالعجز، الشعور باللامعنى، الشعور بالعزلة الاجتماعية، الشعور باللامعيارية، الشعور بالعزلة الفكرية.**

19. **لا توجد فروق ذات دلالة إحصائية بين الطلاب العرب بالتوافق النفسي تعزى إلى التخصص (علمي، أدبي).**

20. **لا توجد فروق ذات دلالة إحصائية بين الطلاب اليمنيين، في التوافق النفسي تعزى إلى التخصص (أدبي، علمي).**

21. **لا يوجد تفاعل دال إحصائياً بين الاغتراب والجنس في تأثيرهما على التوافق النفسي لدى الطلاب العرب.**

22. لا يوجد تفاعل دال إحصائياً بـين الاغـتراب والتخصـص في تـأثيرهما عـلى التوافق النفسي لدى الطلاب العرب.

ثانياً: التوصيات

يتضح من نتائج هـذه الدراسـة أن هنـاك مؤشرات تؤكد أن معـدلات الاغـتراب لـدى طلاب الجامعات اليمنية قد بدأ بالارتفاع حيث لم تكن نسب هـذه الـدرجات منخفضة كـما كـان متوقع ولكن وجد أن نسبة درجات الطلاب علي مقياس الاغتراب الكلي وعلى محاوره الستة يعد متوسطاً. كما دلت النتائج على أن نسب درجات التوافق النفسي والاجتماعي لدى طلاب الجامعـات اليمنيـة قد بدأت بالانخفاض حيث لم تكن نسب هذه الدرجات مرتفعة كما كـان متوقعـاً، ولكن وجد أن درجات الطلاب علي مقياس التوافق الكلي وعلى محاوره الستة في حدود المتوسط.

واستناداً إلى ما سبق فأن الباحث ينتهي إلى التوصيات الإجرائية التالية:

1. يوصي الباحث أن يتـركز اهتمام القائمين عـلي التعلـيم الجـامعي عـلى تـنويع البـرامج الثقافية والاجتماعية التي تجعل الطلاب يتـفاعلون مـع بعضهم ومـع بقية أفراد المجتمع مما يشعرهم بالانتماء والحب ويشعرهم أن أراهـم يمكن قبولها وبـذلك يرتفع شعورهم بـالتوافق النفسي- والاجتماعـي ويبعـدهم عـن الإحبـاط والشعـور بالعزلة والاغتراب.

2. حبذا لو أن إدارة الجامعات قامت بإنشاء مكاتب خاصة للطلاب القادمين من الدول الشقيقة والصديقة وذلك لضمان تهيئتهم للأجواء الجديدة التي تقابلهم أثناء مرحلة الدراسة الجامعية، بحيث يشعرون أنهم في بيئة أليفة ومحببة وبحيث يشعر الفرد أن هناك من يهتم به ويحل له أي مشاكل يمكن أن تواجهه خلال فترة الدراسة.

3. حبذا لو أن إدارة الجامعات عملت على تهيئة الظروف المناسبة للطلاب القادمين من المناطق البعيدة والمناطق الريفية وذلك لتسهيل اندماجهم في

المجتمع الجامعي وجعلهم يشعرون بأهميتهم وبقدرتهم على تحقيق طموحاتهم وأهدافهم في الحياة.

4. يوصي الباحث بأهمية وضرورة توفير مركز للترشيد الأكاديمي والمهني في مختلف كليات الجامعة بحيث يقوم المختصون في هذه المراكز بمساعدة الطلاب في اختيار التخصصات التي تتناسب مع إمكاناتهم العلمية والعقلية.

5. ينبغي على الباحثين والمختصين تسليط الأضواء على العوامل التي تدفع بالشباب الجامعي إلي الشعور بالاغتراب أو عدم التوافق النفسي والاجتماعي.

6. ينبغي على الباحثين والمختصين إبراز دور الأسرة ودور الإعلام ودور المؤسسات الثقافية والتربوية في معالجة الظواهر السلبية والتي بدأ ظهورها يشكل خطراً على أراء الشباب ومعتقداتهم وسلوكهم والذي قد يؤدي إلي زيادة حدة الاغتراب وعدم التوافق في المستقبل.

7. حبذا لو تم إعادة النظر في التخصصات في كليات الجامعات والتي لم يعد الاحتياج لها كبيراً نظراً لكثرة المتخرجين من هذه الأقسام ؛ وذلك حتى يضمن الشباب الحصول على فرص جديدة للعمل.

ثالثاً يود الباحث أن يقترح ما يلي:

(ملحوظة: يتم وضع مقترحات أكثر)

استناداً علي النتائج التي أظهرتها هذه الدراسة فإن الباحث يقدم بعض المقترحات الخاصة بإجراء البحوث المتعلقة بطبيعة هذا الموضوع وهي على النحو التالي:

1. القيام بدراسة مماثلة للدراسة الحالية على أن تشمل المراحل المختلفة للتعليم.

2. إجراء دراسة مماثلة لهذه الدراسة على عينة من المعيدين والمدرسين المساعدين القائمين بالتدريس في الجامعات اليمنية وذلك لتحديد درجة الاغتراب ودرجة التوافق النفسي والاجتماعي لديهم.

3. إجراء دراسة للكشف عن العوامل التي تؤدي إلى الاغتراب وكذلك العوامل التي تؤدي إلى نقص التوافق النفسي والاجتماعي.

4. القيام بدراسة تجريبية للكشف عن أثر الاغتراب وانعدام التوافق على التحصيل العلمي للطلاب الجامعين.

5. إجراء دراسة مماثلة لهذه الدراسة على عينة من الطلاب والطالبات اليمنيين الذين يدرسون بالخارج، وذلك لتحديد درجة الاغتراب ودرجة التوافق النفسي والاجتماعي لديهم، والأثر على تحصيلهم الدراسي.

الملاحـق

ملحـق (1):

يحتوي على أسماء المحكمين لمقياسي الاغتراب النفسي- والتوافق النفسي- والاجتماعي، مرتبة حسب الحروف الأبجدية.

صدق المحكمين:

تم عرض المقياسين على نخبة من أساتذة علم النفس المتخصصين، بغية الاستفادة من آرائهم وملاحظاتهم، وقد كان لآرائهم أثر طيب في تقويم وتعديل المقياسين نظراً لعدم وجود مقاييس في هذا المجال، وفي ضوء ذلك تم حذف بعض العبارات، وإعادة صياغة بعضها الآخر، وخاصة العبارات الطويلة والمركبة، أو التي لم تحظى بالقبول أو التي وجد فيها تداخلاً والأساتذة الأفاضل المحكمين هم:

الملحق رقم ( )

أسماء الخبراء الذين استعان بهم الباحث في إجراءات بناء المقياسين وتحديد الفقرات في كل محور من المحاور الستة وتحديد الصدق الظاهري لكلا المقياسين بمحاورهما الستة:

تسلسل	اسم الخبير	الاختصاص	الدرجة العلمية
1	**أحمد حسن المعمري**	**علم النفس تخصص إرشاد، جامعة الحديدة، عميد كلية التربية - زبيد.**	**دكتور (أستاذ مساعد)**
2	**أحمد علي الجرموزي**	**أستاذ الصحة النفسية، جامعة صنعاء - كلية التربية، صنعاء.**	**دكتور (أستاذ مساعد)**
3	**أحمد محمد الزغبي**	**أستاذ علم النفس، جامعة صنعاء - كلية الآداب، صنعاء.**	**دكتور (أستاذ دكتور)**

4	أمينة رزق	أستاذ علم النفس، جامعة صنعاء ـ كلية التربية - عمران.	دكتـور (أستاذ مساعد)
5	حامد حمزة الدفاعي	أستاذ علم النفس، جامعة صنعاء ـ كلية التربية - صنعاء.	دكتـور (أستاذ دكتور)
6	خلف نصار الهيتي	أستاذ علم الإحصاء التطبيقي، ومناهج البحث جامعة صنعاء ـ كلية التربية، صنعاء.	دكتـور (أستاذ دكتور)
7	طارق محمود رمزي	أستاذ القياس والتقويم في علم النفس، جامعة صنعاء ـ كلية التربية، صنعاء.	دكتـور (أستاذ دكتور)
8	علي سعيد الطارق	أستاذ علم النفس، جامعة صنعاء ـ كلية التربية، صنعاء.	دكتور (أستاذ مساعد)
9	كمال وهبي	أستاذ علم النفس أستاذ زائر من جامعة دمشق إلى جامعة صنعاء ـ كلية التربية، عمران.	دكتور (أستاذ دكتور)
10	محمد زياد حمدان	أستاذ علم النفس تخصص علوم ومناهج تربوية، جامعة صنعاء ـ كلية التربية، عمران.	دكتور (أستاذ دكتور)
11	محمد عبد اللـه الصوفي	أستاذ علم النفس، جامعة صنعاء ـ كلية التربية، صنعاء.	دكتور (أستاذ دكتور)
12	مسعد النجار	أستاذ علم النفس تخصص إرشاد نفسي، جامعة ذمار - كلية الآداب.	دكتور (أستاذ مساعد)

13	منى يونس بحري	أستاذ علم النفس تخصص إرشاد وطفولة، جامعة صنعاء ـ كلية التربية، عمران.	دكتور (أستاذ دكتور)
14	مهيوب أنعم الشرعبي	أستاذ علم النفس والإحصاء التطبيقي، جامعة صنعاء ـ كلية التربية، صنعاء.	دكتور (أستاذ مساعد)
15	نبيل أحمد المخلافي	أستاذ علم النفس تخصص إرشاد تربوي ونفسي، جامعة تعز ـ كلية التربية، تعز.	دكتور (أستاذ مساعد)
16	نهـاد صبيح	أستاذ علوم ومناهج تربوية، جامعة صنعاء ـ كلية التربية، عمران.	دكتور (أستاذ دكتور)
17	ياسر جاموس	أستاذ علم النفس تخصص مقاييس واختبارات، جامعة صنعاء ـ كلية التربية، صنعاء.	دكتور (أستاذ مساعد)

* ملحوظة هامة: (تم وضع أسماء الدكاترة الأفاضل بحسب الحروف الأبجدية)

ملحق (2):

يحتوي على الصورة المبدئية " الأولية " لمقياس الاغتراب النفسي.

(الاستبيان المقدم إلى السادة المحكمين الأفاضل)

بسم الله الرحمن الرحيم

الأستاذ الفاضل الدكتور / .... المحُترم

تحية طيبة ...

يروم الباحث إجراء دراسة بعنوان (الاغتراب النفسي- وعلاقته بالتوافق النفسي- والاجتماعي لدى الطلبة اليمنيين، والطلبة العرب الدارسين في الجامعات اليمنية)، ولتحقيق ذلك تقتضي- متطلبات هذا البحث إعداد آداه لقياس الاغتراب لطلبة المرحلة الجامعية يتوفر فيها الصدق والثبات والموضوعية:

- **إجابات عينة من طلبة الجامعة على استفتاء مفتوح.**
- **الأدبيات والدراسات ذات العلاقة بالموضوع.**

ولقد صنف الباحث مجالات الاغتراب النفسي، العربية والأجنبية:

1 ـ الشعور بالعجز 2 ـ اللا معنى 3 ـ العزلة الاجتماعية

4 ـ اللا معيارية 5 ـ العزلة الفكرية 6 ـ الاغتراب عن الذات

وقد وضع تعريفاً خاصا بكل مجال. ويقترح أن تكون بدائل الإجابة على المقياس على النحو التالي:

(تنطبق عليّ تماماً) (لا تنطبق عليّ كثيرًا) (تنطبق عليّ إلى حداً ما)

(تنطبق عليّ قليلاً) (لا تنطبق عليّ مطلقاً).

ونظرا لما تتمتعون به من خبرة ودراية في هذا المجال، فأن الباحث يرجوكم إبداء آرائكم ومقترحاتكم في صدق وصلاحية كل فقرة بوضع علامة صح () في حقل صالحة إن وجدتم أنها صالحة لقياس ما وضعت لقياسه. وإذا رأيتم أن الفقرة تحتاج إلى تعديل أو إعادة صياغة، فنرجوا أن يتم ذلك في حقل الملاحظات.

ويرجو الباحث تبيان نوع الفقرة ما إذا كانت إيجابية أو سلبية، وانتمائها إلى مجالها من عدمه، وكذلك بدائل الإجابة، ما إذا كانت مناسبة وصحيحة أو تحتاج إلى تعديل.

وتقبلوا وافر التقدير والاحترام ...

طالب الدكتوراه /

صلاح الدين احمد محمّد الجماعي

السودان - جامعة الجزيرة

أولاً: الشعور بالعجز

شعور الفرد بأنه لا حول له ولا قوة، وأن مصيره تحدده مصادر أو قوى خارجية وفقدانه الإحساس بتلقائيته، ولا يجد في الحياة ما يثير لديه المتعة الفرح

الرقم	العبارات	صالحة	غير صالحة	تنتمي إلى مجالها	تنتمي للمجال رقم	الملاحظات
1	أشعر وكأني لا حول ول قوة لي.					
2	ليست لي القدرة على اتخاذ أي قرار.					
3	ليس بمقدرتي أن أفعل شيئا لواجهة ما يعترضني من مشكلات.					
4	يبدو المستقبل أمامي موحشًا ومخيفًا.					
5	لا يؤخذ برأي في أي شيء يخص مستقبلي.					
6	لا أستطيع أن أعبر عن رأي بصراحة.					
7	لا أستطيع أن أقول "لا " بخصوص الأشياء التي ارفضها.					
8	أجد من الصعب أن أتمسك بحقوقي.					
9	أرثي حالي، لأنني لا أستطيع تحقيق رغباتي.					
10	أشعر بأنني مسلوب الإرادة.					
11	أشعر بأنه لا خيار لي في تحديد نوع العمل بعد التخرج					
12	فقدت الكثير من الفرص لأنني لم أستطيع					

	أن أبث في الأمور بصورة قاطعة.					
13	لا أستطيع أن أخطط لحياتي.					
14	هناك دائما من يخطط لحياتي وأنا لا أخطط لشيء.					
15	أشعر بالعجز في متابعة دراستي.					
16	لا أستطيع أن أدافع عما أؤمن به وأعتقده					
17	مشكلتي، أنه يصعب علي أن إبداء عملا أيا كان.					
18	الحياة للأقوى، وأنا لست من الأقوياء.					

عبارات الصدق:

19 ـ لدي القدرة على اتخاذ قراراتي بنفسي. 20 ـ أدافع بقوة عما أؤمن به واعتقده.

ثانيا: الشعور باللامعنى

إحساس الفرد بأن الحياة عموما لا معنى لها، وإنها عبثية غير معقولة وغير منطقية وأن حياته لا جدوى منها.

الرقم	العبارات	صالحة	غير صالحة	تنتمي إلى مجالها	تنتمي للمجال رقم	الملاحظات
1	الحياة بنظري لا هدف لها ولا غاية.					
2	أصبح العالم معقدا لدرجة إنني لم					

	أعد أفهمه.					
3	لا أرى جدوى من أي شيء.					
4	أشعر بأنني أرفض هذا الواقع.					
5	لم أستطع لحد الآن أن أحقق هدفا له معنى					
6	إذا قدرُ لي أن أموت، فلن أندم على حياتي، لأنها كانت بغير جدوى.					
7	أنا راض بأن أحيا من أهداف.					
8	الحياة جافة ولا يوجد فيها شيء يثير اهتمامي.					
9	يكذب من يقول إن الحب له معنى.					
10	يشغلني التفكير: لماذا أنا موجود.					
11	فقدت الاهتمام حتى بنفسي.					
12	الكلمات التي نتداولها في حياتنا، لا معنى لها.					
13	الواقع لا يلبي مطالبي ولا يستجيب للحد الأدنى منها.					
14	لا معنى لما أقوم به أو أنتجه.					
15	لا أرى أي معنى لاستمراري في الوجود.					

عبارات الصدق:

16 - الحياة بنظري جميلة، ولها هدف وغاية.

17 - أستطيع أن أقول بأني حققت معظم أهدافي.

18- الوجود جميل، والأجمل أنني أعيشه.

ثالثاً: العزلة الاجتماعية:

الإحساس بالعزلة والوحدة والانفصال عن الناس الذين يعيش معهم، والشعور بعدم الانتماء لمجتمعه، وإحساسه بأنه منعزل عنه.

الملاحظات	تنتمي للمجال رقم	تنتمي إلى مجالها	غير صالحة	صالحة	العبــارات	الرقم
					لا أشعر بالانتماء إلى مجتمعي.	1
					أشعر كما لو إنني وحيدا في هذا العالم.	2
					من الصعب أن تجد أصدقاء حقيقيين بين بشر هذا الزمان.	3
					حتى لو دعاني صديق لزيارته، فأنني أعتذر له.	4
					علاقتي بالآخرين سطحية تمامًا.	5
					لا أميل إلى المشاركة في النشاطات أو المناسبات الاجتماعية.	6
					أشعر في معظم الأحيان بالوحدة	7

	حتى لو كنت مع آخرين.					
8	أفضل أن اقضي وقت فراغي وحيدا مع نفسي.					
9	أشعر بالعزلة حتى بين أقرب الناس لي.					
10	أتمنى لو اعتزل الناس أعيش وحيدا مع نفسي.					
11	أكره وجود الناس حولي.					
12	لا أحب أن أكون موجودا في جو ملؤه المرح.					
13	كثيرا ما أسترسل في أحلام اليقظة.					
14	أشد معاركي هي تلك التي تكون مع نفسي.					
15	لست ممن يحسنون رواية النكث أو الحكايات المسلية..					
16	أن يتقدم المجتمع أو يتأخر فهذا أمر لا يهمني.					

عبارات الصدق:

17 ـ أرتاح عندما أكون بين آخرين. 18 ـ أشارك في معظم النشاطات الطلابية الثقافية والترفيهية.

رابعاً: الـشـعـور بـاللامـعـيـاريـة

عدم الإلزام الكامل بالقيم والمعايير والتقاليد والضوابط الإجماعيـة وسـعي الفـرد إلى تحقيـق مصالحه الشخصية، سواء أكان ذلك متساويا مع النسق الإجتماعي أو متعارضا معه.

الرقم	العبــــارات	صالحة	غير صالحة	تنتمي إلى مجالها	تنتمي للمجال رقم	الملاحظات
1	لا توجد وسيلة مشروعة وأخرى غير مشروعة كي تجمع ثروة تؤمن بها مستقبلك.					
2	{ الغاية تبرر الوسيلة} شعار صحيح من وجهة نظرك.					
3	لا يهمني ما أضيع أو أفقد،المهم أن أحصل على ما أريد.					
4	معظم الناس مستعدون لأن يكذبوا من أجل التفوق على غيرهم.					
5	في هذا الزمان، الحياة فيه للقوي والضعيف فيه محروم					
6	كل شيء نسبي في هذه الحياة، ولا شيء يمكن الاعتماد عليه أو الاعتقاد به.					
7	النصابون وحدهم هم الذين					

	يفهمون ما يجري في المجتمع، ويعرفون كيف يعيشون.						
8	كي تتقدم في عالم اليوم، أفعل أي شيء حتى ولو كان غير مشروع.						
9	الشيء المؤكد في هذه الحياة، أن لا شيء مؤكد.						
10	يحصل أن أخالف المعايير الاجتماعية، كي أفوز على شخص يعارضني.						
11	كل شيء مباح، ما دمت أستطيع أن أحقق ما أريد						
12	أتطلع بلهفة إلى اليوم الذي يتخلص فيه المجتمع من قيمه وتقاليده.						
13	كل شخص إذا تعرض إلى مأزق فأنه مستعد لأن يكذب						
14	كل القيم سلعة لمن يدفع أكثر.						
15	كل شيء في نظري سواء.						

عبارات الصدق:

16 - أستطيع أن أصف نفسي بأنني شخص ملتزم بالقيم والمعايير الاجتماعية.

17 - { الغاية تبرر الوسيلة } شعار خاطيء من وجهة نظري.

خامساً: العزلة الفكرية

شعور الفرد بأن أفكاره الخاصة به تختلف أو تتعارض مع الأنساق الفكرية السائدة في مجتمعه، وإحساسه بأنه منعزل أو منفصل عن القيم الثقافية لمجتمعه، وميله إلى التمرد عليها

الرقم	العبــــارات	صالحة	غير صالحة	تنتمي إلى مجالها	تنتمي للمجال رقم	الملاحظات
1	أنا لا أهتم بما يعرضه التلفزيون، وما تنشره الصحف التي يهتم بها معظم الناس.					
3	أحس أن علاقتي بالله مضطربة.					
5	أشعر أنني لست ملتزما بتعاليم ديني.					
6	العنف هو الوسيلة الوحيدة لتغيير ما هو قائم في هذا العصر.					
7	بيني وبين الواقع الثقافي في مجتمعي مسافة زمنية بعيدة.					

					أن التطرف الفكري، مهما كان اتجاهه، يمنياً أو يساريًا، هو المناسب لهذا العصر.	9
					الواقع الفكري لا يشعرني بقيمتي، بل يشعرني بأنها انسلخت عني، أو أنسلخ منها.	10
					يوما بعد آخر يزداد يقيني بأنه لا توجد قيم أو معايير لهذه الحياة.	11
					أخشى أن يأتي عليُ يوم أكون فيه قد فقدت كامل إيماني.	12
					عقولنا أشبه بأدوات يحركها المجتمع كما يريد.	13
					أشعر بكراهية شديدة لوضعي.	14

عبارات الصدق:

15 - لدى إيمان شديد بالله.

16 - أميل إلى الإلتزام بمعظم القيم والتقاليد الاجتماعية.

17 - لست مع التطرف الفكري أيا كان أتجاهه.

سادساً: الاغتراب عن الذات:

شعور الفرد بأنه منفصل عن ذاته أو غريب عنها، وأنه لا قيمة له.

الملاحظات	تنتمي للمجال رقم	تنتمي إلى مجالها	غير صالحة	صالحة	العبـارات	الرقم
					أشعر وكأنني أصبحت أساوي لا شـيء.	1
					أنا وذاتي، غريب وغريبة.	2
					أشعر وكأني ترس (أو برغي) في آلة تـدور.	3
					لا أشعر بآدميتي كإنسان.	4
					بيني وبين ذاتي طلاق نفسي.	5
					ما عدت أعرف ذاتـي مـاذا تريـد، ومـا عـادت تعـرف ذاتـي ماذا أريد.	6
					هناك صوت بداخلي يقول لي: أنت عديـم الفائدة.	7
					كل القيم التي يسمونهـا نبيلة، بمـا فيهـا الحب، عديمـة الفائدة.	8
					الإنسان ليس أكثر من سلعة تبـاع وتشـترى في سـوق الحياة.	9
					مهمـا أفعـل، فلـن أستطيع معرفة حقيقتي.	10
					أشعر بأنني في طريق، وذاتـي فـي طريـق.	11

عبارات الصـدق:

12 -   أشـعر بقيمتي كإنسـان.

13 -   أنا وذاتي علـى وفاق شـبه تـام.

221

ملحق (3):

يحتوي على الصورة المبدئية " الأولية " لمقياس التوافق النفسي الاجتماعي.

الأستاذ الفاضل الدكتور / .... المحُترم

تحية طيبة...

يروم الباحث إجراء دراسة بعنوان (الاغتراب النفسي وعلاقته بالتوافق النفسي والاجتماعي لدى الطلبة اليمنيين، والطلبة العرب الدارسين في الجامعات اليمنية)، ولتحقيق ذلك تقتضي متطلبات هذا البحث إعداد آداه لقياس التوافق النفسي والاجتماعي لطلبة المرحلة الجامعية يتوفر فيها الصدق والثبات والموضوعية:

- إجابات عينة من طلبة الجامعة على استفتاء مفتوح.
- الأدبيات والدراسات ذات العلاقة بالموضوع.

ولقد صنف الباحث مجالات التوافق النفسي والاجتماعي، العربية والأجنبية:

1 ـ التوافق الأسري

2 ـ التوافق الدراسي

3 ـ التوافق مع الآخرين

4 ـ التوافق الانفعالي

5 ـ التوافق الصحي والجسمي

6 ـ التوافق القيمي (الأخلاقي والديني).

وقد وضع تعريفًا خاصا بكل مجال. ويقترح أن تكون بدائل الإجابة على المقياس على النحو التالي:

(تنطبق عليّ تماما) (لا تنطبق عليّ كثيرًا) (تنطبق عليّ إلى حدًا ما)

(تنطبق عليّ قليلاً) (لا تنطبق عليّ مطلقاً).

ونظرا لما تتمتعون به من خبرة ودراية في هذا المجال، فأن الباحث يرجوكم إبداء آرائكم ومقترحاتكم في صدق وصلاحية كل فقرة بوضع علامة صح () في حقل صالحة إن وجدتم انها صالحة لقياس ما وضعت لقياسه. وإذا رأيتم أن الفقرة تحتاج ألي تعديل أو إعادة صياغة، فنرجوا أن يتم ذلك في حقل الملاحظات.

ويرجو الباحث تبيان نوع الفقرة ما إذا كانت إيجابية أو سلبية، وانتمائها إلى مجالها من عدمه، وكذلك بدائل الإجابة، ما إذا كانت مناسبة وصحيحة أو تحتاج إلى تعديل.

وتقبلوا وافر التقدير والاحترام ...

طالب الدكتوراه /

صلاح الدين احمد محمّد الجماعي

السودان - جامعة الجزيرة

أولا: التوافق الأسرى

ويقصد بـه أن يعـيش الفـرد في جـو أسري يسـوده الاسـتقرار والطمأنينـة والمحبـة والأسـناذ والتفاهم الرضا.

الرقم	العبـــــارات	صالحة	غير صالحة	تنتمي إلى مجالها	تنتمي للمجال رقم	الملاحظات
1	أشعر بأن أسرتي متماسكة ومتفاهمة.					
2	أشعر بالطمأنينة بين أفراد أسـرتي.					
3	أشعر بالرضا عن كل ما يخص أسرتي ماضيًا وحاضرًا.					
4	قـلـبي ملـيء بالحب لأسـرتي.					
5	أفضل لحظات السعادة،تلك التي أكون فيها بين أفراد أسرتي					
6	أسـرتـي تـأخـذ برأي.					
7	عندما أقارن عائلتي بمعظم العوائل التي اعرفهـا، أجـد إنها بمستواها أو أحسن.					
8	مصدر الإسـناد الأولى لي في حيـاتي، الماضـية والحـاضرة، هو أسرتي.					
9	والديّ لم يفهماني أبداً.					
10	يسود أسرتي الخلاف أكثر مما يسودها الاتفاق.					

11	لو كانت هناك أسرة غير أسرتي لالتجأت أليها.					
12	توجد لدي خلافات مع أحد أفراد أسرتي الساكنين معي.					
13	كثيراً ما ينتقدني أحد والدي بدون وجه حق.					
14	الانفعال، هو المزاج العام الذي يسود أسرتي.					
15	كثيرًا ما أعترض والدي على نوع الأصدقاء الذين أسير معهم.					
16	أشد ما يزعجني في أسرتي، كثرة المشاحنات بين أفرادها.					
17	ما يزال والداي ينظران لي وكأنني ما زلت طفلاً يحتاج إلى النصح والإرشاد.					
18	يضايقني أن أجد والدي سريع الغضب والتهور أحياناً.					

ثانياً: مجـال الـتوافـق الـدراسـي

يقصد به قدرة الطالب على تكوين علاقات جيده مع زملائه وزميلاته وأساتذته ويساهم معهم في ألوان النشاط الطلابي، الاجتماعي والثقافي والترويحي، ويشعر بالارتياح عندما يكون في المؤسسة التي يدرس فيها،وليست لديه مشكلات أو صعوبات دراسية، تؤثر على توافقه النفسي-والاجتماعي.

الرقم	العبـــــارات	صالحة	غير صالحة	تنتمي إلى مجالها	تنتمي للمجال رقم	الملاحظات
1	ستبقى الحياة التي عشتها في جامعتي، منقوشة في الذاكرة لما فيها من متعة ومعرفة.					
2	أنا بشكل عام،راضي عن الأجواء الجامعية التي أعيشها الآن					
3	أنا، من بين أقل الطلاب غيابا عن المحاضرات.					
4	أعتقد أن تعامل الكلية مع طلبتها تعامل أنساني.					
5	علاقتي بمعظم أساتذتي في الكلية جيدة.					
6	من السهولة بالنسبة لي، التحدث مع الأساتذة حول أمور دراسية وشخصية تشغل بالي.					
7	علاقتي بزملائي وزميلاتي الطلبة، جيدة بشكل عام.					

8	أستمتع بالمهرجانات والحفلات والسفرات التي تقيمها الكلية					
9	أنا في حقيقتي، أكره الكلية التي ادرس بها.					
10	أجد صعوبة في التحدث أمام الطلبة أثناء المحاضرات.					
11	لا أستطيع الإجابة على سؤال المدرس داخل الفصل، رغم أنني أعرف الإجابة.					
12	أن نسبة غيابي عن الدوام في الكلية، تجاوزت في بعض المواد الحد المقرر لها					
13	أجد صعوبة في كسب حب وتقدير أساتذة الكلية لي.					
14	أميل إلى إثارة المشاكل للأساتذة.					
15	أعتقد أن أساتذتي يتضايقون مني.					
16	أشعر بعدم الارتياح عندما أكون في الكلية.					
17	أعتقد أن زملائي يتحدثون عني بما لا يليق،أو بسوء من وراء ظهري					
18	أعتقد أن معظم المواد التي ندرسها، جافة.					

ثالثا: التوافق مع الآخرين:

ويقصد به أن تكون للفرد قدرة على اكتساب الأصدقاء، وتكوين علاقات اجتماعية مع المحيطين به، وان يشعر بالسعادة لوجوده مع الناس أكثر مما لو كان بمفرده، وأن يجد سهولة في أن يطلب مساعدة إذا دعت الحاجة، وأن يقُدم للآخرين العون والسعادة، وان تكون علاقته بهم تتسم بالمرونة والثقة والاحترام.

الرقم	العبـارات	صالحة	غير صالحة	تنتمي إلى مجالها	تنتمي للمجال رقم	الملاحظات
1	لولا وجود الآخرين لكانت حياتي قاسية.					
2	أشعر بأنني بنفس مستوى الآخرين، وهذا ما يساعد على إقامة علاقات جيدة معهم.					
3	أنسجم بسهولة مع الآخرين.					
4	أعتقد أنني موضع ثقة من يعرفني.					
5	يسرني الاشتراك في الأعمال الخيرية.					
6	أحافظ على علاقتي					

	بالآخرين حتى لو كانت لديهم أفكار تخالف أفكاري					
7	عندما أحـتاج إلى مساعدة، فأنني لا أتردد في طلبـها من زملائي ومعارفي.					
8	يصفني الآخرون بأنني شخص اجتماعي.					
9	أشعر بالارتياح عندما أقدم خدمة من أجل الآخريـن.					
10	أستمتع بالحفلات والمناسبات الاجـتماعية.					
11	يصفني الآخرون بأنـني شخص خجول.					
12	إحدى صعوباتي في علاقتي مع الآخرين أنهم تقليديون ومتزمتون					
13	أميل إلى العزلة عن الآخرين، لأنـها أسـلم في نظري.					
14	أجد صعوبة في التحدث أمام الآخرين.					
15	أشعر بالوحدة حتى لو					

	كنت مع الآخرين.					
16	يكفيني أن يكون لي صديق واحد، ولا أرغب في المزيد.					
17	أخاف أن يراني الآخرون على حقيقتي.					
18	أعتقد أن معظم ما أصابني من مكروه سببه الآخرون.					

رابعاً: مجال التوافق الانفعالي:

يقصد به أن يكون الفرد متزنا انفعالياً، ولديه القدرة على اتخاذ موقف انفعالي مناسب لما يمُر به من مواقف، والسيطرة على عواطفه، وأنه يشعر بالارتياح والاستقرار النفسي- ولا يعاني من توترات تؤثر في مزاجه الانفعالي.

الرقم	العبارات	صالحة	غير صالحة غير صالحة	تنتمي إلى مجالها	تنتمي للمجال رقم	الملاحظات
1	يصفني الآخرون بأنني شخص هادئ الأعصاب مستقر المزاج					
2	أعترف بالخطاء إذا ارتكبته.					
3	لديُ همة عالية لا تضعف أمام الصعوبات.					
4	أعبر عما بداخلي بسهولة					

	وعفوية.					
5	نومي، بشكل عام، هادئ ومريح.					
6	أستطيع أن أقول بأنني سعيد في حياتي					
7	لديَّ قدرة مناسبة في السيطرة على انفعالاتي عندما أكون في مواقف صعبة.					
8	أشعر بأن ثقتي بنفسي عالية.					
9	كثيراً ما أستغرق في أحلام اليقظة.					
10	أبكي بسرعة لاتفه الأسباب.					
11	أشعر بالضجر والضيق في معظم الأوقات.					
12	مزاجي متقلب بين الحزن والفرح.					
13	كثيراً ما أشعر بأنني متوتر الأعصاب.					
14	أنفعل بسرعة ولاتفه الأسباب.					
15	أتردد وأجد صعوبة في اتخاذ قراراتي.					

16	أثار بسهولة من الناس الـذين يجـادلونني.					
17	غـالبا ما يـزعجـني شعــوري بـالنـقـص.					
18	لا أشـعر بـأنني طبيعـي جـداً، وارغـب في أن أشـعر بأنني طبيعي.					
19	كـثيراً مـا يمتـلكـني شـعـور بـالـيـأس.					

خامساً: التوافق الصحي والجسمي

ويقصد به أن يكون الفرد على درجة جيدة من الصحة الجسمية، ولا يعـاني مـن مشـكلات أو أمراض جسمية تؤثر على درجة توافقه، وأنه يتقبل جسمه وهيأته.

الرقم	العبـــــارات	صالحة	غير صالحة	تنتمي إلى مجالها	تنتمي للمجال رقم	الملاحظات
1	أنـا بشـكل عـام راضـا عـن جـسـمـي.					
2	كلي على بعضي مقبول من حيث جسمي وشكلي.					
3	حـواسي الخمـس جميعهـا تـعمل على ما يرام.					
4	قـلـيـلا ما أصـاب بـالـصــداع.					

5	يتمتع جسمي بمقاومة جيدة ضد الأمراض					
6	لا تضعف همتي الدراسية كثيرا عندما أصاب بمرض.					
7	لا أشكو من ضيق التنفس.					
8	غالباً ما أنام مبكراً وأنهض نشطاً في الصباح.					
9	أشعر بالحرج من جسمي.					
10	يوجد عيب في وجهي أو جسمي يشعرني بالخجل.					
11	أصاب بعدوى البرد [الأنفلونزا] أكثر من الآخرين.					
12	أشكو كثيراً من الآم في المعدة والأمعاء.					
13	ينتابني الفزع عندما أصاب بمرض مهما كان نوعه.					
14	أصبت بأمراض جسمية تبين لي من الأطباء أسبابها نفسية.					
15	أشعر بالنقص من شيء ما في هيأتي.					
16	أعاني من خفقان القلب.					

سادساً: مجال التوافق القيمي (الأخلاقي والديني):

يقصد بها توافق الفرد مع التغيير الاجتماعي والحضاري والثقافي، وسلطة النظام والقانون في المجتمع، ولديه قيم دينية وأخلاقية يعتمدها إطارا مرجعياً في تعامله مع الناس.

الرقم	العبارات	صالحة	غير صالحة	تنتمي إلى مجالها	تنتمي للمجال رقم	الملاحظات
1	**لدي القدرة على أن التكيف للتغيرات الحاصلة في المجتمع.**					
2	**أرى أن التغير الاجتماعي ظاهرة حضارية صحية.**					
3	**إيماني بالله يساعدني على التعايش مع المجتمع.**					
4	**لا أعمد إلى إيذاء الناس مهما أساؤا لي.**					
5	**أؤدي فريضة الصوم برضا وقناعة.**					
6	**أعتقد أن القوانين السائدة تضمن لي حقوقي.**					
7	**تمسكي بمبادئ الدين الإسلامي يريحني.**					

8	أحترم التيارات الثقافية في مجتمعي وأحاول الاطلاع عليها.						
9	إذا كان الناس ضعفاء وغير أكفاء، فأنا ميال لاستغلالهم، لأنني أعتقد بأنه يجب أن تكون قويًا لتحقيق أهدافك.						
10	أشعر بأن القانون لا يوفر لي الحماية لو هددني الآخرون.						
11	من الواجب أن يتحدث الإنسان عن مساوئ الآخرين حتى في غيابهم.						
12	يثير فيأ الوضع العام للمجتمع، التشاؤم من المستقبل.						
13	أمـارس الكذب لأن الـناس يكـذبـون.						
14	" أن لم تكن ذئبا أكلتك الذئاب" قول ينطبق على واقعنا.						
15	ما دام التحايل قد طال القيم، فعليَ أن أحصل على ما أريد بأية طريقة.						
16	أنتهز أية فرصة لأنتقد مساوئ المجتمع.						
17	يؤلمني أن أجد القيم التي تحث على						

	المساندة الاجتماعية، قد أختفت تماماً.					
18	يضايقني أن أجد المجتمع يسمح للحضارات الأخرى بالتأثير في قيمه					

ملحق (4):

يحتوي على الصورة النهائية لمقياسي الاغتراب النفسي، والتوافق النفسي الاجتماعي.

بسم الله الرحمن الرحيم

(تعليمات)

أخي الطالب

أختي الطالبة

تحية طيبة....

فيما يلي عدد من العبارات تعبر عن بعض المواقف أو المظاهر أو القضايا الخاصة بالحياة....

أرجو قراءة كل عبارة بدقة وبتأن، والإجابة عليها بأن تضع علامة () في الخانة التي تعبر عن رأيك. علماً بأنه لا توجد أجابه صحيحة وأخرى خاطئة، أنما هناك اختلاف حولها يرجع إلى تباين وجهات النظر، يتدرج من الاتفاق التام إلى اللا اتفاق المطلق، وعلى وفق البدائل التي ستجدها أمام العبارات، العبارة تعّبر عن موافقتك التامة عليها، فضع إشارة () في خانة { موافق تمامًا}. وإذا كانت تعبر عن موافقتك العامة وليس المطلقة، فضع الإشارة في خانة { موافق}. وإذا كنت غير متأكد من رأيك، أو انك بين الموافقة وعدمها، فضع الإشارة في خانة { غير متأكد }.

وإذا كنت لا تتفق مع العبارة، فضع الإشارة في خانة { غير موافق }. أم إذا كنت تعارض العبارة تماماً ولا تتفق معها وبصورة قاطعة، عندها ضع الإشارة في خانة { غير موافق إطلاقا }.

أملاً أن تجيب على جميع العبارات بالمصداقية المعهودة المتوقعة فيك، فعلى صدق أجابتك يتوقف نجاح هذه الدراسة. علماً بأن بيانات هذا المقياس تستخدم لأغراض البحث العلمي فقط ولن يطلع عليها سوى الباحث، ولهذا لا حاجة لذكر الاسم، كما يرجى الإجابة عن كل الفقرات وعدم ترك أو تكرار الإجابة على الفقرة الواحدة.

الجامعة	الكلية	الجنس		المستوى الدراسي					التخصص	الجنسية
		ذكر	أنثى	1	2	3	4	5		

شكراً لحسن تعاونك، ولك كل التحية والتقدير...

طالب الدكتوراه /

صلاح الدين أحمد محمد الجُماعي

المقياسين بشكله النهائي الذي وزع على الطلاب:

الرقم	العبارات	موافق تماماً	موافق	موافق إلى حداً ما	غير موافق	غير موافق إطلاقاً
1	أشعر وكأني لا حول ولا قوة لي.					
2	ليست لي القدرة على اتخاذ أي قرار.					
3	ليس بمقدرتي أن أفعل شيئاً لمواجهة ما يعترضني من مشكلات.					
4	لا أستطيع أن أعبر عن رأي بصراحة.					
5	أستطيع أن أدافع بقوة عما أؤمن به.					
6	لا أستطيع أن أقول "لا " بخصوص الأشياء التي ارفضها.					
7	أرثي حالتي، لأنني لا أستطيع تحقيق رغباتي.					

8	أجد من الصعب أن أتمسك بحقوقي.					
9	أشعر بأنني مسلوب الإرادة.					
10	لا أستطيع أن أبت في الأمور بصورة قاطعة.					
11	لا أستطيع أن اخطط لحياتي بشكل صحيح.					
12	لا أستطيع أن أدافع عما أؤمن به.					
13	أشعر بالعجز أثناء متابعة دراستي.					
14	يصعب عليّ أن أبدأ عملاً أياً كان.					
15	الحياة للأقـوى، وأنا لست من الأقـوياء.					
16	توجد لديّ القدرة على اتخاذ أي قرار.					

17	لا أجد في حياتي هدفاً أو غاية في هذه الدنيا.					
18	أرى أن العالم أصبح معقداً من حولي لدرجة لا أفهمه.					
19	لا أرى جدوى من أي شيء.					
20	أشعر بأن هذا الواقع لا يهمني.					
21	إذا قدرُ لي أن أموت، فلن أندم على حياتي، لأنها كانت بغير معنى.					
22	أنا راضٍ بأن أحيا من غير أهداف.					
23	لا يوجد في الحياة ما يثير اهتمامي وهي جافة.					
24	أستغرب ممن يقول					

	أن للحب معنى وأثر في الحياة.					
25	يشغلني التفكير بشأن وجـــودي ولا أرى أي معنى فيه.					
26	فقدت الاهـتمام حتـى بنفسي.					
27	لا أجد معنى للكلمات والعبـــارات التـــي نتداولها.					
28	الواقع لا يلبي مطالبي ولـو الحـد الأدنى مـن مطالبي.					
29	أشعر أنه لا معنى ولا فائدة لما أقوم به أو أنتجه.					
30	الوجود جميل، والأجمل أن أعيشه.					
31	لا أشعر بالانتماء إلى مجتمعي.					

32	أشعر كما لو إنني وحيدًا في هذا العالم.						
33	علاقتي بالآخرين سطحية تماماً.						
34	غالبـاً مـا أفضـل أن اقضي- وقـت فراغـي وحيدًا مع نفسي.						
35	حتى لو دعاني صديق لزيارته، فـأنني أعتـذر له.						
36	لا أميـل إلى المشـاركة في النشـــاطات الاجتماعية رغم قدرتي على ذلك.						
37	مـن الصـعب أن أجـد أصـدقاء حقيقيـين بـين ناس هذا الزمان.						
38	أشـــعر في معظـــم الأحيان بالوحدة						

	حتى لو كنت مع آخرين.					
39	أشعر بالعزلة حتى بين أقرب الناس لي.					
40	أكره وجود الناس من حولي.					
41	أن يتقدم المجتمع أو يتأخر فهذا أمر لا يهمني.					
42	لا أحب أن أكون موجودًا في جو ملؤه الفرح.					
43	لست ممن يحسنون رواية الحكايات المسلية.					
44	أشعر بالارتياح عندما أكون بين الناس.					
45	أميل إلى المشاركة في النشاطات					

	الاجتماعية.						
46	{الغاية تبرر الوسيلة} شعار صحيح من وجهة نظري، وينبغي أن يسود.						
47	معظم الناس مستعدون لأن يكذبوا من أجل التفوق على غيرهم.						
48	كل شيء في نظري سواء.						
49	لا توجد وسيلة مشروعة متميزة عن أخرى كي أجمع ثروة لتأمين مستقبلي.						
50	الشيء المؤكد في هذه الحياة، أن لا شيء مؤكد.						

51	يحصــل أن أخــالف المعايير الاجتماعية، كي أفــوز عــلى شــخص يعارضني.					
52	أتطلع بلهفة إلى اليـوم الــذي يــتخلص فيــه المجتمــع مــن قيمــه وتقاليده.					
53	كــل شيء نســبي في هذه الحيـاة، ولا شيء يمكن الاعتماد عليه أو الاعتقاد به.					
54	كل القيم سـلعة لمـن يـدفع أكـثر.					
55	في هذا الزمان، الحيـاة فيه للقــوي،والضعيف فيه محروم.					

56	كل شخص إذا تعرض إلى مأزق فأنه مستعد لأن يكذب.						
57	النصابون وحدهم هم الذين يفهمون ما يجري في المجتمع " ويعرفون كيف يعيشون ".						
58	أشعر وكأنني أصبحت لا أساوي شيئاً.						
59	أشعر بأني غريب عن نفسي.						
60	أن التطرف الفكري، مهما كان اتجاهـه،هو المناسب لهذا العصر.						
61	أنا لا أهتم بما يشغل الناس من برامج						

	تلفزيونية، وأخبار الصحف اليومية.					
62	يوما بعد آخر يزداد يقيني بعدم جدوى القيم أو المعايير فـي الحياة.					
63	أشعر أن علاقتي مع معظم الناس مضطربة.					
64	أخشى أن يأتي عليّ يوم أكون قد فقدت كامل إيماني بمن حولي.					
65	أعتقد أن العنف هو الوسيلة الوحيدة لتغيير ما هو قائم في هذا العصر.					
66	لا يحّط الواقع الفكري من قيمتي فقط، بل يعّريني					

	منها.						
67	أشعر أنني لست ملتزمًا بتعاليم ديـني.						
68	أشـعر بكراهية شـديدة لـوضعي الفكري.						
69	أعتقد أنه هناك هوة (فجـوة) بين ثقافتي وثقافة المجتمع.						
70	كثيراً ما أعيش صراعاً مع نفسي.						
71	أشعر وكأنني أدور في حلقة مفرغة بدون أية جدوى						
72	لا أشعر بـآدميـتي كإنسـان.						
73	لم أعّد أعرف ماذا تريد ذاتي مني، وماذا أريد من						

	ذاتـي.					
75	كل القيم التـي يسمـونهـا نبيلة، بما فيها الحب، عديمة الفائدة.					
76	الإنسان ليس أكثر من سلعة تباع وتشترى في سوق الحياة.					
77	أشـعر بأنني في طريق، وذاتـي فـي طريـق.					
78	أخطط لأمر وأنفذ غيره.					
79	أنا وذاتي علـى وفـاق شـبه تـام.					
80	مهمـا أفعل، فلـن أستطيع معرفة حقيقتي.					
81	أشعر بأن أسرتي					

	متماسكة.						
82	أشعر بالطمأنينة بين أفراد أسـرتي في مصدر إسنادي الماضي والحاضر.						
83	أشعر بالرضا عن كل ما يخص أسرتي.						
84	قـلـبي ملـيء بالحب لأسـرتي.						
85	أفضل لحظات السعادة، تلك التي أكون فيها بين أفراد أسرتي.						
86	أسـرتـي تـأخـذ برأي إلى حداً كبير.						
87	عندما أقارن عائلتي بمعظم الأسر التي أعرفها، أجد إنها بمستواها أو أحسن.						

88	أسرتي مصدر التعزيز الأولي لي في حياتي الماضية والحاضرة.					
89	والـديّ لم يفهماني غالباً.					
90	يسود أسرتي الخلاف أكثر من الاتفاق.					
91	لو كانت هناك أسرة غير أسرتي لالتجأت إليها.					
92	توجد لديّ خلافات مع أحد أفراد أسرتي الساكنين معي.					
93	أنزعج لانتقاد أحد والديّ لي بدون وجه حق.					
94	التوتر، هو المزاج					

	العام الذي يسود أسرتي.						
95	كثيراً ما يعترض والديّ على نوع الأصدقاء الذين أرافقهم.						
96	أشد ما يزعجني في أسرتي، كثرة المشاحنات فيها.						
97	ما يزال والدايّ ينظران لي وكأنني ما زلت طفلاً يحتاج إلى النصح والإرشاد.						
98	ستبقى الحياة التي عشتها في جامعتي، مصورة في ذاكرتي.						
99	أنا راضي عن الأجواء الجامعية التي أعيشها الآن.						
100	التزم في الدوام						

	الدراسي ولا أغيب إلا فيما نذر.					
101	علاقتي بمعظم أساتذتي في الكلية جيدة.					
102	من السهولة بالنسبة لي، التحدث مع الأساتذة حول أمور دراسية وشخصية تشغل بالي.					
103	علاقتي بزملائي الطلبة جيدة.					
104	أستمتع بالمناسبات التي تقيمها الكلية.					
105	أنا في حقيقتي، أكره الكلية التي ادرس بها، وأشعر بقلة الارتياح.					
106	أجد صعوبة في					

	التحدث أمام الطلبة أثناء المحاضرات.						
107	لا أستطيع الإجابة على سؤال المدرس داخل الفصل، رغم أنني أعرف الإجابة.						
108	أن نسبة غيابي عن الدوام في الكلية، تجاوزت في بعض المواد الحد المقرر لـها.						
109	أجد صعوبـة في كسب حب وتقدير أساتذتي في الكلية.						
110	أعتقد أن أساتذتي يتضايقون مني لكثرة مشاكلي.						
111	أعتقد أن زملائي						

	يتحدثون عني بما لا يليق من وراء ظهري.					
112	أعتقد أن معظم المواد التي أدرسـها جافة.					
113	لولا وجود الآخرين لكانت حياتي قاسية.					
114	من السهل عليّ إقامة علاقات جيدة مع الآخرين والانسجام معهم.					
115	أعتـقد أنـني موضع ثـقة من يعرفـني.					
116	يسرني الاشتراك في الأعمال الخيرية.					
117	أحافظ على علاقتي بالآخرين حتى لو					

	كانت لديهم أفكار تخالف أفكاري.					
118	يصفني الآخرون بأنني شخص اجتماعي.					
119	أشعر بالارتياح عندما أقدم خدمة للآخريـن.					
120	أستمتع أثناء تواجدي في المناسبات الاجتماعية.					
121	لا يمنع الخجل دائماً من المشاركة الاجتماعية.					
122	إحدى صعوباتي في علاقتي مع الآخرين، أنهم تقليديون ومتزمتون.					

123	يكفيني أن يكون لي صديق واحد.					
124	أخاف أن يراني الآخرون على حقيقتي.					
125	أعتقد أن معظم ما أصابني من مكروه سببه الآخرون.					
126	لا أستطيع إنجاز ما ينبغي أن إنجازه، والسبب في ذلك عرقلة الناس لي.					
127	يصفني الآخرون بأنني شخص هادئ الأعصاب مستقر المزاج.					
128	أعترف بالخطاء إذا ما ارتكبته.					
129	لديُ همة عالية لا تضعف أمام					

	الصعوبات.					
130	أعبر عما بداخلي بسهولة.					
131	أستطيع أن أقول بأنني سعيد في حياتي.					
132	لديّ قدرة مناسبة في السيطرة على انفعالاتي عندما أكون في مواقف صعبة.					
133	أشعر بأن ثقتي بنفسي عالية.					
134	أستغرق في أحلام اليقظة.					
135	أبكي وأنفعل بسرعة لاتفه الأسباب.					
136	أشعر بالضجر والضيق في معظم					

	الأوقات.					
137	مزاجي متقلب بين الحزن والفرح.					
138	أشعر أنني متوتر الأعصاب.					
139	يثيرني بسهولة الناس الذين يجادلونني.					
140	أنا بشكل عام راضٍ عن جسمي.					
141	كلي على بعضي مقبول من حيث جسمي وشكلي.					
142	عندما أصاب بمرض عارض لا يؤثر ذلك على دراستي.					
143	يوجد عيب في					

	جسمي يشعرني بالخجل والحرج.					
144	أشكو كثيراً من الآم في المعدة والأمعاء، كما هي لدى الأصدقاء.					
145	ينتابني الفزع عندما أصاب بمرض مهما كان نوعه.					
146	أصبت بأمراض جسمية تبين لي من الأطباء أسبابها نفسية.					
147	أشعر بالنقص والحرج من شيء ما في شكلي العام.					
148	لدي القدرة على أن أتوافق للتغيرات الحاصلة في المجتمع.					

149	أرى أن التغاير الاجتماعي ظاهرة حضارية صحية.					
150	إيـماني بالله يساعدني على التعايش مع المجتمع.					
151	لا أعمد إلـى إيذاء الـناس مهـما أسـاؤا لي.					
152	أؤدي فـريضـة الصـوم بـرضـا وقنـاعة.					
153	أعتقد أن القـوانين السائـدة تضـمن لي حقوقي.					
154	أحترم التيارات الثقافية في مجتمعي وأحاول الاطلاع عليها.					
155	أميل إلى استغلال					

	الناس الضعفاء وغير الأكفاء، لأنني أعتقد بأن الفرد يجب أن يكون قوياً لتحقيق أهدافه.					
156	أشعر بأن القانون لا يوفر لي الحماية.					
157	يثير لديّ الوضع العام للمجتمع، التشاؤم من المستقبل.					
158	أمارس الكذب لأن الناس يكذبون.					
159	أعتقد بصحة المثل " أن لم تكن ذئباً أكلتك الذئاب".					
160	ما دام التحايل قد طال القيم، فعليَ أن					

	أحصل على ما أريد بأية طريقة.						
161	يؤلمني أنني أجد القيم التي تحث على التآلف الاجتماعي، قد اختفت تماماً.						
162	يضايقني أن أجد المجتمع يسمح للحضارات الأخرى بالتأثير في قيمه.						

ملحــق (5):

يوضح نتائج التحليل الإحصائي للثبات الكلي لمقياس الاغتراب النفسي.

" وهذا من أجل التوضيح بالتفصيل عن علاقة كل فقرة بجميع الفقرات في المقياس الكلي ".

ملحـــق (6):

يوضح نتائج التحليل الإحصائي لثبات المحاور الستة لمقياس الاغتراب النفسي.

" وهذا ومن أجل التوضيح بالتفصيل عن علاقة كل فقرة مع جميع الفقرات في داخل المحاور
" .

ملحـــق (7):

يوضح نتائج التحليل الإحصائي للثبات الكلي لمقياس التوافق النفسي الاجتماعي.

" وهذا من أجل التوضيح بالتفصيل عن علاقة كل فقرة بجميع الفقرات في المقياس الكلي ".

ملحــق (8):

يوضح نتائج التحليل الإحصائي لثبات المحاور الستة لمقياس التوافق النفسي الاجتماعي.

"وهذا ومن أجل التوضيح بالتفصيل عن علاقة كل فقرة مع جميع الفقرات في داخل المحاور
"

ملحــق (9):

يحتوي على جميع الرسائل المختلفة التي حصل عليها الباحث لتسهيل مهمة البحث .

المصادر العربية والإنجليزية

المراجع العربية :

1. القرآن الكريم.

2. إبراهيم، محمود، الكافكاوي (1984م)، الاغتراب. عالم الفكر، المجلد الخامس عشر، العدد الثاني.

3. ابن عربي (ب، ت)، الفتوحات المكية، دار صادر، الجزء الثاني، بيروت.

4. أبو صالح، محمّد صبحي، وعوض، عدنان محمّد (1990م)، مقدمة في الإحصاء، مركز الكتب الأردني، الأردن.

5. أبو طواحينه، أحمد خضر (1987م)، الاغتراب لدى الطلاب الفلسطينيين الجامعيين، رسالة ماجستير غير منشورة، كلية البنات، جامعة عين شمس، القاهرة.

6. أبو عطية، سهام درويش (1997م)، مبادئ الإرشاد النفسي، ط 1، دار الفكر، عمّان، الأردن.

7. أبو علام، رجاء محمد ؛ شريف، نادية محمود (1989م)، الفروق الفردية وتطبيقاتها التربوية. دار القلم، دولة الكويت.

8. أحمد، أبو زيد (1979م)، تمهيد في الاغتراب. مجلة عالم الفكر، مجلد رقم (1)، عدد رقم (1)، (إبريل، مايو، يونيو)، وزارة الإعلام، دولة الكويت.

9. أحمد، أحمد متولي عمر (1989م)، دراسة مقارنة لبعض أبعاد الشعور بالاغتراب لدى متعاطي الكحوليات، وغير المتعاطين من طلاب الجامعة، رسالة ماجستير غير منشورة، كلية التربية، جامعة طنطا، القاهرة.

10. أحمد، خيري حافظ (1980 م)، ظاهرة الاغتراب لدى طلاب الجامعة. كلية الآداب، جامعة عين شمس، القاهرة.

11. أحمد، خيري حافظ (1981 م)، سيكولوجية الاغتراب لدى طلاب الجامعة. رسالة دكتوراه غير منشورة، كلية الآداب، جامعة عين شمس، القاهرة.

12. أحمد، سليمان عودة، وخليل يوسف الخليلي (1988م)، الإحصاء للباحث في التربية والعلوم الإنسانية، دار الفكر، عمّان.

13. الأبحر، محمد عاطف (1984 م)، قياس التوافق المهني، دار الإصلاح، القاهرة.

14. بسطاويسي، محمّد (1999م)، مجلة سطور، العدد (31)، يونيو، القاهرة.

15. الجرموزي، أحمد علي محمد (1992 م)، الاغتراب وعلاقته ببعض متغيرات الصحة النفسية لدى الطلاب اليمنيين في جمهورية مصر العربية. رسالة دكتوراه غير منشورة، معهد الدراسات والبحوث التربوية، جامعة القاهرة، القاهرة.

16. الأجري، أبي بكر محمد الحسين (1992 م) الغرباء من المؤمنين، (تحقيق: أيوب رمضان). دار البشائر، الطبعة الأولى، دمشق، سوريا.

17. الحياني، عاصم محمود ندا (1989م)، الإرشاد التربوي والنفسي، جامعة الموصل، مديرية دار الكتب.

18. الزيادي، محمود سامي (1969 م)، علم النفس الاكلينكي - التشخيص، مكتبة الأنجلو المصرية، القاهرة.

19. الأشول، عادل، وآخرون (1985 م)، التغير الاجتماعي واغتراب شباب الجامعة، شعبة أكاديمية البحث العلمي. شعبة الدراسات والبحوث، القاهرة.

20. الألوسي، جمال حسين (1990 م)، الصحة النفسية، الطبعة الأولى، مطابع التعليم العالي، بغداد.

21. آمال محمد بشير (1989 م)، الاغتراب وعلاقته بمفهوم الذات عند طلبة وطالبات الدراسات العليا بكليات التربية، بجمهورية مصر العربية. رسالة دكتوراه غير منشورة، كلية التربية، جامعة عين شمس، القاهرة.

22. الأمام العلامة أبن منظور (1993 م)، لسان العرب. مؤسسة التاريخ العربي، دار أحياء التراث العربي، المجلد الثالث، الطبعة الثانية، لبنان.

23. تحية، محمّد عبد العال (1989 م)، العلاقة بين الاغتراب والتواؤمية عند الشباب. رسالة ماجستير غير منشورة، كلية التربية، جامعة الزقازيق، مصر، القاهرة.

24. جعفر، محمد راضي (1997 م) الغربة والاغتراب في التراث، المورد، مجلة ثراتية فصلية محكمة، المجلد الخامس والعشرين - العدد الأول، تصدرها وزارة الثقافة والإعلام، العراق.

25. جميعان، إبراهيم فلاح (1984م)، التكيف الشخصي والاجتماعي وعلاقته بالتحصيل الاكاديمي والجنسي عند طلبة كلية المجتمع الحكومي في أربد. ملخص رسالة الماجستير في التربية في الجامعة الأردنية، وجامعة اليرموك، المجلد الثالث رقم 82، الأردن.

26. حديدي، فايز (1990 م)، اغتراب طلاب الجامعة الأردنية. رسالة دكتوراه غير منشورة، كلية التربية، جامعة عين شمس، القاهرة.

27. حفني، عبد المنعم (1979)، موسوعة الطب النفسي. ج 1، ج 2، الطبعة الثانية، مكتبة مدبولي، القاهرة.

28. حفني، عبد المنعم (1987 م)، موسوعة علم النفس والتحليل النفسي. الطبعة الأولى، مكتبة مدبولي، القاهرة.

29. عبد الرحمن الحلاق (2000م)، مجلة الكويت، فبراير (العدد 196) دولة الكويت.

30. الخامري، عبد الحافظ سيف (1996 م)، التوافق النفسي لذوي قُدرات الإدراك فوق الحسي، (رسالة ماجستير غير منشورة)، جامعة بغداد، كلية الآداب، العراق.

31. راجح، أحمد عزت (1980 م): أصول علم النفس، المكتب الفني المصري الحديث للطباعة والنشر، الإسكندرية.

32. الرازي، محمد بن أبي أبكر عبد القادر (1997 م)، مختار الصحاح، دار الجيل " طبعة حديثة ومنقحة "، بيروت، لبنان.

33. روجيه، جارودي (1999م)، مجلة سطور، ثقافية عربية شهرية، العدد (31)، يونيو، القاهرة.

34. رودني، دوران (1985م)، أساسيات القياس والتقويم في تدريس العلوم، (ترجمة محمّد سعيد صباريني، خليل يوسف الخليلي، فتحي حسن ملكاوي)، دار الأمل - أربد، الأردن.

35. ريتشارد، شاخت (1980 م) الاغتراب، (ترجمة: كامل يوسف حسين). المؤسسة العربية للدراسات والنشر، بيروت، لبنان.

36. الزعبي، أحمد محمّد (1994 م)، أسُس علم النفس الإجتماعي،دار الحكمة اليمانية للطباعة والنشر، الطبعة الأولى، صنعاء، الجمهورية اليمنية.

37. الزعبي، أحمد محمّد (1996 م)، سيكولوجية المراهقة، دار الآفاق للطباعة والنشر، الطبعة الأولى، صنعاء، الجمهورية اليمنية.

38. زكي، مبارك (1997م)، التصوف الإسلامي في الأدب والأخلاق. 1: 63. مجلة المورد، مجلة تراثية فصلية محكمة، المجلد الخامس والعشرين - العدد الأول، تصدرها وزارة الثقافة والإعلام، العراق.

39. زهران، حامد عبد السلام (1997 م)، الصحة النفسية، والعلاج النفسي، الطبعة الثالثة، عالم الكتب، القاهرة.

40. زينب، محمّد النجار، (1988 م)، الاغتراب في محيط الشاب الجامعي. رسالة دكتوراه غير منشورة، كلية الدراسات الإنسانية، جامعة الأزهر، القاهرة.

41. زيعور، علي (1982م)، مذاهب علم النفس، الطبعة الرابعة، دار الأندلس، بيروت.

42. الذبحاني، أنور عبده عبدالله (1999 م)، التوافق لدى أفراد القوات المسلحة اليمنية وعلاقته ببعض سمات الشخصية، (رسالة ماجستير غير منشورة)، جامعة صنعاء، كلية الآداب، الجمهورية اليمنية.

43. الدسوقي، كمال (1979 م)، النمو التربوي للطفل والمراهق، دار النهضة، بيروت.

44. دافيدوف، لندال (1988 م)، مدخل علم النفس، (ترجمة: سيد الطواب، ومحمود عمر، ونجيب حزام). الطبعة الثالثة، الدار الدولية للتوزيع والنشر، القاهرة.

45. سالم، يسريه محمد سليمان (1989 م)، دراسة للعوامل المرتبطة بالتوافق النفسي والاجتماعي للجانحين داخل مؤسسة الأحداث، جامعة عين شمس، كلية التربية، رسالة ماجستير غير منشورة، القاهرة.

46. سامية، القطان (1986 م)، مقياس القلق السوي، مجلة كلية التربية، جامعة عين شمس، القاهرة.

47. سليمان، عبد الرحمن سيد (1996م)، السواء في النظريات النفسية والآيات القرآنية. مكتبة زهراء الشرق، القاهرة.

48. سمارة، عزيز (1989 م)، القياس والتقويم في التربية. دار الفكر، عمّان، الأردن.

49. سنن الترمذي (بدون)، صفة يوم القيامة والرقائق والورع:حديث شريف مرفوع للنبي سيدنا محمد (ص). حديث رقم (2384)، مأخوذ من قرص ليزري في الكمبيوتر (CD) فاريشن – إصدار رقم 1.2، لعام 2000م.

50. سيد، المغربي (1976 م)، الاغتراب في حياة الإنسان، الكتاب السنوي للجمعية المصرية للدراسات النفسية. الهيئة المصرية العامة للكتاب، القاهرة.

51. السيد، علي شتا (1984 م)، نظرية الاغتراب من منظور علم الاجتماع، الطبعة الأولى، عالم الكتب، الرياض، السعودية.

52. الشرجبي، غيلان عبد القادر (1992 م)، دراسة تحليلية لمشكلات طلبة جامعة صنعاء وفقاً للنظريات النفسية والتربوية المعاصرة ومنظور الإرشاد في التراث العربي والإسلامي. رسالة دكتوراه غير منشورة، الجامعة المستنصرية، كلية التربية، بغداد، العراق.

53. شعلان، محمّد (1985 م)، النفس والناس، دار الكتب، القاهرة.

54. صالح، قاسم حسين (1988 م)، الإبداع في الفن، وزارة التعليم العالي، كلية الفنون الجميلة مطبعة جامعة الموصل، العراق.

55. صالح، قاسم حسين (1990 م)، الشخصية بين التنظير والقياس، جامعة بغداد، بغداد، العراق.

56. صالح، قاسم حسين (1997 م)، الشخصية بين التنظير والقياس. مكتبة الجيل الجديد، طبعة جديدة ومنقحة، صنعاء.

57. صالح، قاسم حسين، الطارق، علي سعيد (1998 م)، الاضطرابات النفسية والعقلية والسلوكية، من منظوراتها النفسية والإسلامية. مكتبة الجيل الجديد، الطبعة الأولى، صنعاء.

58. صلاح مخيمر (1974 م)، مفهوم جديد للتوافق، مكتبة الأنجلو المصرية، القاهرة.

59. صلاح مخيمر (1979 م)، المدخل إلى الصحة النفسية، الطبعة الثالثة، مكتبة الأنجلو المصرية، القاهرة.

60. عبد السلام، عبد الغفار (1973 م)، في طبيعة الإنسان، الطبعة الأولى، دار النهضة العربية، القاهرة.

61. عبد السلام، عبد الغفار (1979 م)، مقدمة في الصحة النفسية، الطبعة الأولى، دار النهضة العربية، القاهرة.

62. عبد الفتاح، أبو غدة (1986م)، سنن النّسائي، الطبعة الثانية، دار البشائر الإسلامية، بيروت.

63. عبد السميع، سيد أحمد (1981)، مظاهرة الاغتراب بين طلاب الجامعة في مصر، رسالة دكتوراه غير منشورة، كلية التربية، جامعة عين شمس، مصر، القاهرة.

64. عبد القادر زيدان (1984 م)، تشاؤم في رؤية آبي العلاء المعري، م. فصول، عدد 2، مجلد (4).

65. عبد اللطيف، مدحت (1990م)، الفروق بين طلاب الجامعة المتفوقين وغير المتفوقين دراسياً في العصابية والمشكلات العاطفية والتوافق النفسي والاجتماعي. مجلة علم النفس، عدد 4، تصدر عن الهيئة المصرية العامة للكتب، القاهرة.

66. العزي، أروى أحمد محمد (1996 م)، التوافق وعلاقته بالاضطرابات السيكوسوماتيه " النفس جسمية " لدى طالبات السكن الجامعي في صنعاء، (رسالة ماجستير غير منشورة)، كلية الآداب، جامعة صنعاء، الجمهورية اليمنية.

67. عدس، عبد الرحمن ؛ وتوق، محي الدين (1997 م)، المدخل إلى علم النفس. الطبعة الخامسة، دار الفكر للنشر والتوزيع، الأردن.

68. عودة، محمد مرسي (1970م)، الصحة النفسية في ضوء علم النفس والإسلام. الطبعة الأولى، دار القلم، دولة الكويت.

69. عيد، محمّد إبراهيم (1983 م)، دراسة مدى الإحساس بالاغتراب لدى طلاب وطالبات الفنون التشكيلية من ذوي المستويات العليا من حيث القدرة على الإنتاج الإبتكاري. رسالة ماجستير - كلية التربية، عين شمس، القاهرة.

70. عيد، محمّد إبراهيم (1987 م)، دراسة تحليلية للاغتراب وعلاقته ببعض متغيرات الشخصية لدى الشباب. رسالة دكتوراه - كلية التربية، عين شمس، القاهرة.

71. العيسوي، عبد الرحمن محمد ؛ محمد، جلال شرف (1984 م)، سيكولوجية الحياة الروحية في المسيحية والإسلام، الطبعة الثانية، منشأة المعارف، القاهرة.

72. العيسوي، عبد الرحمن محمد (1993 م)، علم النفس والإنسان. الدار الجامعية، القاهرة.

73. عودة، كمال محمد، مرسي (1984م) الصحة النفسية في ضوء علم النفس والإسلام، الطبعة الأولى، دار العلم، دولة الكويت.

74. غانم، عزة محمد عبده (1998 م)، نمو الطفل ومشكلاته. جامعة صنعاء، كلية التربية، صنعاء، الجمهورية اليمنية.

75. فتح الله، خليف (1979 م)، ندوة حول مشكلة الاغتراب، مجلة عالم الفكر، مجلد رقم (10)، دولة الكويت.

76. فروم، ايريك (1972م)، الخوف من الحرية، (ترجمة: مجاهد، عبد المنعم مجاهد). الطبعة الأولى، المؤسسة العربية للدراسات والنشر، بيروت.

77. فروم، ايريك (1980م)، فن الحب، (ترجمة: مجاهد، عبد المنعم مجاهد)، مكتبة الأنجلو المصرية، القاهرة.

78. فيركسون، جورج آي (1991م)، التحليل الإحصائي في التربية وعلم النفس، (ترجمة هناء محسن العكيلي، دار الحكمة، بغداد.

79. القاضي، يوسف مصطفى ؛ وآخرون (1981 م)، الإرشاد النفسي والتوجيه التربوي. الطبعة الأولى، دار المريخ، الرياض.

80. القرشي، عبد الفتاح (1993 م)، الضغوط التي تعرض لها الأطفال الكويتيون خلال العدوان العراقي وعلاقتها بمدى توافقهم النفسي والاجتماعي، عالم الفكر، المجلد الثاني والعشرون، العدد الأول، يوليو - أغسطس - سبتمبر، وزارة الإعلام، الكويت.

81. القوصي، عبد العزيز (1969 م) أُسُس الصحة النفسية، الطبعة السابعة، القاهرة.

82. الكبيسي، عبد الكريم عبيد جمعة (1988 م)، قياس التكيف الشخصي والاجتماعي لدى الأحداث الجانحين، وعلاقتهم بالمعاملة الوالدية، الجامعة المستنصرية، كلية الآداب، (رسالة ماجستير غير منشورة)، بغداد.

83. الكتاب المقدس (1963م)، سفر التكوين. الإصحاح الثاني، آية 21، 22، مطبعة عنتر، القاهرة.

84. كفافي، علاء الدين (1990م)، الصحة النفسية. الطبعة الثالثة، هجرة للطباعة والنشر، دولة الكويت.

85. محمد أحمد، مجدة (1991)، مقارنة لأبعاد التوافق النفسي- الاجتماعي بين الطلبة والطالبات المتفوقين والطلبة والطالبات المتخلفين دراسياً وعلاقته بالانتماء. دراسة نفسية، رابطة الأخصائيين النفسيين المصرية، ص 125 - 139، القاهرة.

86. محمّد، صبحي أبو صالح، عدنان، مجمّد عوض (1990م)، مقدمة في الإحصاء، مركز الكتب الإردني، عمّان.

87. مجمع اللغة العربية (بدون. ت) المعجم الوسيط. دار الفكر، القاهرة.

88. المعجم الوسيط (1989 م)، المجلد الثاني، دار الدعوة - مؤسسة ثقافية للتأليف والطباعة والنشر والتوزيع، تركيا.

89. محمود، إبراهيم زايد،، (ب، ت) التاريخ الصغير للبخاري، الطبعة الأولى، دار المعرفة، بيروت.

90. محمود، رجب (1965 م)، الاغتراب أنواع. مجلة الفكر المعاصر، العدد الخامس، القاهرة.

91. محمود، رجب (1978م)، الاغتراب. الجزء الأول، منشأة دار المعارف، الاسكندرية.

92. محمود، رجب (1986 م)، سيرة مصطلح، الطبعة الثانية، دار المعارف، القاهرة.

93. مرسي، سيد عبد الحميد (1987 م)، الإرشاد النفسي والتوجيه التربوي والمهني. الطبعة الثانية، مكتبة وهبة، القاهرة.

94. مرسي، كمال (1997م)، دراسات نفسية، صادرة عن جمعية الإخصائيين النفسيين المصريين، القاهرة.

95. مصطفى، فهمي (1971 م)، الإنسان وصحته النفسية، مكتبة ألا نجلو المصرية، القاهرة.

96. مصطفى، فهمي (1978 م)، التكيف النفسي، مكتبة مصر، الفجالة، القاهرة.

97. مصطفى، فهمي (1979م)، التوافق النفسي والاجتماعي، الطبعة الأولى، مكتبة الخانجي، القاهرة.

98. المعجم الوسيط (1989 م)، المجلد الثاني، دار الدعوة، مؤسسة ثقافية للتأليف والطباعة والنشر والتوزيع، تركيا.

99. المنصور، إبراهيم يوسف (1972 م)، دراسة تجريبية في تأثير ترتب الظروف على تكوين الانطباعات عن الشخص، مجلة الجامعة. المستنصرية، العدد الأول، بغداد.

100. المؤتمر الدولي الثالث لمركز الإرشاد النفسي- (1996م)، الإرشاد النفسي- في عالم متغير، المجلد الأول – ديسمبر – "ص: 23-25 "، ص: 210، جامعة عين شمس، القاهرة.

101. نبيل، رمزي إسكندر (1988 م)، الاغتراب وأزمة الإنسان المعاصر،الإسكندرية، دار المعرفة الجامعية، مصر، القاهرة.

102. نجاتي، محمد عثمان (1990 م)، كراس التعليمات لاختبار هيوم. بل للتوافق، مكتبة الأنجلو المصرية، القاهرة.

103. نعيمة، محمد بدر (1983 م)، دراسة المناخ المدرسي للمرحلة الثانوية وعلاقته بالتوافق النفسي للطلاب، (رسالة دكتوراه غير منشورة)، كلية التربية، عين شمس، القاهرة.

104. الهابط، محمد السيد (1985 م)، التكيف والصحة النفسية، الطبعة الثانية، المكتب الجامعي الحديث، القاهرة.

105. هاني، حسن الأهواني (1986 م)،دراسة لبعض المظاهر النفسية للاغتراب لدى الطلاب الجامعيين وعلاقتها بنوعية التعليم الجامعي،رسالة ماجستير غير منشورة، كلية التربية، جامعة الأزهر،القاهرة.

106. الوكيل، سعيد (1999م)، <u>مجلة سطور،</u> ثقافية عربية شهرية، العدد (31)، يونيو، القاهرة.

107. يحي، الرخاوي (1979 م)، دراسة في علم السيكوباثولوجي (شرح سر اللعبة). دار الغد للثقافة والنشر، القاهرة.

1. Abstracts of some studies about Religion in the social (H.H.Dayid 1982, Ferron 1982 ... 1962 ... 1962, ... Iar, 3A, 1961, Janson 1978, Sheri 1K 1961, Jomab 1974, Wahbens 1976, Lhion 1995, Colbrontm 1980, Anevaques 1978, Ciolle 1979, H.V. Schoenmer 1985, C.NETOR.

2. Adorno. T.W., Brunswik, Levvinson, J. & sanford.R., (1950) the Authoritarian Personalite, New York, Harper.

3. Capaldi, D., (1990). Family Rovies and High School Adfustment of Boys wbat Shared Depress sseption vith and willior ixto decussive Conbiol: Problems in Early Adolesarine. (Paper Presebted at the biennial Meeting of the Society for Research in Uhdd Desvpment et al., Indian polis, March 30 April 2, 1990)

4. Cattell R. B., (1950) Personality and Personat on biorietie to a factoal Study, of Growlth, N. Y.

5. Cohen, R. J. (1994). Psy.bology and Uljustmein, Values, Conlidre and Chang. Boston, Allen and Bacn.

6. Davi, S. V., (1994)... Relig dion,vocial gower, Ulea, and Perstnal Mhs, in Jor of Cobnseling Psychology, 35, pp. 424-434.

7. Flanagnh, O., & co. llighorta, l C., (1993), Avint larpagy: An approactive to Philanin of Fswer berebral and Ptehbdel Myyhens. Cbangrms: Match Campress, M.A.

8. Fede Gurvine, David Scharw Dire (1982), Alfi tauons Uh e Familar the ating the Therefeb; p Lodbn, London: Routledge and Kegan.

9. Fromm, E. (1979) The Satine, Ace, New York: Rinebiut and Winstrn et al.

المراجـع الأجنبـية :

1. Abstrocts of some studies about Refugees in the worled (H.BDavid 1982, Erecon 1975, Eizent 1954, ptister 1967, start 3K 1961, Jonson 1978, start 3K 1961, Jonson 1978, Weinberg 1976, Liliona 1989, Colinmurray 1986, Anavasques 1975, Tolle 1976, H.W Schomerier 1985, (CNHCR).

2. Adorno, T.W.; Brunswik, E.; Levinson, J. & Sanford, N., (1950).

    The Authoritarian Personility , New York , Harport.

3. Capaldi, D., (1995): Family Process and High School Adjustment of Boys who Showed Depressive Symptoms with and Without Co –Occurring Conduct Problems in Early Adolescence. (Paper Presented at the Biennial Meeting of the Society for Research in Child Development – 61 st, Indianapolis, March 30 April 2,1995).

4. Cattall ,R. B., (1950): Personality , a Systematic theoretical and factual Study , M$_C$ Graw Hill , N. Y.

5. Cohen, R. J.. (1994): Psychology and djustment. Values , Culture , and Change. Boston , Allyn and Bacon.

6. Davids, A., (1955)., Alienation , Social Apperception, and Ego Structure. Journal of Consulting Psychology , 19 , pp. 21 – 27.

7. Engligish , H., B. & Engligish, A.C. (1958). Avachampeney, Acomprenensive , Dictionary of Psychologyical and Psychoanlytical , terms , Longmans Green Company , N. Y..

8. Felix Geyer and David Schweitzer (1982): Alienation probleme of Meaning and Theory and method. London. Routledge and Kegan paul.

    Fromm , Eric, (1955): The San Soiety , New York Rinehart and Compary.

9.   Fromm , E., (1961). <u>Man for Himself</u>. New York, Rinehart and Winston.

10.   Fromm, E., (1967). <u>Man for himself</u>. Routledge & Hegan Paul, Ltd, London, Fifth Impression.

11.   Fromm, E. (1969). <u>You shall be as Good</u>. Fawcett Publications, New York.

12.   Fromm, E (1970). <u>The Revolution of Hope</u>. Harpre & Row, Publishers, New York.

13.   Fromm, E. (1951). <u>Psychoanalysis and Religion</u>. Victor Gollanz Ltd, London,.

14.   Fromm, E. (1968) The Heart of Man. Harpre & Row Publisher, New York, Evanston and London.

15.   Geyer , F., (1980): <u>Alienation Theories: A General System Approach.</u>, Pergamon Press, Oxford.

16.   Goodwin, G. (1972) <u>Alienation among University Students:</u> Acomparaitiue Study. Dess. Abst. Inter (A), Vol. 33.

17.   Gould, Julius and Kolb, Wiliam, (1964). <u>Dictionary of the Social Scince, collier, Macmillan, cands.</u>

18.   Horney, K., (1975). <u>Neurosis and human growth</u>. London, Routledge & Kegan Paul.

19.   Kenistion. , (1964). <u>The Uncommitted: Alienated Youth in American Society</u>. , New York: Harcourt, Brace.

20.   Kenistion.K, (1968). <u>Young Radicals</u> , New York, Harcourt , Barce.

20.   Learner. R. M. & Spanier.G. B., (1980). <u>Adolescent development :a life span perspective</u>. New York, McGraw – Hill.

21.   Marx , K., (1977): <u>Economic and Philosophic Manuscrikpts of 1844</u>, Mascow Progress publishevs.

22.   Owie, l. (1982). <u>Social Alienation Among foreign Student.</u>

      College Student. Journal. Sum. Vol. 16 (2), pp. 163 – 165.

23.   PerZ , A. (1975): <u>A comparison of Special desscussicon Puertovicam Students of Low Sociavleconmic Status and non Puerto vicar College Students of three Variables</u>: Self

Concept , Alienation and ethnic Cohesion. International Diss. Abst. Vol. (35) No. 10.A, PP. 6466.

24. Rodriguez E., and Bernstein, B.,(1995):Psychological Separation, Etnnic Identity and Adjustment in Chiconol Lations. Paper Presented at the Annual Meeting of the American Psychological (New York August 1995).

25. Sarter , J. , (1976): Critiquuue of Dialectical Reason , London Methuen.

26. Schaar John (1961): Escape from authority, Basic books, New York, second printing.

27. Schacht, R. (1972). Alienation , George Allen, Unwin Ltd , London.

28. Seeman, M., (1959). On the meaning of alienation, American Sociological Review, (24) , PP. 270 – 284.

29. Seeman, M., (1983): Alienation Motifs in contemporary Theorizing Social Psychology Quarterly, Vol. 1, 46, N3, pp. 171 – 184.

30. Smitt , (1975): Character's tics of Alienated Students In A Community College , D.A. I. , Vol. 35 , No , 8 , P. 4154 , B.

31. Tabrizi , Mohseni (1984): Two faces of Alienation: A study of the Iranian Students A. Citrism and Passiwity in American Universities. Dissertation Abstracts International. Vol. 45. No. 6 – A. pp. 953 – 954.

32. Vredenburg, K., O.; Brien, E.; krames, L., (1988). Depression in college students: personality and experiential factors, Journal of Counseling Psychology, 35, (4), 419 – 425.

33. Young , (1979):The , Alienation and self – Repotted Divlamce Among Colleges Students D.A.I , 1986 , Vol. 46, No ; 8 , P. 2245, A.

(بحمد الـلـه إلى هنا انتهى البحث)

ملخص البحث باللغة الانجليزية

Abstract

Republic of Sudan

University of Al – Gezira

Faculty of Education – Hantoub

Higher Studies Dept

Psychological separation and its relation

With social adjustment for Yemen and Arab

students at Yemeni Universities

Prepared by:

Salah Al-Deen Ahmed Mohammed AL- Jumei

Supervised by:

Prof. Dr. Ibrahim Mohammed Nour

Al – Gezira University Faculty of Education – Hantoub

Prof. Dr. Mohammed Abdullah Al- Suofi

Sana'a University- Faculty of Education

Objectives: -

The research aims at identifying the degree of psychological separation and adjustment for Yemeni and Arab students (male and Female) in different specializations (scientific and literary) and knowing the nature of relationship between separation and adjustment for Yemeni and Arab students.

The sample consisted of (351) male and female students haphazardly selected from governmental and civil Yemeni Universities. The sample consisted of (281) Yemeni students and (70) Arab students. (221) literary, (130) scientific, (192) male, (159) female.

- The researcher used two scales, the first scale, for psychological separation, consisted of (80) items divided into six axes. The second scale, for social adjustment, consisted of (82) items also divided into six axes.

- The correctness of two scales was verified by a number of specialists in psychology and scales. Their constancy was verified by using Alfa cronbakh coefficients.

- The total constancy coefficient for separation scale was (0.94) , whereas it was (0.93) for adjustment scale.

Results:-

1.   There is a negative significant relationship between the psychological separation and adjustment for the Yemeni and Arab students.

2.   There are significant differences between the degree averages of the most - separated and least - separated Yemeni students in psychological adjustment at the significance level (α =0.o5) in favour of the least - Separated Students.

3. There are no significant differences between Yemeni and Arab students on the total adjustment scale in its six axes.

4. There are no significant differences between degree averages of Yemeni and Arab students at the significance level ($\propto$ =0.05) on the total Separation scale the axes of meaningless feeling, the axes of scale isolation feeling, the axes of normlessness - the axes of intillectual isolation and the axes of Self – Separation on Separation scale.

5. There are significant differences between the degree averages of Yemeni and Arab students at the significance level ($\propto$ =0.05) on the axes of inability feeling in favor of Yemeni students.

6. There are no significant differences between the degree averages of male and female students at the significance level ($\propto$ =0.05) on the total Separation scale and on the six Separation axes (inability feeling , meaningless feeling social isolation feeling normlessness feeling , intellectual isolation feeling , and self – Separation feeling.

7. There are no significant differences between the degree averages of Arab students in psychological adjustment due to the sex variable (male , female).

8. There are no significant differences between the degree averages of students in scientific and literary specializations at the significant level ($\propto$ =o.o5) on the total adjustment scale and on the six adjustment axes (family adjustment, educational adjustment, adjustment with others, emotional adjustment, physical and healthy adjustment and value adjustment).

9. The results show that the degree of students of scientific and literary specializations on the total separation scale and their degree on other separation axes are medium.

10. There are no significant differences between the degree averages for the students of scientific specifications and the degree averages for those of literary specifications on the total separation scale.

11. There are significant differences between the degree averages for the students of scientific and literary specializations at the significance level (0.05) in favour of students of literary department on the axis of self- separation in the separation scale.

12. There are significant differences between the least – separated and most – separated Yemeni and Arab students in favour of the least - separated students.

13.   There are no significant differences between the Yemeni and Arab students in psychological adjustment due to the sex variable.

14.   There are significant differences between the degree averages for the students of scientific and literary specifications at the significance level (0. 05) in favour of the students of literary department on the axis of self- separation in the separation scale.

15.   There are no significant differences between the degree averages for the students of scientific and literary specifications on five axes of separation: inability feelling, meaningless feeling, social isolation feeling, normlessness feeling, intillectual isolation feeling and self – separation feeling.

16.   There are no significant differences among the Arab students in the psychological adjustment due to the specialization (scientific, literary)

17.   There are no significant differences among the Yemeni students in the psychological adjustment due to the specialization (scientific, literary).

The research has a number of proposals and recommendations deduced from the results. There is References list at the end of the research.

Printed in the United States
By Bookmasters